Horst Bayrhuber
Eckhard R. Lucius
(Hrsg.)

Handbuch der praktischen Mikrobiologie und Biotechnik

Band 1
Mikrobiologische Grundlagen
Biotechnik der Nahrungs- und Genußmittelproduktion

Metzler Schulbuch

Institut für die Pädagogik der
Naturwissenschaften an der
Universität Kiel

Handbuch der praktischen Mikrobiologie
und Biotechnik Band 1

herausgegeben von: Horst Bayrhuber,
Eckhard R. Lucius

bearbeitet von: Horst Bayrhuber, Christian G. Gliesche, Eckhard R. Lucius, Uta Nellen und Ronald Westphal

Die Deutsche Bibliothek –
CIP-Einheitsaufnahme

Handbuch der praktischen Mikrobiologie und Biotechnik / [Institut für die Pädagogik der Naturwissenschaften an der Universität Kiel] – Horst Bayrhuber; Eckhard R. Lucius (Hrsg.). – Hannover : Metzler Schulbuchverl.

ISBN 3-8156-3352-4

NE: Bayrhuber, Horst [Hrsg.]; Institut für die Pädagogik der Naturwissenschaften <Kiel>
Bd. 1 Mikrobiologische Grundlagen ; Biotechnik der Nahrungs- und Genußmittelproduktion. – 1992

ISBN 3-8156-3349-4

CHLORFREI

Gedruckt auf Papier, das nicht mit Chlor gebleicht wurde. Bei der Produktion entstehen keine chlorkohlenwasserstoffhaltigen Abwässer.

Satz: Typobauer Filmsatz GmbH, Scharnhausen
Druck: Gulde Druck, Tübingen 9210

Beiträge:
Horst Bayrhuber:
Einleitung, Mikrobiologische Grundlagen: 2.4: 2.4.1, 2.4.4, 2.4.6, 2.4.7 (zus. mit A. B. Brott), Biotechnik der Nahrungs- und Genußmittelproduktion: 1: 1.1–1.7, 2, 2.1: 2.1.1–2.1.2 (zus. mit M. Nolte), 2.7: 2.7.1–2.7.3 (zus. mit A. B. Brott)
Christian G. Gliesche:
Mikrobiologische Grundlagen: 3.4: 3.4.5 (zus. mit P. Hirsch), 3.5: 3.5.4 (zus. mit P. Hirsch und L. Rohweder), 3.5.5
Eckhard R. Lucius:
Mikrobiologische Grundlagen: 1., 2., 2.1., 2.2.: 2.2.1–2.2.13, 2.3: 2.3.1–2.3.4, 2.4: 2.4.1–2.4.4, 2.4.6, 2.4.7 (zus. mit M. Fries und A. B. Brott), 2.4.8, 3, 3.1: 3.1.1–3.1.3, 3.2: 3.2.1–3.2.2, 3.4: 3.4.1, 3.4.3–3.4.4, 3.5: 3.5.6 (zus. mit M. Fries), 3.6: 3.6.1.1, 3.6.2, 3.7: 3.7.1–3.7.2, 3.8: 3.8.1–3.8.2, 3.8.3 (zus. mit M. Fries), Biotechnik der Nahrungs- und Genußmittelproduktion: 2.2: 2.2.1–2.2.5, 2.3 (zus. mit L. Rohweder), 2.4: 2.4.1–2.4.2, 2.5: 2.5.1–2.5.2 (zus. mit M. Nolte), 2.6, 2.7: 2.7.1–2.7.3 (zus. mit A. B. Brott), Anhang: 1–2 (zus. mit S. Herbermann), 3
Uta Nellen:
Mikrobiologische Grundlagen: 2.4.5
Ronald Westphal:
Mikrobiologische Grundlagen: 3.1: 3.1.1–3.1.3, 3.2: 3.2.1–3.2.2, 3.3: 3.3.1–3.3.4, 3.4: 3.4.2, 3.5: 3.5.1–3.5.3 (zus. mit L. Rohweder), 3.6.1: 3.6.1, 3.7: 3.7.1, 3.8: 3.8.1

Redaktionelle Bearbeitung: Ingrid Moors, Günther Jacobsen
Typoskript: Gisela Thomsen
Fotografie: Günther Jacobsen, Gerda Mahnke
Graphiken: Erika-Anna Kolaczinski
Technische Assistenz: Maria Fries, Susanne Herbermann
Verlagsredaktion: Rita Boemer
Umschlagentwurf: Willy Löffelhardt

Abbildungsnachweis: Archiv für Kunst und Geschichte, Berlin: Abb. 112.1, Abb. 115.1; DSM GmbH, Braunschweig: 60.1; Hoechst AG, Frankfurt: Abb. 14.1; Lieder, J., Ludwigsburg: Abb. 131.1; Publipress, Ottobrunn/München: Abb. 110.1

Vorwort

Die moderne Biotechnik machte aus der Biologie eine Wissenschaft der industriellen Praxis und steigerte auch deren Bedeutung in anderen gesellschaftlichen Bereichen wie der Medizin, der Umwelttechnik und der Landwirtschaft. Diese Entwicklung war von Anfang an von einer heftigen Kontroverse insbesondere um den Einsatz gentechnischer Methoden begleitet, die nicht ohne Einfluß auf die Entscheidungen in Industrie und Wirtschaft blieb.

Die Tatsache, daß die Biologie mit einem Mal im Blickpunkt der kritischen Öffentlichkeit stand, hatte auch Folgen für den Biologieunterricht. Ihm stellte sich die Aufgabe, den Schülern Hilfen für ein begründetes eigenes Urteil über die Bedeutung bzw. die möglichen Risiken der modernen Biotechnik zu geben und ihr verantwortliches Handeln zu fördern. Dafür benötigen Lehrerinnen und Lehrer dringend geeignete Materialien. Denn viele von ihnen haben nie eine Ausbildung in Mikrobiologie oder Ethik erhalten, in Wissenschaften also, die für die Praxis der Biotechnik bzw. ihre moralische Beurteilung von größter Bedeutung sind. Auch sind viele Schulen noch nicht für die Durchführung von Versuchen oder Experimenten mit Mikroorganismen ausgerüstet.

In dieser Situation wurde im IPN Kiel eine Arbeitsgruppe eingerichtet, die sich mit der Einführung mikrobiologischer und biotechnischer Themen in den Biologieunterricht befaßt. Sie entwickelt Unterrichtskonzeptionen und untersucht empirisch Fragen der Sicherheit im Umgang mit Mikroorganismen in der Schule. Auf der Basis dieser Arbeiten entstand auch das vorliegende Handbuch. Die darin enthaltenen Versuche und Experimente wurden in engem Kontakt mit Schulpraktikern entwickelt, so daß sie unter Schulbedingungen auch wirklich durchführbar sind. Viele von ihnen sind wenig material- und zeitaufwendig und entsprechen so dem Wunsch vieler Lehrer. Auf diese Weise lassen sich aber nicht alle Themen der Biotechnik im Unterricht praktisch bearbeiten. So haben wir auf ausdrücklichen Wunsch von Lehrkräften auch einige anspruchsvolle aber lohnende Experimente z. B. zur Bakteriengenetik aufgenommen, wohl wissend, daß die Lehrerinnen und Lehrer aus diesem Angebot die Auswahl treffen werden, die ihren Möglichkeiten entspricht.

Die Versuche und Experimente sind ausgiebig erprobt und in etwa 20 Lehrerfortbildungskursen in ganz Deutschland vorgestellt worden. Als Folge der Publikation unserer praktischen Vorschläge in zwei Büchern der UNESCO hat sogar eine Erprobung im Gymnasialbereich von Sri Lanka stattgefunden und zwar unter Beteiligung von Experten aus Indien, Pakistan und Thailand.

Wegen des besonderen Interesses der Lehrerschaft und der bildungspolitischen Diskussion um die Biotechnik als Thema des Biologieunterrichts wurde ein Teil der in diesem Handbuch enthaltenen Texte in den letzten Jahren bereits in verschiedenen Zeitschriften veröffentlicht, nämlich in »Biologie heute«, in »Biologie in der Schule«, in »MNU«, in »Praxis der Naturwissenschaften (Biologie)«, in »Unterricht Biologie« und in »Biotechnology Education.« Die Rückmeldungen auf diese Publikationen konnten bei der Entwicklung dieses Handbuchs mit berücksichtigt werden.

Für eine kritische Durchsicht von Teilen des Gesamtwerkes danken wir sehr herzlich Frau Dr. Appelhans, (Frankfurt, *Dechema*), Herrn StD Deringer (Aichwald), Herrn Professor Kluge (Leipzig), Herrn Professor Lengeler (Osnabrück), Herrn StR Magsaam (Berlin), Herrn Professor Präve (Frankfurt *Hoechst*), Herrn StR Samland (Bad Schwartau), Herrn StD Schetat (Berlin); Frau Dr. Wohlfahrt (Bochum). In gleicher Weise danken wir Herrn Prof. Binding (Kiel) und Herrn Prof. Hirsch (Kiel) für ihren fachlichen Rat und ihre tatkräftige Kooperation, weiterhin den zahlreichen Biologielehrerinnen und Biologielehrern, die an unseren Fortbildungskursen teilgenommen und dabei zur Verbesserung der Unterrichtsmaterialien beigetragen haben sowie den Wissenschaftlerinnen und Wissenschaftlern der Abteilung Biologiedidaktik des IPN für die kritische Begleitung unserer Arbeit. Unser verbindlicher Dank gilt weiterhin den nichtwissenschaftlichen Mitarbeiterinnen und Mitarbeitern des IPN, die zum Gelingen des Werkes beigetragen haben, sei es in der Druckerei, im Graphikbüro, im mikrobiologischen Labor, in den Sekretariaten, in der Verwaltung oder in der Werkstatt.

Wir hoffen, daß das Handbuch dazu beiträgt, bildungsrelevante Themen der Mikrobiologie und der Biotechnik im Schulunterricht weiter zu fördern.

Horst Bayrhuber
Eckhard R. Lucius

Inhalt

Einleitung

Mikrobiologische Grundlagen

Biotechnik der Nahrungs- und Genußmittelproduktion

Anhang

Einleitung

Schon seit Jahrtausenden verwendet der Mensch Lebewesen zur Herstellung oder Konservierung von Nahrungsmitteln. Bis ins vorige Jahrhundert tat er dies, ohne zu wissen, daß ihm dabei Mikroorganismen halfen. Dies gilt beispielsweise für die Herstellung von Brot und alkoholischen Getränken mit Hilfe von Hefen und für die Erzeugung von Milchprodukten und Sauerkraut mit Hilfe von Milchsäurebakterien. Die Nutzung der Mikroorganismen in Fermentationsprozessen zur Produktion von Lebensmitteln wird als traditionelle Biotechnik bezeichnet. Die Entschlüsselung der dabei ablaufenden Lebensprozesse war eine wichtige Voraussetzung für die Entwicklung der moderenen Biotechnik. Diese hat in den letzten beiden Jahrzehnten einen rasanten Aufschwung genommen, wobei sich die Biologie zu einer Wissenschaft der industriellen Praxis wandelte.

Die Entwicklung wurde vor allem aufgrund von Fortschritten in der Molekularbiologie, der Biochemie, der Mikrobiologie, der Zellkulturtechnik sowie der Verfahrenstechnik möglich. So werden heute auf biotechnischem Weg Medikamente und Chemikalien hergestellt und mineralische Rohstoffe gewonnen. Die Züchtung landwirtschaftlicher Nutzpflanzen und Nutztiere wird mit gentechnischen Mitteln vorangetrieben, biotechnisch erzeugte Substanzen werden zur weiteren Leistungssteigerung eingesetzt. Pflanzliche Biomasse soll mit Hilfe biotechnischer Methoden zur Energiegewinnung genutzt werden. Auch im Umweltmanagement finden die neuen biologischen Erkenntnisse und Verfahren Anwendung, z. B. bei der Abwasserreinigung und der Abfallbeseitigung. Gensonden dienen der Diagnose von Krankheiten bei Mensch, Tier und Pflanze.

In allen diesen Fällen werden Mikroorganismen, Zellkulturen und Zellbestandteile kommerziell genutzt. Es werden Stoffwechselprodukte daraus gewonnen, die auf den verschiedenen Gebieten genutzt werden. Demgemäß definiert die OECD (Bull et al. 1982) Biotechnik als *»die Anwendung natur- und ingenieurwissenschaftlicher Prinzipien zur Verarbeitung von Materialien mit Hilfe biologischer Agenzien mit dem Ziel, Waren herzustellen und Dienstleistungen durchzuführen.«*

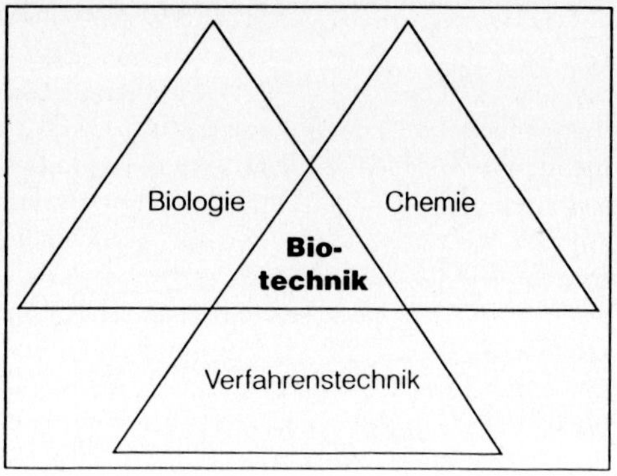

Abb. 2.1: Interdisziplinärer Charakter der Biotechnik

Typisch für die moderne Biotechnik sind interdisziplinäre Zusammenarbeit sowie wirtschaftliche und ethische Bezüge. So kooperieren auf wissenschaftlich-technischem Gebiet (z. B. in mikrobieller Genetik, technischer Chemie, Bioreaktortechnik) Biologen, Chemiker und Verfahrenstechniker (Abb. 2.1).

Wegen ihrer großen gesellschaftlichen Bedeutung fand die Biotechnik stets auch ein lebhaftes Interesse in der Öffentlichkeit. Dabei geriet vor allem der Einsatz gentechnischer Methoden in das Blickfeld der Kritik. Der Schulunterricht, in dem schon immer die klassischen Verfahren der Fermentation behandelt worden waren, nahm sich auch der modernen Biotechnik an und öffnete sich damit zwangsläufig auch der Diskussion um deren soziale Implikationen.

Wegen der technischen und sozialen Bezüge geht es bei der Behandlung biotechnischer Themen im Unterricht auch um naturwissenschaftliche Ergebnisse und Methoden, also nicht allein um die *Erklärung natürlicher Phänomene.* Vielmehr stehen auch *Lösungsvorschläge* zu technischen oder auch sozialen *Problemen* zur Diskussion. Kelly (1990) weist darauf hin, daß in diesem Zusammenhang die Auffassung, eine Technik sei eine angewandte Naturwissenschaft, oder die Meinung, soziale Probleme ließen sich mit naturwissenschaftlichen Methoden lösen, zu falschen Vorstellungen bei den Schülern führen müßten. Er macht dies am Beispiel »Antibiotika« deutlich:

Das Aufdecken der Struktur und der Funktion eines Antibiotikums ist ein typisches Ergebnis der *naturwissenschaftlichen* Forschung. Die massenhafte Herstellung eines solchen Medikamentes stellt jedoch Probleme, die spezielle *verfahrenstechnische* Lösungen erfordern. Sofern das Antibiotikum schließlich nicht nur in der Humanmedizin verwendet sondern auch dem Futter von Nutztieren beigemengt wird, besteht ein erhöhtes Risiko für das Entstehen resistenter humanpathogener Bakterien, die die Bevölkerung bedrohen. Demnach haben die Herstellung und der Einsatz des Antibiotikums auch *gesellschaftliche* Implikationen. Deshalb stellt sich nicht nur die naturwissenschaftliche Frage, wie Antibiotika wirken, sondern auch die politische, ob wir den Einsatz in der Landwirtschaft wollen.

Die Antworten auf die naturwissenschaftliche Frage sind von rein beschreibender *(deskriptiver)* Art, die auf die politische Frage haben dagegen *normativen* Charakter. Im Schulunterricht über biotechnische Themen sollte diese Unterscheidung immer wieder einmal geübt werden. Das heißt aber nichts anderes, als daß hin und wieder auf *ethische* Fragen der Biotechnik eingegangen wird. (Dazu finden sich vor allem beim Kapitel »Gentechnik« in Band 2 sowie in Band 4 praktische Hinweise).

Gelegentlich wird die Auffassung vertreten, gegen die Nutzung der Gentechnik sei allein deshalb nichts einzuwenden, weil dieses Verfahren der Natur abgeschaut worden sei. Wer so argumentiert, vernachlässigt die Unterscheidung zwischen deskriptiven und normativen Aussagen und schließt von dem, was der Fall ist und in deskriptiven Sätzen beschrieben wird, auf etwas, das sein soll oder sein darf. Eine solche Folgerung wird in der Ethik als **naturalistischer Fehlschluß** bezeichnet und als unzulässig abgelehnt (vgl. z. B. Höffe u. a. 1986, S. 164). Auch aus rein biologischer Sicht ist diese Auffassung bedenklich. Dies soll im folgenden im Anschluß an Markl (1986) gezeigt werden, der beschreibt, welche natürlichen Prozesse von der Biotechnik genutzt werden und unter welchen Bedingungen diese in der Stammesgeschichte entstanden sind (aus Bayrhuber/Lucius 1992).

1 Nachahmung der Natur durch die Biotechnik?

Als erste Lebensformen gelten nach Eigen sogenannte Protobionten, organische Makromoleküle, die sich autokatalytisch selbst vermehren. Den in den Anfängen der Lebensentwicklung entstandenen Mechanismus der Katalyse nutzt der Mensch in der Enzymtechnik. Die Protobionten entstanden vor etwa 4500 Millionen Jahren im Ur-Ozean, der wegen seines hohen verfügbaren Kohlenstoffanteils als Ursuppe bezeichnet wird. Dieses enthielt, wie Markl (a.a.O.) hervorhebt, immerhin ein paar Gramm Nährstoffe pro Liter, könnte also dem Vergleich mit einer dünnen Bouillon durchaus standhalten. Die exponentielle Zunahme der Protobionten führte zwangsläufig zur Entleerung des ungeheuer großen Nährstoffreservoirs und damit zum ersten Ressourcenmangel während der Entwicklung des Lebens. In dieser Mangelsituation traten die ersten Zellen auf. Sie sind mit Sicherheit in etwa 3000 Millionen Jahre alten Ablagerungen nachzuweisen. Wahrscheinlich entstanden sie aber schon vor circa 3800 Millionen Jahren. Ihren Erfolg im Wettbewerb um die knappen Ressourcen verdankten sie der »Erfindung« der Gärung. Sie waren also in der Lage, die Fülle organischer Makromoleküle, die der Ozean beherbergte, abzubauen, wobei als Abfallstoff z. B. Kohlenstoffdioxid entstand. Dieses uralte biochemische Verfahren, das der Mensch in den ältesten Formen der Biotechnik nutzt, also z. B. beim Bierbrauen und beim Backen, führte die Urzellen des Präkambriums zwangsläufig selbst in eine Mangelsituation. Denn nach verhältnismäßig kurzer Zeit waren die Vorräte wieder verbraucht, so daß diesen Lebewesen nur mehr diejenigen Nährstoffe zur Verfügung standen, die beim Absterben von Zellen frei wurden.

Diese Situation begünstigte die Entwicklung von Organismen, die aus Kohlenstoffdioxid und Wasser bzw. anderen Wasserstoffdonatoren neue Biomasse herstellen können, wobei ihnen das Licht der Sonne (Photosynthese) oder verschiedene anorganisch-chemische Verbindun-

vorgeschichtl. Zeit (vor 3000 v. Chr.)	Brotsäuerung mit Sauerteig
vorgeschichtl. Zeit (vor 3000 v. Chr.)	Vergärung von Säften zu alkoholischen Getränken bei fast sämtlichen Naturvölkern
vorgeschichtl. Zeit (vor 3000 v. Chr.)	Kenntnis der Essiggärung aus vergorenen Säften
3. Jahrt. v. Chr. oder schon früher	Bierherstellung in Sumer und Babylonien, Ägypten
vor und nach Chr.	Bierherstellung bei Kelten, Germanen
ab 1150 n. Chr. bezeugt, evtl. schon vorher	Weingeistherstellung (Ethanol)
14. Jahr.	Essigherstellende Industrie um Orléans
um 1680	Sichtbarmachung der Hefezellen durch LEEUWENHOEK
1818	Entdeckung der Gärungseigenschaften der Hefen durch ERXLEBEN
1857	Beschreibung der Milchsäuregärung durch PASTEUR
1858	Vermutung der Abhängigkeit der Gärung von Enzymen durch TRAUBE
1879	Essigbakterien durch HANSEN entdeckt
1881	Herstellung von Milchsäure auf mikrobiologischem Weg
1897	Nachweis von Gärungsenzymen in Hefen durch BUCHNER
ab Ende des 19. Jahrh.	Erste kommunale Abwasseranlagen in Berlin, Hamburg, München, Paris und anderen Städten
1914 bis 1916	Verfahren zur Großproduktion von Nähr-Futterhefen durch DELBRÜCK, HAYDUCK, HENNEBERG
1915/16	Verfahren zur mikrobiellen Butanol-/Acetonherstellung durch WEIZMANN
etwa ab 1920	Citronensäureherstellung in Oberflächenverfahren
1928/29	Entdeckung des Penicillins durch FLEMING
1937	Mikrobiologische Stoffumwandlungen entdeckt durch MAMOLI und VERCELLONE
1941/44	Beginn der Penicillinherstellung
1944	Entdeckung des Streptomycins durch SCHATZ und WAKSMAN
1948	Entdeckung von Chlortetracyclin durch DUGGAR
1949	Submersverfahren zur Essigsäureherstellung
etwa ab 1949	Herstellung von Vitamin B_{12}
seit etwa 1949	Technische mikrobiologische Stoffumwandlungen
1953	Entdeckung der Struktur von Desoxyribonukleinsäure durch WATSON und CRICK, damit Grundlagen für eine Gentechnologie
seit 1957	Herstellung von Glutaminsäure durch KINOSHITA u.a.
um 1955/60	Citronensäureherstellung in Submersverfahren
1966	vollstände Entschlüsselung des genetischen Codes
1972	die ersten rekombinierten DNA-Moleküle werden hergestellt
1978	Somatostatin wird als erstes menschliches Hormon mit Hilfe rekombinierter DNA hergestellt
1982	Produktion von Humaninsulin mit *Escherichia coli*

Tab. 4.1: Entwicklung der Biotechnik seit vorgeschichtlicher Zeit (aus *Präve* et al. 1987, S. 2, leicht verändert)

gen (Chemosynthese) als Energiequelle dienten. Auf das Verfahren der *Photosynthese* stützt sich der Mensch in der modernen Biotechnik z. B. bei der Erzeugung »nachwachsender Rohstoffe«, wobei er allerdings höhere Pflanzen einsetzt. Die *Chemosynthese* ist die biochemische Grundlage der Ausbeutung von Armerzen mit Hilfe von Mikroorganismen in der sogenannten Erzlaugung. So werden Thiobacillen dazu genutzt, Kupfer aus Abraumhalden zu gewinnen, deren herkömmliche Ausbeutung wegen des geringen Erzvorkommens unwirtschaftlich wäre. Die Mikroorganismen oxidieren sulfidische Kupfererze. Das entstandene Kupfersulfat sammelt sich in wässriger Lösung an der Basis der Halde. Auch Uran und Zinnerze können auf diese Weise gewonnen werden (Gottschalk 1986).

Der Aufbau neuer Biomasse aus dem »Biomüll der ersten Gärungsorgie des Lebens« (Markl a.a.O.) war dem einfachen Verbrauch von Nahrungsstoffen weit überlegen. Bei der Photosynthese wird allerdings Sauerstoff freigesetzt. Dieser wurde anfangs von den in der Luft, im Wasser und in der Erdkruste enthaltenen Reduktionsmitteln gebunden, z. B. von zweiwertigem Eisen, Sulfiden, Ammoniak und Methan. Nachdem von diesen Substanzen schließlich zu wenig zur Verfügung stand, reicherte sich der Sauerstoff auf der Erde an und wurde vor etwa 2000 Millionen Jahren zu einem gefährlichen Umweltgift. Diese Krisenlage begünstigte die Entwicklung solcher Lebewesen, die dazu fähig sind, Sauerstoff zum Abbau von Nährstoffen zu nutzen. Sie führen die Knallgasreaktion, in der Wasserstoff und Sauerstoff explosionsartig zu Wasser reagieren, in kleinen Schritten durch, sind also in der Lage zu atmen. Dadurch gewinnen sie bekanntlich erheblich mehr Energie als durch Gärung. Außerdem dienen Verbindungen, die als Zwischenstufen des Stoffabbaus in der Glykolyse und im Citronensäurezyklus gebildet werden, als Ausgangsprodukte verschiedenartiger Biosynthesewege im Organismus (vgl. Linder Biologie, Bayrhuber/Kull 1989, S. 143). Diese Stoffwechselprozesse nutzt die moderne Biotechnik. Mit Hilfe der Gentechnik beeinflußt sie Mikroorganismen allerdings derart, daß diese einen Stoff anreichern, den sie unter Normalbedingungen weiterverarbeiten würden. Auf diese Weise werden heute im großtechnischen Maßstab z. B. Citronensäure und L-Glutaminsäure mikrobiell erzeugt. Das gleiche gilt für weitere Aminosäuren, für Vitamine und Antibiotika.

Auf spätere Wendepunkte der Entwicklung der Einzeller, die ihre Ursache vermutlich ebenfalls in lebensbedrohenden Krisen hatten, soll nur kursorisch eingegangen werden. Erwähnenswert ist vor allem die Entstehung der Eukaryontenzelle vor etwa 1500 Millionen Jahren. Sie ist u. a. mit Organellen für die Assimilation bzw. die Dissimilation ausgestattet, also mit Chloroplasten und Mitochondrien. Nach der Endosymbiontenhypothese waren deren Vorfahren in eine Euzyte aufgenommen worden, ohne daß sie darin verdaut worden wären (Linder Biologie, a.a.O. S. 458). Die Analogie zur Haltung von Kulturpflanzen und Haustieren durch den Menschen sowie die Nutzung von Mikroorganismen in der Biotechnik liegt auf der Hand.

Vor etwa 700 Millionen Jahren entstanden schließlich die Vielzeller, für die die Spezialisierung der Einzelzellen und die Arbeitsteilung im Organismus typisch ist. Eine Voraussetzung dafür war die Perfektionierung der genetischen Ausrüstung. Bei der Massenvermehrung von Pflanzen mit Hilfe von modernen biotechnischen Methoden wird die Spezialisierung von Zellen zunächst aufgehoben. So bildet sich in einer In-vitro-Kultur von Pflanzengewebe oder von pflanzlichen Protoplasten erst ein (nicht differenzierter) Kallus, aus dem schließlich eine Vielzahl von Pflänzchen hervorgehen kann. Unter dem Einfluß von Pflanzenhormonen (Auxine, Cytokinine) entstehen dabei Wurzeln bzw. Sprosse. Die neuen Pflänzchen, die allesamt genetisch identisch sind, also einen Klon bilden, wachsen unter geeigneten Bedingungen normal heran. Dieses Verfahren wird im großen Stil im Zierpflanzenanbau und in der Forstwirtschaft eingesetzt.

Das Bodenbakterium *Agrobacterium tumefaciens* vermag die Zellen zweikeimblättriger Pflanzen zu entdifferenzieren und zur Gallenbildung am Wurzelhals anzuregen. Es schleust ein Plasmid (Ti-Plasmid) in die Zelle ein, das die genetische

Information zur Gallenbildung sowie zur Produktion bestimmter Aminosäurederivate, der Opine, trägt. Diese dienen den Bakterien in der Galle zur Nahrung. In der Biotechnik (Gentechnik) werden modifizierte Agrobakterien dazu genutzt, Gene für neue pflanzliche Eigenschaften zu übertragen. Dazu gehören z.B. Krankheits- und Herbizidresistenz.

Was läßt sich nun aus der Entwicklung des Lebens für unsere gegenwärtige Situation ableiten, und zwar auch im Hinblick auf die Biotechnik? Es hat sich gezeigt, daß sich in der Frühzeit unseres Planeten die einzelnen Organismusgruppen bis an die Grenzen des Wachstums vermehrten. Wegen des in der Evolution angelegten Mechanismus der Fitneßmaximierung geschah dies zwangsläufig. Am Ende wurden sie von neuartigen Lebewesen verdrängt, die einen Ausweg aus der Krise fanden, schließlich aber selbst wieder in eine Sackgasse gerieten und von anderen übertrumpft wurden. Auch der Mensch steht von Anbeginn seiner Existenz unter dem gleichen Zwang. Möglicherweise sind die Nahrungsmittelknappheit in weiten Teilen der Erde und der Energiemangel Anzeichen der Götterdämmerung unserer Art, die aufgrund ihres explosionsartigen Wachstums ihre Kapazität innerhalb der Biosphäre schon überschritten hat.

Als Vernunftswesen ist der Mensch in der Lage, die Folgen seines hemmungslosen Wachstums und der Ausbeutung der Ressourcen zu erkennen. »*Mit der Entwicklung des Denkvermögens … hat das Leben die Chance bekommen, anstelle chemisch programmierten blinden Selbstzweckes der Vermehrung sich selbst neue Ziele zu setzen und so den Teufelskreis des blinden Suchens zu durchbrechen.*« (MARKL a.a.O., S. 217). Die reine Immitation natürlicher Prozesse würde den Menschen geradewegs in eine Sackgasse der Entwicklung führen. Aus dieser Sicht klingt der Satz, gegen die Biotechnik sei schon deshalb nichts einzuwenden, weil sie nichts anderes tue als das, was die Natur seit Urzeiten vormache, geradezu makaber. Ohne Frage hat der Mensch auf vielen Gebieten »*seine stupende Intelligenz bisher praktisch nur dazu verwendet, das gleiche darwinische Fitneßrennen noch wirkungsvoller fortzuführen, in dem wir vorher nur mit rein biologischen Mitteln gegen unsere Konkurrenten angetreten waren. Das heißt: Wir haben die Mittel, nicht aber die Zwecke unseres Handelns von blindem Naturzwang befreit. Nun stehen wir davor, den zweiten Schritt zu tun und unserem Dasein auch die Ziele selbst zu setzen*« (MARKL a.a.O., S. 218 f.). Allgemein gelten das *Wohlergehen* des Menschen bzw. der Natur und die Bewahrung der *Würde* des Menschen als basale Ziele unserer Existenz. So muß auch die Biotechnik daraufhin befragt werden, ob sie diese Ziele fördert oder nicht. Von der Antwort darauf hängt letztlich die moralische Bewertung der Biotechnik ab.

2 Ethische Begründung der Biotechnik

Die Antwort auf die Frage, ob bestimmte Handlungen gut oder schlecht sind, ergibt sich aufgrund einer **Moral**. Darunter versteht man üblicherweise die Gesamtheit aller Regeln, die in einer Gruppe von Menschen als gemeinsame Maßstäbe des Handelns gegenüber den Mitmenschen, sich selbst oder der Natur gelten. Die philosophische Disziplin, die sich mit der Begründung solcher Regeln befaßt, wird allgemein als **Ethik** bezeichnet. Bei der Begründung oder Ablehnung von Handlungen und Handlungszielen der Biotechnik spielen besonders die naturalistische und die personalistische Ethik eine besondere Rolle. Gemäß der naturalistischen Ethik ist das letzte Ziel des Handelns das Wohlergehen des Menschen bzw. der Natur, gemäß der personalistischen Ethik dagegen die Würde des Menschen.

a) Naturalistische Begründung:

Die typischen Merkmale der naturalistischen Ethik sind in Tabelle 7.1 zusammengefaßt.

Nach dem Beitrag der Biotechnik zum **allgemeinen Wohl** des Menschen zu fragen, heißt, dieses Gebiet auf der Basis des Prinzips der Nützlichkeit zu beurteilen (naturalistische Beurteilung). Danach »*gilt diejenige Handlung oder Handlungsregel als moralisch richtig, deren Folgen für das*

Naturalistische Ethik

Ziel des Handelns:
Das Wohlergehen des Menschen bzw. der Natur.

Wohlergehen:
Es hat ausschließlich empirisch greifbare Bedeutungsmerkmale, z. B. gute Gesundheit, intakte Umwelt, nicht z. B. das Heil der Seele im Jenseits.

Naturalistisches Menschenbild:
Es besteht kein prinzipieller Unterschied zwischen dem Wesen des Menschen und dem anderer Lebewesen und Naturdinge. (»Der Mensch ist ein Ergebnis der Evolution, er zählt zur Spezies der Säuger.«)

Richtiges Handeln:
Es dient dem Wohlergehen aller Betroffenen, d. h. es befriedigt Interessen, stillt Bedürfnisse, erfüllt Wünsche.

Weitere Merkmale:
- Sollens- und Werturteile stehen in engem Zusammenhang mit Erfahrungen.
- Sie dürften leichter zu akzeptieren sein als rein theoretisch fundierte Normen.
- Die künftige Erfahrung wird nicht durch Vorfestlegung behindert.
  Der Reifung des Menschen in moralischer Hinsicht wird Rechnung getragen.
- Naturalistisch begründete Handlungsnormen sind revidierbar.

Tab. 7.1

Personalistische Ethik

Ziel des Handelns:
Dem Menschen als Person gerecht werden.

Person:
Sie ist als Vernunftwesen Träger von Sittlichkeit, d. h. sie besitzt Freiheit und Verantwortung.

Personalistisches Menschenbild:
Personale Wesensmerkmale gelten als absolut wertvoll (Würde des Menschen) und einzigartig; in dieser Hinsicht bestehen keine Gemeinsamkeiten mit anderen Lebewesen oder mit Naturdingen.

Richtiges Handeln:
Es steht in Einklang mit der Würde des Menschen, d. h. mit dessen freier und verantwortlicher Selbstbestimmung.

Personalistisch begründete Handlungsnormen:
- Jede Person genießt einen unbedingten Schutz, die Würde der Person macht das Leben des Menschen unantastbar.
- Der Mensch darf nicht als Objekt (z. B. der genetischen Optimierung) behandelt werden, seine sittliche Selbstbestimmung darf nicht behindert werden (z. B. durch Unterordnung unter Nützlichkeitserwägungen oder wirtschaftliche Ziele).

Tab. 7.2

Wohlergehen aller Betroffenen optimal sind« (Höffe 1975). Der Wert der Biotechnik wird also anhand der Qualität ihrer Folgen beurteilt: Sofern ihre guten Folgen im Vergleich zu den schlechten überwiegen, ist sie zu akzeptieren und zu fördern, andernfalls aber abzulehnen. Was allerdings unter »allgemeinem Wohl« und »guten Folgen« zu verstehen ist, kann aus dem Nützlichkeitsprinzip nicht abgeleitet werden, sondern muß im Rückgriff auf eine Werttheorie bestimmt und begründet werden. (Höffe 1975, Hoerster 1977).

Beispielsweise hat die Einführung einer Tomatenpflückmaschine in der Landwirtschaft Kaliforniens tausende (relativ) kleiner Bauern zum Aufgeben ihrer Betriebe gezwungen, weil sich der Einsatz der kostensparenden Maschine nur auf sehr großen Flächen lohnte, dort aber die Kosten senkte. Die Entwicklung der Maschine war erst möglich, nachdem eine harte Tomatensorte gezüchtet worden war, die beim maschinellen Ernten nicht zerquetscht wird. Dieser »Fortschritt« der modernen Biotechnik war für diejenigen von Vorteil, die sich eine weitere Spezialisierung leisten konnten, für die anderen aber, die nicht mithalten konnten, von Nachteil. Ob man Fortschritt für **gut** hält oder nicht, hängt also von der Wertehierarchie ab, auf die man sich bezieht.

Garret Hardin (1968) schreibt zur Problematik des Begriffes **»good«** in Science folgendes:

»We want the maximum good per person, but what is good? To one person it is wilderness, to another it is ski lodges for thousands. To one it is estuaries to nourish ducks for hunters to shoot at; to another it is factory land. Comparing one good with another is, we usually say

impossible because goods are incommensurable. Incommensurables cannot be compared.

Theoretically this may be true; but in real life incommensurables are commensurable. *All that is needed is a criterion of judgement and a system of weighing.*« (zit. nach *Congress of the United States* 1988, S. 3; Anm.: Ein *system of weighing* ist eine Wertehierarchie.)

b) Personalistische Begründung:

Die besonderen Merkmale des personalistischen Ethik sind in Tabelle 7.2 zusammengefaßt.

Der basale Wert personalistischer Letztbegründung ist also die **Würde des Menschen.** Von ihr her gesehen wird z.B. die Genomanalyse, sofern sie als Entscheidungsgrundlage für oder gegen die Abtreibung eingesetzt wird, abgelehnt, weil mit ihrem Einsatz die Tötung menschlicher Föten in Kauf genommen und somit das menschliche Leben mißachtet wird. Auch jeder Eingriff in die menschliche Keimbahn gilt als unzulässig, weil er die Föten (und deren Nachkommen) zum Objekt macht, indem er ihnen die eigene freie Entscheidung über einen entsprechenden Eingriff vorenthält.

c) Wie soll sich der Lehrer entscheiden?

Es kann nicht die Aufgabe des Lehrers sein, das Prinzip der Nützlichkeit oder das personalistische Prinzip der Würde des Menschen zu *propagieren.* Vielmehr soll er den Schülern helfen, die verschiedenen Möglichkeiten der ethischen *Letztbegründung* zu systematisieren. Denn neben fundiertem Sachwissen gehört auch die Kenntnis ethischer Beurteilungskriterien zu den Voraussetzungen für begründete Entscheidungen und verantwortliches Handeln.

Die Schüler lernen dabei ethische Beurteilungskriterien kennen, die ihnen nicht nur zur Bewertung der Biotechnik dienen, sondern auch in schweren Entscheidungssituationen des späteren Lebens hilfreich sein können. Das gilt z.B. für den Fall, daß eine Schülerin noch als junges Mädchen schwanger wird und die schwierige Entscheidung zu treffen hat, ob sie das Kind austragen soll oder nicht.

3 Biotechnik als Teil der Lehrpläne

Der Schulunterricht hat die Aufgabe, Grundlagen und Auswirkungen der Biotechnik zu behandeln und einen Beitrag zur Bewertung zu leisten. Er soll die jungen Menschen befähigen, die Verfahren, Leistungen und Auswirkungen der Biotechnik zu verstehen, auf dieser Basis dann eigene Urteile zu fällen und verantwortlich zu handeln.

Die Behandlung der Biotechnik in der Schule ist also aus folgenden Gründen erforderlich und gerechtfertigt:

- Die Schüler lernen in der traditionellen Biotechnik wichtige biologische Grundlagen der Daseinsvorsorge kennen.
- Bei der modernen Biotechnik handelt es sich um ein Gebiet mit erheblicher Zukunftsbedeutung, das einerseits ein hohes Potential zur Lösung von Problemen aufweist, andererseits aber auch selbst neue Probleme schaffen kann. Die Schüler müssen gut darüber informiert werden, damit sie sich als Bürger und künftige Entscheidungsträger kritisch an den Auseinandersetzungen über die Möglichkeiten und Risiken der Biotechnik beteiligen können.

Mit Fragen der Biotechnik befassen sich verschiedene Schulfächer. Die Unterrichtsvorschläge dieses Handbuchs sind vor allem für den Biologieunterricht oder auch den Chemieunterricht gedacht.

Der Chemieunterricht beschäftigt sich mit der Struktur der Stoffe und mit deren Reaktionen. Vor allem aber geht es ihm um die Synthese neuer Substanzen und die entsprechenden industriellen Prozesse. Da auch biologische Agenzien in der chemischen Synthese eingesetzt werden, werden die entsprechenden Prozesse auch im Chemieunterricht behandelt. Beispielsweise eignen sich dafür die folgenden biotechnischen Themen (Bünder 1989):

- Ablösung klassischer organisch-chemischer Synthesen durch biotechnische Prozesse (Alkohol, Aminosäuren, Citronensäure),
- Nutzung von Mikroorganismen zum Abbau von Chemikalien (Abwasserreinigung),

Bedeutende Anwendungsgebiete der Biotechnik:
- Chemisch-pharmazeutische Industrie
- Medizin
- Landwirtschaft und Ernährung
- Umwelttechnik

Wichtige Verfahren der Biotechnik:
- Gentechnik
- Zellkulturtechnik
- Kultur von Mikroorganismen
- Neukonstruktion von Proteinen (protein engineering)
- Einsatz monoklonaler Antikörper

Tab. 9.1: Anwendungsgebiete und Verfahren der Biotechnik

- Herstellung von Medikamenten mit Hilfe von gentechnisch veränderten Mikroorganismen.

In weitaus größerem Umfang wird künftig Biotechnik im Biologieunterricht behandelt werden. Der explosionsartige Wissenszuwachs in allen Biowissenschaften zwingt den Biologielehrer allerdings, sich auch beim Thema Biotechnik auf das Wesentliche zu beschränken, wobei jedoch die zentralen Anwendungsgebiete und Verfahren (Tabelle 9.1) berücksichtigt werden sollen.

Schließlich müssen die Schüler dazu befähigt werden, kritisch zu urteilen und verantwortlich zu handeln, wozu sie eine ausreichende Kenntnisbasis benötigen. Wegen des interdisziplinären Charakters der Biotechnik steht der Unterricht auch vor der Aufgabe, eine Synthese von Inhalten verschiedener Disziplinen zu leisten und dabei beispielsweise auch Verfahren der ökonomischen Analyse und der ethischen Begründung einzubeziehen.

In der *Primarstufe* kann auf traditionelle biotechnische Verfahren eingegangen werden, soweit die so erzeugten Produkte zu den alltäglichen Nahrungsmitteln der Schüler gehören. Diese erfahren dabei, daß Mikroorganismen eine wichtige Rolle bei der Nahrungsproduktion spielen, und lernen, sie differenziert zu betrachten. Auch die Bedeutung von Pilzen und Bakterien (und anderer Lebewesen) beim Abbau organischer Abfälle kann Grundschülern nahegebracht werden, z.B. bei der Untersuchung eines Komposthaufens.

Viele Schüler schließen die Schulbildung in der *Sekundarstufe I* ab. Sie sollten bis dahin die Bedeutung der modernen Biologie für das Leben und die Daseinsvorsorge des Menschen kennenlernen. Die Schüler sollen erfahren, in welcher Weise die Biologie zur Lösung von Problemen in Gesellschaft und Alltag, zur Stillung menschlicher Bedürfnisse und überhaupt zur Verbesserung der Lebensqualität beiträgt sowie welche Probleme sich aus der Biotechnik ergeben. Der Einsatz von Mikroorganismen und von Enzymen sollte dabei einen besonderen Schwerpunkt bilden.

Biotechnische Fragen lassen sich auch in den Themenbereich »Ökologie und Umwelterziehung« integrieren: Als Reduzenten in Stoffkreisläufen spielen Mikroorganismen eine Rolle, deren Leistungen auch beim Stoffabbau in der Biotechnik genutzt werden (Abwasserreinigung, Abfallbeseitigung mit Hilfe von Mikroben, Erzeugung von Biogas).

Im Rahmen der »Gesundheitserziehung« werden Bakterien, Pilze und Viren als Erreger von Infektionskrankheiten behandelt. Der Lehrer könnte über die häufig eingesetzten Abklatschversuche hinausgehen, indem er z.B. das Experiment von ALEXANDER FLEMING, des Entdeckers des Penicillins, nachvollzieht und einen Hemmhoftest durchführt. Dabei können sowohl die Wirkung der Antibiotika als auch die Erscheinung der Resistenz demonstriert und diskutiert werden. In diesem Zusammenhang kann auch auf die Erzeugung von Impfstoffen, Therapeutika und Diagnostika mit Hilfe der Mikroorganismen eingegangen werden.

Bei der Behandlung der »Physiologie des Menschen« in den Klassen 9 oder 10, speziell beim Thema »Verdauung«, werden Enzyme behandelt. In diesem Zusammenhang könnten auch Aspekte der Enzymtechnik angesprochen werden. Anhand einfacher Versuche, z.B. zum Pektinabbau bei der Herstellung von Fruchtsäften kann eine Verbindung zu wirtschaftlich besonders bedeutsamen Gebieten der Biotechnik hergestellt werden. In diesen Klassenstufen bietet auch das Thema »Züchtung« Anknüp-

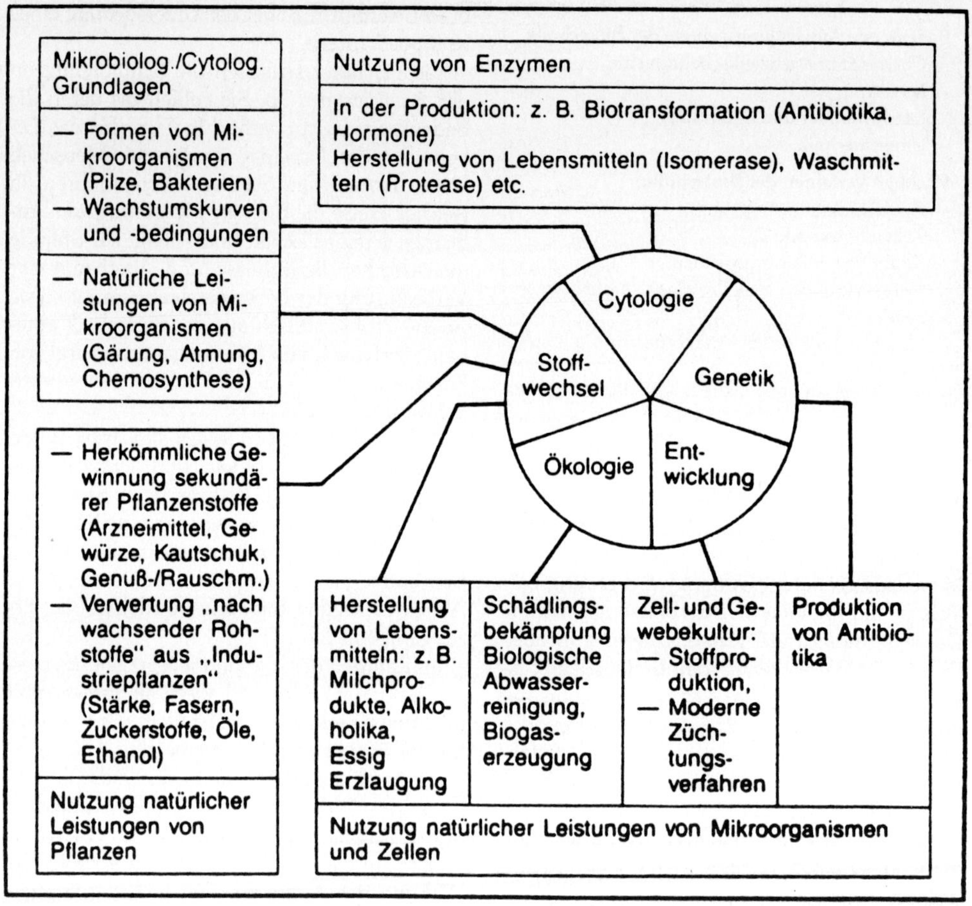

Abb. 10.1: Unterrichtsthemen der Biotechnik, in denen es um die Nutzung natürlicher Leistungen von Lebewesen bzw. Zellbestandteilen geht sowie ihre Zuordnung zu Kursen der gymnasialen Oberstufe (aus *Bayrhuber/Mayer* 1990)

fungspunkte. Dabei kann auf die Bedeutung moderner Züchtungsverfahren und den Einsatz der Gewebekulturtechnik im Pflanzenbau eingegangen werden.

Gemäß der wissenschaftspropädeutischen Zielsetzung der *Abschlußklassen des Gymnasiums* sollen sich die Schüler außer mit den bedeutenden Anwendungsgebieten auch mit der Genese des biotechnischen Wissens befassen, d.h. die wichtigsten Verfahren der Biotechnik kennenlernen und begründet beurteilen. Aufgrund der Komplexität der einzelnen Themen sollte der Biologielehrer häufig die Kooperation mit Fachkollegen suchen. Aber gerade die Darstellung der Biotechnik in ihrer ganzen Komplexität ist eine unverzichtbare Voraussetzung für eine Erziehung zu verantwortlichen Entscheidungen auf der Grundlage sicheren Wissens.

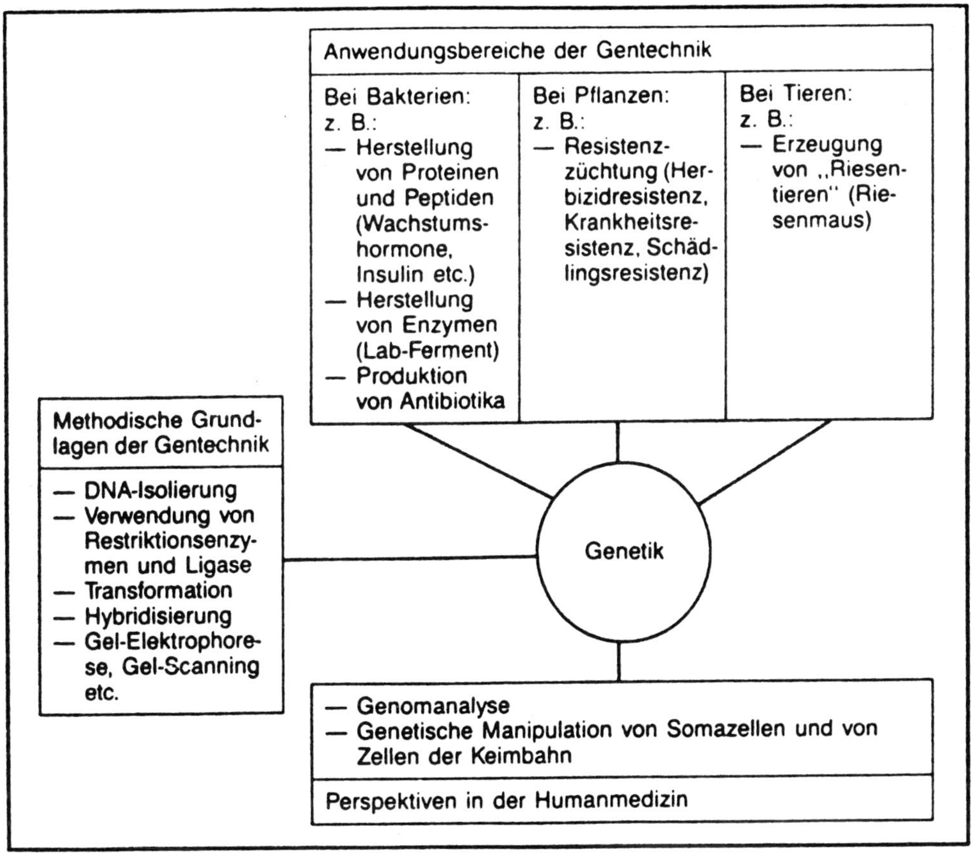

Abb. 11.1: Biotechnische Themen des Genetik-Kurses der gymnasialen Oberstufe zur Nutzung gentechnisch veränderter Lebewesen (aus *Bayrhuber/Mayer* 1990)

Mikrobiologische Grundlagen

1 Einführung

Abb. 14.1: Nobelpreisträger für Medizin *Robert Koch* (1905), *Paul Ehrlich* (1908) und *Emil v. Behring* (1901)

Die Entwicklung der allgemeinen und der angewandten Mikrobiologie ging mit wichtigen Entdeckungen bei der Erforschung von Krankheitsursachen einher. Als bedeutende deutsche Pioniere auf diesem Gebiet gelten Robert Koch und dessen Schüler Emil v. Behring und Paul Ehrlich (Abb. 14.1). Gegen Ende des letzten Jahrhunderts begründete Koch durch die Entdeckung verschiedener mikrobieller Krankheitserreger und deren Züchtung auf festem Nährboden die medizinische Bakteriologie. Behring erkannte bald darauf die Bedeutung von Abwehrfunktionen gegenüber Erregern im menschlichen und tierischen Körper. Er gilt als Gründervater der Immunologie. Ehrlich wird schließlich als Pionier in der Chemotherapie angesehen. Ihm gelang die Entwicklung von Salvarsan, einem Mittel gegen die Syphilis. Die folgende Übersicht zeigt, wie sich die Mikrobiologie von ersten mikroskopischen Beobachtungen über die medizinische Bakteriologie bis hin zu einem pharmazeutischen Zweig moderner Biotechnologie (Produktion von Antibiotika) entwickelt hat.

Mikroorganismen spielen heute in vielen anderen Gebieten der Biotechnik eine große Rolle. Sie werden in der Industrie unter anderem dazu kultiviert, Stoffe herzustellen, sie zu verändern oder abzubauen, oder, um mikrobielle Biomasse zu erzeugen. Zwar kann eine große Zahl von Mikroorganismen in Pflanzen, Tieren und Menschen Krankheiten hervorrufen, die überwältigende Mehrheit aller Mikroorganismen ist jedoch harmlos. Alle sind am Stoffkreislauf beteiligt und somit ökologisch unersetzlich (nach Präve et al. 1984). Man macht es sich daher *»zu einfach, wenn man Mikroorganismen pauschal in nützliche und nicht nützliche einteilt«* (Phaff 1984).

Mikroorganismen lassen sich als mikroskopisch kleine Lebewesen von allen anderen Organismen abgrenzen. Aufgrund der Tatsache, daß Mikroorganismenzellen einzeln mit bloßem Auge nicht sichtbar sind, erfordert deren Handhabung bestimmte Methoden, denen man auch im Unterricht gerecht werden muß. Zu den Mikroorganismen werden **Viren, Bakterien, Pilze** und einige **Algen**arten gezählt, sowie bestimmte **Protozoen** (Pühler/Rehm/Schaal 1991). Viren nehmen allerdings eine Sonderstellung ein, da sie hauptsächlich aus Nucleinsäure bestehen, die in eine Proteinhülle, dem *Capsid*, verpackt ist. Zu ihnen gehören auch die **Bakteriophagen**, die Bakterien als Wirtszellen haben. Viren besitzen keinen eigenen Stoffwechsel und bedienen sich des Stoffwechsels echter Organismen zur eigenen Vermehrung. Gleichwohl wird heute im Sinne des Gentechnikrechts als Organismus *»jede biologische Einheit«* verstanden, *»die fähig ist, sich zu vermehren oder genetisches Material zu übertragen«* (§ 3,1 GenTG; in Eberbach/Ferdinand 1991). Viren werden demnach auch zu den Organismen gerechnet, da sie als »Vektoren« zur Übertragung genetischen Materials dienen können.

Echte Mikroorganismen (mit eigenem Stoffwechsel) lassen sich einteilen in *Prokaryonten* und *Eukaryonten*. Erstere besitzen keinen Zellkern (vgl. Linder, S. 22, Bayrhuber/Kull 1989). Innerhalb der Prokaryonten sind die *Eubakterien* von den *Archaeobakterien* zu trennen. Eubakterien stammen nicht von den Archaeobakterien ab, vielmehr nimmt man an, daß sich beide Formen aus gemeinsamen Urzellen entwickelt haben. Neuere Untersuchungen zeigen, daß Archaeobakterien engere Beziehungen zu den Eukaryonten aufweisen als zu den Eubakterien. In Tabelle 15.2 sind die wichtigsten zellulären Lebensformen zusammengestellt (nach Brock 1991).

35 v. Ch.	Varro	Theorie über kleinste Lebewesen als Krankheitserreger
1676	v. Leeuwenhoek	Mikroskopische Darstellung von Mikroorganismen
1857	Pasteur	Arbeiten über die Milchsäure- und Alkoholgärung
1876	Koch	Entdeckung des Milzbrandbazillus, Theorie über Milzbrandtoxine
1882	Koch	Mikroorganismen-Kultur auf festem Nährboden, Entdeckung der Tuberkelbakterien
1883	Koch	Isolierung der ersten Erreger der asiatischen Cholera
1890	v. Behring	Entdeckung der Diphtherie- und Tetanustoxine
1894	v. Behring	Entwicklung des Diphtherie-Serums aus tierischen Seren
1905	Schaudinn Hoffmann	Entdeckung der Spirochäte *Treponema pallidum* als Erreger der Syphilis
1910	Ehrlich	Einführung des Salvarsans in die Syphilis Behandlung
1928	Fleming	Entdeckung des Penicillins
1941	Chain, Florey	Einführung des Penicillins in die Therapie
1944	Waksman Schatz	Entdeckung des Streptomycins

Tab. 15.1: Übersicht über die Geschichte angewandter Mikrobiologie bis zur Mitte dieses Jahrhunderts

Mikroorganismen macht sich der Mensch schon seit Jahrtausenden zunutze (s. *Einleitung*). Zu den bei Fermentationen eingesetzten Lebewesen zählen vor allem **Bakterien**, **Schimmelpilze** und **Hefen**. Diese drei Gruppen von Mikroorganismen sind nach wie vor für die Biotechnik von grundlegender Bedeutung (vgl. Phaff 1984). Der Umgang mit ihnen bildet den Schwerpunkt dieses ersten Bandes. Sie werden im folgenden eingehend beschrieben.

	Prokaryonten	Eukaryonten
Mikroorganismen	Archaeobakterien **Eubakterien**	**Pilze** Protozoen Algen
Höhere Organismen		Pflanzen Tiere

Tab. 15.2: Die wichtigsten zellulären Lebensformen. Hervorgehoben sind die Mikroorganismengruppen, die den Schwerpunkt dieses Buches bilden.

Bakterien (Prokaryonten)

Bakterien sind **Einzelzellen**, die sich in der Regel durch Teilung vegetativ vermehren. Die **Zellwand** bildet einen *Sacculus* aus **Murein**. Der Mureinsacculus kann unterschiedlich stark ausgeprägt sein, was die Unterscheidung von Gram-positiven und Gram-negativen Bakterien ermöglicht (s. *Mikrobiologische Grundlagen* 3.5.4). Murein findet sich nicht in den Zellwänden von Eukaryonten. Zwischen der Zellwand und der Zellflüssigkeit, dem **Cytoplasma**, liegt eine **Zellmembran** aus einer Phospholipid-Doppelschicht mit eingelagerten Proteinmolekülen (nach Schlegel 1985/Brock 1991).

Bakterien der Familie *Bacillaceae* können als Überdauerungsform **Endosporen** bilden, indem sie Wasser aus dem Zellinnern an die Umgebung abgeben. Derartige Sporen sind resistent gegen eine Reihe extremer Faktoren wie Austrocknung, pH-Änderungen oder Hitze. Die Hitzeresistenz dieser Bakteriensporen spielt bei der Desinfektion eine wichtige Rolle (s. *Mikrobiologische Grundlagen*, 2.2.3, 2.2.4, 3.1.2).

Bakterien unterscheiden sich in ihrer Form, Größe und Beweglichkeit. Kugelförmige Bakterien werden als **Coccen** (Einzahl: *Coccus*) bezeichnet und sind in der Regel relativ klein: Das Milchsäurebakterium *Lactococcus lactis ssp. cremoris* hat beispielsweise einen Durchmesser von 1 µm. Längliche Bakterien werden **Stäbchen** genannt, deren Größe erheblich variieren kann: So ist das Gram-positive »Riesenbakterium« *Bacillus megaterium* bis zu 5,0 µm lang und bis zu 1,5 µm dick, so daß es sich aus diesem Grund gut zur Schulmikroskopie eignet (s. *Mikrobiologische Grundlagen,* 3.5 ff.), während das Gram-negative *Escherichia coli* nur 2,0 µm lang und 0,5 µm dick ist.

Gekrümmte oder kommaförmig gebogene Bakterien werden als **Spirillen** bezeichnet, wobei es sich bei den letzteren genauer um **Vibrionen** handelt: *Vibrio natriegens,* das mit einer Generationszeit von etwa zehn Minuten als »Weltmeister im Wachsen« beschrieben werden kann (s. *Mikrobiologische Grundlagen,* 3.7.1), ist 1,5 µm lang und 0,5 µm dick. Stäbchen, Spirillen und Vibrionen können mit Geißeln ausgestattet sein, was im Mikroskop an einer starken Eigenbewegung der Zellen zu erkennen ist. Als **Spiralhelices** kommen schraubenförmige Bakterien in Betracht: Sie gehören zur Gruppe der *Spirochaeten,* deren Zellen im Vergleich zu ihrer Länge (5 – 500 µm) im Durchmesser ungewöhnlich klein sind (0,1 – 0,6 µm), so daß sie feinporige Sterilfilter passieren können (nach Schlegel 1985/ Brock 1991; s. *Mikrobiologische Grundlagen,* 2.3.2, und Band 3: *Mikroorganismen im Unterricht*).

Prokaryonten besitzen weder Organellen noch ein endoplasmatisches Reticulum. Funktionen der Atmung oder des Stofftransports können Ausstülpungen der Zellmembran übernehmen, z.B. **Mesosomen** und **Lamellenkörper** (s. Linder, S. 22, Bayrhuber/Kull, 1989). Die **Ribosomen** der Prokaryonten gehören zum **70-S-Typ** (S = Svedberg-Einheit nicht lineare Sinkgeschwindigkeitskonstante»), die aus zwei Untereinheiten, einem 30-S-Partikel und einem 50-S-Partikel aufgebaut sind (Schlegel 1985).

Das genetische Material einer Bakterienzelle, die DNA, liegt in Form eines einzigen Chromosoms frei in der Zellflüssigkeit, dem Cytoplasma. Dieses **Bakterienchromosom** hat die Form eines einzigen, ringförmig geschlossenen Fadens, der bei *E. coli* immerhin eine Gesamtlänge von 1000 µm besitzt. Bei der Teilung verlängert sich die Zelle zunächst, dann weichen die beiden DNA-Stränge des Chromosoms auseinander und es bildet sich – von außen nach innen – neues Zellwandmaterial. Durch Anlagerung neuer Nucleotideinheiten wird schließlich wieder eine doppelsträngige DNA aufgebaut (nach Schlegel 1985).

Neben diesem Bakterienchromosom befinden sich in vielen Bakterien kleine, ringförmige extrachromosomale DNA-Einheiten, die **Plasmide** (s. Band 2, *Gentechnik*), die unter gewöhnlichen Bedingungen für viele Bakterienarten entbehrlich sind. Ihre Gene codieren für zusätzliche Eigenschaften wie Antibiotikaresistenz oder besondere Abbauleistungen. Plasmide können, wie auch Teile des Bakterienchromosoms, auf verschiedene Weise (Konjugation, Transduktion, Transformation; s. Band 2, *Gentechnik*) von einer Bakterienzelle in eine andere, auch zwischen unterschiedlichen Arten, übertragen werden. Abb. 17.1 zeigt eine schematische Übersicht über eine Prokaryontenzelle.

Pilze (Eukaryonten)

Eukaryonten zeichnen sich durch einen Zellkern aus. Dieser **Nucleus** wird von einer zweischichtigen, porösen Kernmembran umgeben. Im Innern ist die DNA auf eine Anzahl Chromosomen verteilt, die erst während der Kernteilung durch **Mitose**, d.h. während der Reduplikation der DNA, sichtbar werden. Eukaryontenzellen sind im Cytoplasma außerdem mit **Organellen** sowie einem **endoplasmatischen Reticulum** ausgestattet. Die **Ribosomen** der Eukaryonten zählen zum **80-S-Typ** (Schlegel 1985).

Fadenpilze:

Pilze wachsen im allgemeinen im **mehrzelligen Mycel**. Für die meisten mycelbildenden Pilze läßt sich im Unterricht der Sammelbegriff »Schimmelpilz« verwenden. Viele Pilzmycelien können Dauerformen bilden. So ist z.B. das Mutterkorn ein aus **Dauermycel** gebildetes Sklerotium des Schlauchpilzes *Claviceps purpurea.* Die Zellwände von Pilzen bestehen aus **Chitin** oder chitinähnlichen Verbindungen, meist einem Polymer des N-Acetylglucosamins. Die-

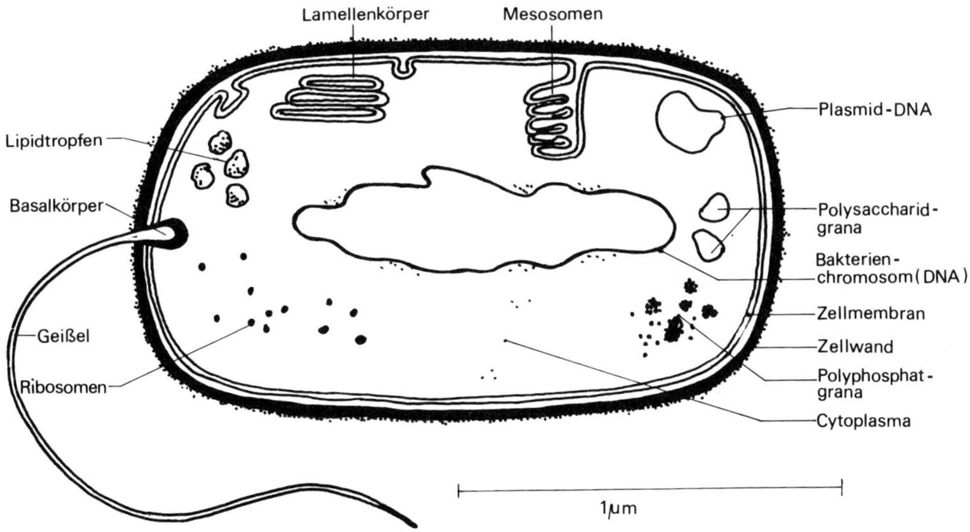

Abb. 17.1: Beispiel für einen typischen Prokaryonten: Schematischer Querschnitt einer Bakterienzelle

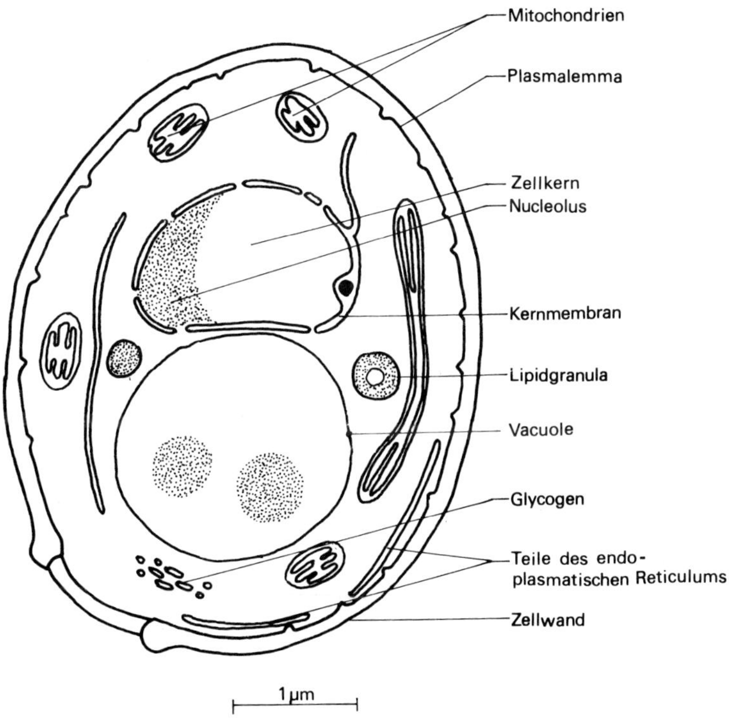

Abb. 17.2: Beispiel für einen typischen Eukaryonten: Schematischer Querschnitt einer Hefezelle

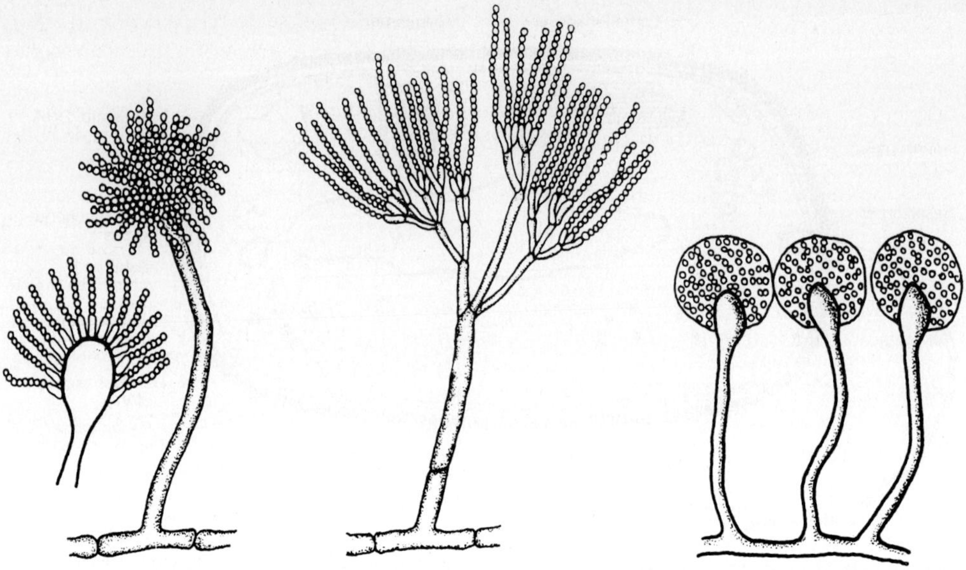

Abb. 18.1: Sporenträger von *Aspergillus, Penicillium* und von Gattungen der Familie *Mucoraceae* (von Links; schematisch)

ser Baustoff kommt auch in den Zellwänden der Insekten vor.

Nicht selten vermehren sich Schimmelpilze ungeschlechtlich durch **Sporen**, die jedoch den Endosporen der Bakterien nicht entsprechen, sie sind auch weniger hitzeresistent. Die Art der Ausbildung von Sporenträgern dient als wichtiges Bestimmungsmerkmal von Schimmelpilzen. Die heute noch gebräuchlichen Bezeichnungen »Pinselschimmel« (Gattung *Penicillium*; s. *Mikrobiologische Grundlagen*, 3.5.6), »Gießkannenschimmel« (Gattung *Aspergillus*) und »Köpfchenschimmel« (Gattungen der Familie *Mucoraceae*) stellen eine bildhafte Beschreibung ihrer jeweiligen Sporenträger dar (Abb. 18.1).

Bis auf die *fungi imperfecti* vermehren sich Pilze auch geschlechtlich durch die Ausbildung von **Gameten**.

Hefen:

Hefen gehören ebenfalls zu den Pilzen. Sie bilden allerdings keine Fruchtkörper. Einige entwickeln **Sporen**, die sich aber ebenfalls von den bakteriellen Endosporen unterscheiden. Andere vermehren sich durch **Sprossung**, u.a. die Backhefe *Saccharomyces cerevisiae* (s. *Biotechnik der Nahrungs- und Genußmittelproduktion*, 2.2). Die Zellwand der Hefen besteht vorwiegend aus einem Mannan-Glucan-Gerüst, d.h. aus Mannose-Glucose-Polymeren, die mit Phosphaten und Proteinen verbunden sind.

2 Ausstattung für mikrobiologische Versuche

Auf die faktische Ausstattung der Schulen für Experimente mit Mikroorganismen wird in Band 3: *Mikroorganismen im Unterricht* eingegangen, und zwar unter besonderer Berücksichtigung des Sicherheitsaspekts. Im folgenden wird beschrieben, welche Ausrüstung für derartige Arbeiten zweckmäßig ist. Dabei werden allgemein notwendige Geräte und Materialien (A) aufgeführt und von speziellen (S) unterschieden, die man für bestimmte Versuche braucht.

2.1 Installationen in den Fachräumen (A)

Schulversuche zur Biotechnik erfordern oft den Umgang mit Mikroorganismen. Mikrobiologisches Arbeiten setzt allerdings eine entsprechende Ausstattung der Fachräume voraus. Die Arbeitsplätze müssen so beschaffen sein, daß sie leicht zu reinigen und zu desinfizieren sind. Dies betrifft vor allem den Fußbodenbelag und die Oberflächen der Tische, sie müssen feucht abzuwischen und fugendicht sein. Gut geeignet sind kunststoffbeschichtete Tische. Holzoberflächen von Arbeitstischen können mit Glasplatten versiegelt werden, deren Kanten abgeschliffen sind. Jede Glasplatte wird an den Kanten ringsherum mit *Tesapack* befestigt.

Im Fachraum sollten sich Wasserhähne und Waschbecken befinden, am besten sowohl an den Lehrer- als auch an den Schülerarbeitsplätzen. Die Wasseranschlüsse dienen vor allem dazu, Schülern und Lehrern gründliches Händewaschen zu ermöglichen. Da in der Schule nicht mit Krankheitserregern gearbeitet werden darf, sind spezielle Wasserhähne mit Armhebelbedienung nicht notwendig.

Bei bestimmten Arbeitsschritten müssen Geräte abgeflammt oder ausgeglüht werden. Hierfür sind Gasanschlüsse und Bunsenbrenner an Lehrer- und Schülertischen hilfreich. Fehlen an den Arbeitstischen Gasanschlüsse, kann auch mit Flüssiggas (z. B. Propan) gearbeitet werden, sofern Mehrwegflaschen mit Sicherheitsventil verwendet werden. Der Betrieb von Kartuschenbrennern ist entsprechend den *Richtlinien für die Verwendung von Flüssiggas* (BAGUV 1979) in geschlossenen Räumen nicht statthaft.

Abzüge werden für rein mikrobiologische Versuche in aller Regel nicht gebraucht.

Ein hörsaalartig ausgebauter Biologieraum mit ansteigenden Sitzreihen und schmalen Schülerbänken eignet sich für mikrobiologische Übungen überhaupt nicht. Nicht selten sind derartige Räume auch mit Teppichboden ausgestattet. Fest installierte Bankreihen ohne Mittelgang erschweren dem Lehrer während eines Schüler-

Abb. 19.1: Für mikrobiologische Versuche geeigneter Biologiefachraum

experimentes die Betreuung jedes einzelnen Schülers. Sollen Experimente nicht bloß vorgeführt werden, ist ein Fachraum Voraussetzung, bei dem die Schülerarbeitsplätze von allen Seiten frei zugänglich sind. In einem solchen Raum können beispielsweise auch die Tische in Gruppen um einzelne Versorgungseinheiten angeordnet sein.

2.2 Geräteausstattung

Für mikrobiologische Untersuchungen werden außer Mikroskopen auch Großgeräte wie Brutschrank oder Trockenschrank benötigt, ebenso Kleingeräte wie Waagen, pH-Meter oder Gasbrenner, des weiteren Glasgeräte wie Pipetten oder Erlenmeyerkolben, Verbrauchsmaterialien wie Petrischalen oder Reagenzgläser, sowie Nährmedien und Reagenzien (Gallien 1988, Zimmermann-Spinnler 1989).

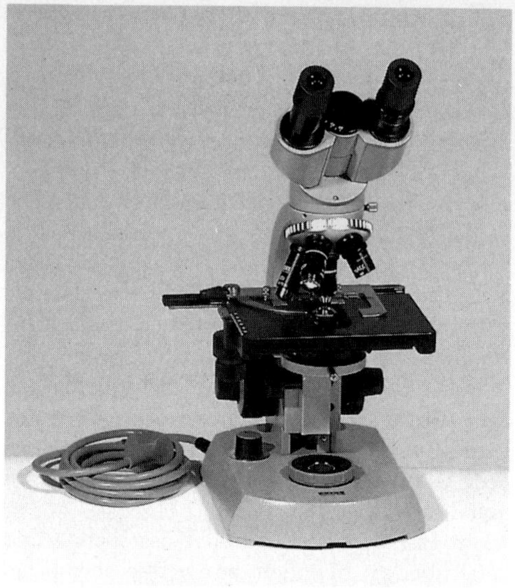

Abb. 20.1: Zeiss-Mikroskop mit Binokular

2.2.1 Mikroskop (A)

Die Größe kugelförmiger Bakterien (z.B. eines Milchsäurebakteriums der Art *Lactococcus lactis*) liegt wie erwähnt bei 1 μm, die einer Hefezelle (z.B. von Bäckerhefe oder *Saccharomyces cerevisiae*) bei etwa 5 μm. Auch das stäbchenförmige *Bacillus megaterium* erreicht diese »Riesengröße«. Ein Schulmikroskop, dessen Vergrößerung nur 500-fach ist, eignet sich allenfalls zur Mikroskopie der Hefezellen oder von *B. megaterium*, kleinere Objekte sind mit dem ungeübten Auge kaum noch zu erkennen.

Möchte man die im Joghurt vorkommenden Milchsäurebakterien nicht nur als kleine Punkte wahrnehmen, sondern auch deren Form, Unbeweglichkeit oder perlschnurähnliche Aneinanderreihung erkennen, so ist mindestens eine 1000-fache Vergrößerung erforderlich. Ein Mikroskop für mikrobiologische Präparate sollte deshalb wenigstens mit drei verschiedenen Objektiven ausgerüstet sein, deren Vergrößerung zwischen 10-fach und 100-fach (Ölimmersion!) ausgelegt ist. Das Okular sollte eine mindestens 10-fache Vergrößerung ermöglichen. Als maximale Gesamtvergrößerung eines derartigen Mikroskopes (Multiplikation der Okular- mit der Objektivvergrößerung) ergibt sich dann eine 1000-fache Vergrößerung. Für Schülerhände sind einfache Durchlichtmikroskope geeignet. Es wird empfohlen, daß mindestens ein Mikroskop ein Binokular besitzt und mit Dunkelfeld- und Phasenkontrasteinrichtung ausgerüstet ist. Bewährte Hersteller von Mikroskopen sind z.B. die Firmen *Zeiss*, *Leitz* und *Olympus*.

2.2.2 Brutschrank (A)

Ein Brutschrank ist zur Inkubation der Mikroorganismen in Nährlösungen oder auf Nähragarplatten nötig. Die optimale Bebrütungstemperatur liegt häufig etwas über der Raumtemperatur, in der Regel bei 30°C. Für *Escherichia coli* K-12 liegt sie bei 37°C. Die Größe eines Brutschrankes sollte sich immer nach der Menge des anfallenden Inkubationsmaterials richten. Werden Schülerversuche geplant, braucht man entsprechend viel Platz. Für die Nährbodenplatten von

Abb. 21.1: Brutschrank, geöffnet

beispielsweise acht Schülergruppen müßte der Brutschrank Innenmaße von mindestens 30×30×40 cm haben. Der eingebaute Thermostat darf nur sehr kleine Schwankungen der eingestellten Temperatur zulassen (± 1°C). Eine Regelung der Temperatur sollte innerhalb der Spanne von 30 bis 60°C möglich sein, da in diesem Bereich viele Arten ihr Temperaturoptimum haben. Das Thermometer muß gut sichtbar und einfach kontrollierbar sein. Als Hersteller können z.B. die Firmen *Heraeus, Ehret* oder *Memmert* genannt werden. Sollten die Mittel für die Anschaffung eines Brutschrankes nicht ausreichen, wird empfohlen, unter Verwendung von Styropor einen Brutschrank in einer Arbeitsgruppe oder während einer Projektwoche selber zu bauen (s. 2.4.1).

2.2.3 Trockenschrank (A)

Sämtliche Glasgeräte wie Erlenmeyerkolben, Pipetten, Schraubflaschen oder andere Gefäße, die mit sterilen Nährmedien oder Kulturflüssigkeiten in Berührung kommen, müssen vor Gebrauch sauber gespült und anschließend 30 min lang bei 180°C in der Hitze sterilisiert werden (bei niedrigerer Temperatur wird entsprechend länger sterilisiert, s. 3.1.2). Für diese Heißluftsterilisation ist ein Trockenschrank nötig. Sie sorgt dafür, daß anhaftende Keime und selbst bakterielle Endosporen abgetötet werden.

Der Trockenschrank sollte ebenfalls eine Thermostateinrichtung besitzen und mindestens bis zur Temperatur von 180°C regelbar sein. Sollte die Schule keinen Trockenschrank besitzen, ist ein gebrauchter Elektroherd mit Backofen eine preiswerte Alternative. Der Herd sollte allerdings nicht mehr zum Backen verwendet werden. Zur Abtötung von ausgedienten Altkulturen ist der Trockenschrank ungeeignet, da die Nährmedien bei ca. 100°C zu sieden begännen und diese Temperatur, bei der Endosporen nicht abgetötet würden, bis zum völligen Verdunsten des darin befindlichen Wassers beibehalten würden (s. 3.1.2). Außerdem werden Trockenschränke durch flüssige Medien leicht verschmutzt oder sogar unbrauchbar gemacht. Trockenschränke werden auch von den Herstellern der Brutschränke vertrieben. Sie unterscheiden sich äußerlich nur unwesentlich von Brutschränken (Abb. 21.1). Auch sind Kombinationsschränke im Handel, mit denen man sowohl niedrige Temperaturen zum Bebrüten, als auch hohe zum Hitzesterilisieren erreichen kann.

2.2.4 Dampf-Sterilisator (A)

Dampfsterilisieren (= Autoklavieren) geschieht in einem Autoklaven, Dampfdrucktopf oder Schnellkochtopf. Diese können gasdicht verschlossen werden und regulieren beim Erhitzen über ein Ventil den eingestellten Überdruck.

Bei der Dampfsterilisation von Lösungen (s. 3.1.2.b) besteht die Gefahr eines Siedeverzuges im Sterilisiergut, auch nach dem Öffnen des Gerätes. Große Autoklaven müssen daher mit einer besonderen Deckelsicherung ausgelegt sein, die ein Öffnen des Gerätes vor dem Absinken der Flüssikgeitstemperatur auf 80° C verhindert (*Technische Regeln zur Druckbehälterverordnung* 1991). Derartige Geräte, z.B. der Fa. *Webeco,* sind aber derzeit noch sehr teuer.

Für die Schule empfiehlt sich ein Dampfdrucktopf mit eingebauter Heizeinrichtung, der mit maximal 10 Litern Inhalt für einen Betriebsüberdruck von höchstens 2 bar ausgelegt ist und

Abb. 22.1: Dampfdrucktopf (links), Schnellkochtopf (rechts)

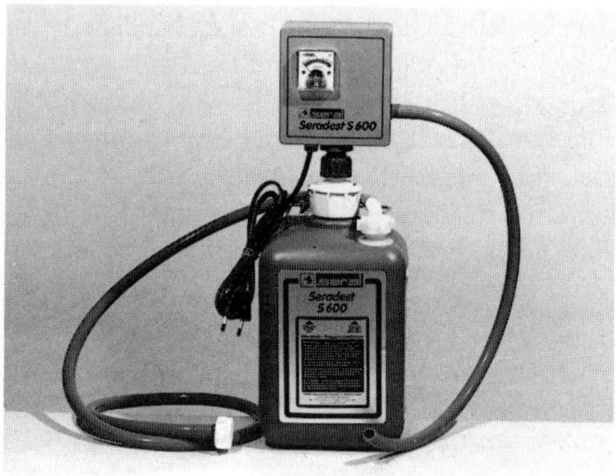

Abb. 22.2: Anlage für das Demineralisieren des Wassers

in dem der Dampf folglich eine Temperatur von höchstens 121° C annimmt. Die Fa. *Jürgens* rüstet auf Wunsch Dampfdrucktöpfe der Fa. *CertoClav* kostenlos mit einem 115° C-Festventil aus (näheres zur Temperatur s. 3.1.2. b). Ein solches Gerät fällt nicht in den Geltungsbereich der Druckbehälterverordnung.

Dies gilt auch für die preiswerten Schnellkochtöpfe z. B. der Firmen *Fissler* oder *Sillit*, für die allerdings eine Heizplatte zur Verfügung stehen muß. Bei ihrer Verwendung muß der Deckel auf der zweiten Stufe verriegelt werden, damit sich ein möglichst hoher Druck einstellt.

Beide Arten von Dampfdrucktöpfen werden vor der Inbetriebnahme etwa 3 bis 5 cm hoch mit destilliertem Wasser (Vermeidung von Kesselstein) gefüllt. Der Deckel muß zum Betrieb sachgemäß verriegelt werden.

Neben der Sterilisation von Nährmedien dient ein Dampfdrucktopf hauptsächlich der Entsorgung nicht mehr benötigter Kulturen (s. 3.1.3). Benutzte Einwegpetrischalen sind nicht wiederverwendbar, da sie nach der Prozedur thermisch verformt sind. Der Nährboden läuft hierbei auch aus den Schalen. Deswegen werden die Schalen vor dem Erhitzen in einem autoklavierbaren Kunststoffbeutel (s. 2.3.3 c) gesammelt. Andere Methoden (z. B. Übergießen der Bakterienkulturen mit Salzsäure) sind aus mikrobiologischer Sicht unzureichend.

2.2.5 Destillations- oder Demineralisationsanlage (A)

Nährmedien werden grundsätzlich mit destilliertem oder demineralisiertem Wasser angesetzt, da Leitungswasser wegen seines erhöhten Ionengehaltes und anderer Zusätze das Wachstum der Mikroorganismen stört. Eine Schule sollte wenigstens über eine eigene Anlage für die gewöhnliche Destillation verfügen. Mit weitaus weniger Energie- und Zeitaufwand werden Demineralisationsgeräte auf der Basis von Ionenaustauschern betrieben. Kleinere Geräte sind inzwischen preiswert im Fachhandel zu beziehen. Hersteller oder Lieferanten sind z. B. *Köttermann, GFL, Schott, Seral* und *Kleinfeld.*

2.2.6 Kühlschrank (A)

Der Kühlschrank dient zur Aufbewahrung der Bakterienkulturen, Nährlösungen und Reagenzien. Er sollte etwa auf 4° C einstellbar sein. Gegebenfalls wird seine Temperatur durch Einlegen eines Thermometers überprüft. Wenn Nucleinsäuren aufbewahrt werden sollen, wird ein Kühlschrank benötigt, der zusätzlich ein Dreisterne-Gefrierfach (–20° C) hat. Lebensmittel und Getränke dürfen nicht im selben Kühlschrank stehen; es empfiehlt sich, zur Sicherheit ein Türschloß anzubringen. In diesem Fall muß besonders auf Explosionsschutz des Kühlschrankes geachtet werden. Als Herstellerfirmen sind z. B. *AEG, Bauknecht, Bosch* oder *Siemens* zu nennen.

2.2.7 Wasserbad (S)

Wasserbäder eignen sich zur Inkubation der Flüssigkulturen, nicht aber der Nährbodenkulturen in Petrischalen, für letztere ist nur ein Brutschrank geeignet. Da die Einsatzmöglichkeiten eines Wasserbades im Biologieunterricht vielfältig sind (z. B. zur Inkubation von mikrobiellen Flüssigkulturen), ist eine Anschaffung zu empfehlen. Eine eingebaute Schütteleinrichtung kann außerdem einen zusätzlichen Schüttler ersparen. Hersteller oder Lieferanten sind die Firmen *GFL, Julabo, Köttermann* und *Memmert*. Ein einfaches Wasserbad (mit Rühreinrichtung) kann auch selbst gebaut werden (s. 2.4.2).

Abb. 23.1: Wasserbad

2.2.8 Laborwaage (A)

Zur Herstellung von Nährmedien ist eine Waage erforderlich. Sie sollte als Tellerwaage ausgelegt sein mit einem Wägebereich von wenigstens 100 g bei einer Genauigkeit von 10 mg. Hersteller sind z. B. *Sartorius* und *Mettler*. Eine Feinwaage wird in den seltensten Fällen benötigt (z. B. *Biotechnik der Nahrungs- und Genußmittelproduktion*, 2.5).

Abb. 23.2: Laborwaage

2.2.9 Rührer, Mischgeräte und Schüttler (S)

Beim Einrühren der Nährstoffe und -salze in die Lösungen sowie beim Messen des pH-Wertes vor dem Autoklavieren sind Magnetrührer von Vorteil, die kraft eines rotierenden Magneten ein in das Rührgefäß eingelegtes Rührstäbchen aus Weicheisen antreiben. Hersteller solcher Geräte sind *Heidolph, H+P, Janke & Kunkel* oder *Kleinfeld*. Sollten an der Schule nicht ausreichend Magnetrührer vorhanden sein, können Rührgeräte mit einfachen Mitteln selbst gebaut werden (s. 2.4.3).

Ein Mischgerät (auch Mixer oder Vortexer genannt) eignet sich zum Aufschütteln des Inhaltes in Reagenzgläsern bzw. Zentrifugenröhrchen und hat sich bei mikrobiologischen Routinearbeiten bewährt. Für den Biologieunterricht ist die Anschaffung einiger Mischgeräte nur sinn-

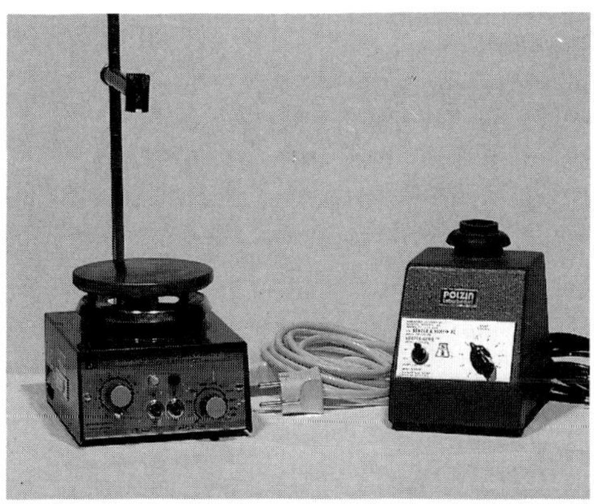

Abb. 23.3: Magnetrührer (links) und Vortexer (rechts)

voll, wenn mikrobiologische Schülerübungen mit Übernachtkulturen definierter Mikroorganismen relativ oft stattfinden, d. h. nicht nur einmal im Monat. Hersteller sind z. B. die Firmen *Bender u. Hobein* und *Janke u. Kunkel.*

Schüttler sind dazu geeignet, flüssige Bakterienkulturen in Reagenzgläsern oder Erlenmeyerkolben in Bewegung zu halten. Dadurch wird ein steter Sauerstoffeintrag in die Nährlösung ermöglicht, auf den aerobe Mikroorganismen angewiesen sind. Außerdem findet eine wachstumsfördernde Durchmischung von Bakterien und Nährstoffen statt, und die Bildung einer bakteriellen Kahmhaut auf der Flüssigkeitsoberfläche oder auch eines Zellsedimentes am Grunde des Gefäßes wird verhindert (s. 3.3.1). Auch für Übernachtkulturen werden häufig Schüttler eingesetzt. Die Anschaffungskosten handelsüblicher Schüttelgeräte stehen für Schulen kaum in einem guten Verhältnis zu den Einsatzmöglichkeiten. Im Bedarfsfall ist es relativ leicht und preiswert, sich ein Schüttelgerät selbst zu bauen (s. 2.4.4).

2.2.10 pH-Meter (A)

Nährmedien zur Bakterienkultivierung müssen meistens einen pH-Wert zwischen 7,2 und 7,4 aufweisen, die Kultivierung der Pilze erfordert dagegen nicht selten einen pH-Wert von 5,6. Gegebenenfalls wird mit 1n HCl oder 1n NaOH (s. *Anhang* 1.6, 1.10) der pH-Wert vor dem Autoklavieren der Nährmedien eingestellt. Beim Ansetzen der Nährmedien ist eine pH-Kontrolle immer dann nötig, wenn keine Fertignährböden (z. B. *Merck*-Nähragar Nr. 5450) verwendet werden, die nicht abgepuffert sind. Hersteller von pH-Metern sind z. B. die Firmen *Colora, Schott, Mettler* und *WTW.*

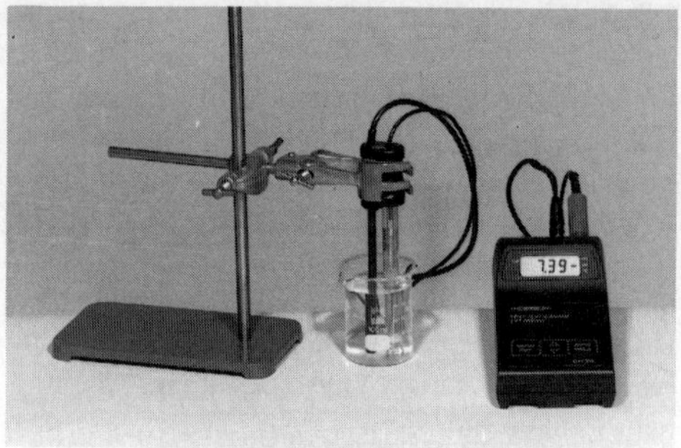

Abb. 24.1: pH-Meter

2.2.11 Photometer (S)

Zur Bestimmung der Farbintensität oder der optischen Dichte bei Flüssigkeiten eignet sich die photometrische Methode. Es lassen sich Wachstumskurven der Mikroorganismen aufnehmen, wenn einer Bakterienkultur in regelmäßigen Zeitabständen Proben entnommen werden, deren Lichtstreuung gemessen wird (s. 3.7). Ein Photometer hat darüber hinaus einen breiten Anwendungsbereich (so in enzymkinetischen Versuchen und Wasseruntersuchungen). Es sollte daher zur Standardausrüstung einer Schule gehören. Gute Schulphotometer bieten z. B. die Firmen *Colora, Hitachi* und *Milton* an. Werden im Rahmen von Schülerübungen mehrere Meßgeräte benötigt, empfiehlt es sich, einfache Photometer selbst zu bauen (s. 2.4.6).

2.2.12 Zentrifuge (S)

Für den Biologieunterricht sind Zentrifugen sinnvoll, die mehr Leistung besitzen als die an Schulen weit verbreiteten, von Hand betriebenen Zentrifugalschleudern, die etwa 800 Umdrehungen pro Minute (U/min) erreichen. Bei Beschleunigungen von etwa zwei- bis dreitausendfacher Erdanziehung (je nach Rotor etwa 5.000 bis 6.000 U/min) setzen sich Mikroorganismen als Sediment oder »Pellet« aus der Kulturflüssigkeit ab. Preiswerte Kleinzentrifugen für die Schule lassen sich von den Firmen *Heraeus-Christ* und *Hettich* beziehen. Beim Kauf ist darauf zu achten, daß vom Rotor keine Verletzungsgefahr ausgeht. Wenn bei bestimmten Modellen der Rotorkegel während der Zentrifugation nicht durch ein Gehäuse geschützt ist, muß wenigstens ein Rotordeckel aufgeschraubt sein. Derartige Zentrifugen (s. Abb. 25.2) erfreuen sich an Schulen wegen ihres günstigen Preises großer

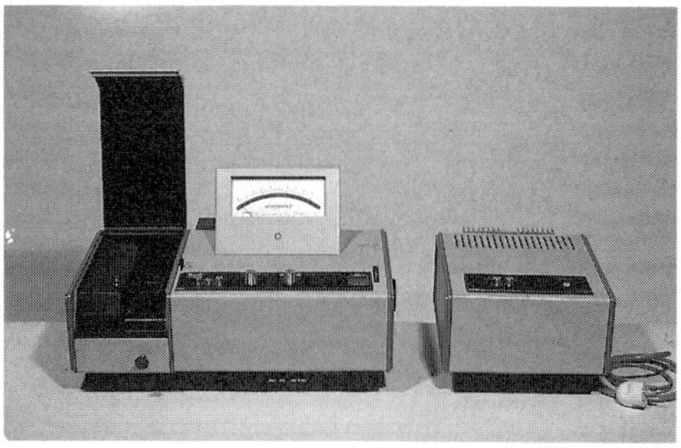

Abb. 25.1: Photometer

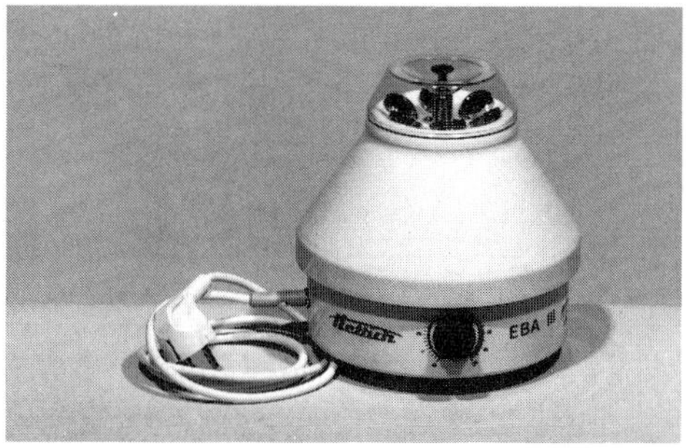

Abb. 25.2: Tischzentrifuge mit gehäusefreiem Rotorkegel

Beliebtheit. Sie sind auch heute noch im Handel und entsprechend einschlägiger Unfallverhütungsvorschriften zugelassen (*Hauptverband der gewerblichen Berufsgenossenschaften* 1982).

2.2.13 Ultraviolett-Lampe (S)

Ultraviolette Strahlung mit einer Wellenlänge unterhalb 280 nm schädigt Zellen und löst im Erbgut Mutationen aus. UV-Licht der Wellenlänge 254 nm wird zur Entkeimung klinisch-bakteriologisch belasteter Räume eingesetzt. Hat dieses sehr kurzwellige Licht auch nur zwischen 5 und 15 min auf Bakterien eingewirkt, so sind auf »Mangel«-Nährböden oder Antibiotika-Nährböden schon Mutanten nachzuweisen. UV-Lampen sind für bakteriengenetische Mutationsversuche unabdingbar, da sich andere, meist chemische Mutagene, für die Schule nicht eignen. Dies liegt u. a. daran, daß viele von ihnen farblos und deshalb an Tischen und Händen nicht zu sehen sind.

Beim Einsatz von UV-Licht muß zum Schutz der Augenbindehäute wenigstens eine Schutzbrille getragen werden (s. 2.3.3g). Es eignen sich UV-Tischleuchten der Firmen *Desaga* oder *Heraeus*; beim Kauf sollte beachtet werden, daß ein Umschalter für einen langwelligen UV-Bereich (366 nm) vorhanden ist, damit die Lampe auch für Analysezwecke, z. B. in der Fluoreszenz-Dünnschichtchromatographie, eingesetzt werden kann.

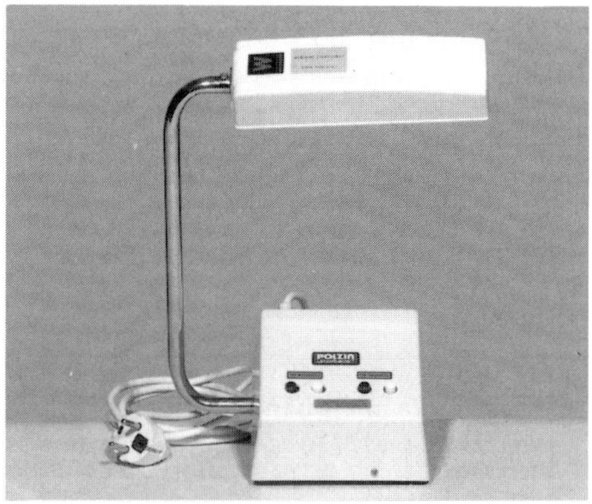

Abb. 25.3: UV-Lampe

2.3 Mikrobiologische Arbeitsgeräte

2.3.1 Impfgerätschaften (A)

Zum Animpfen der Nährmedien mit bakterienhaltigem Material eignen sich Glasstäbe, Impfösen bzw. Impfnadeln, Drigalskispatel und Pipetten mit Kolbenpipettierhilfen.

Mit Impfösen werden kleine Mengen bakterienhaltigen Materials in Nährmedien übertragen. Impfnadeln dienen zum Animpfen der Nährböden im Stechverfahren (Stichkultur). Impfösen und Impfnadeln werden vor und nach Gebrauch am Gasbrenner ausgeglüht. Der Draht sehr guter Impfösen besteht aus einer Platin-Iridium-Legierung, der an einem Griff mit

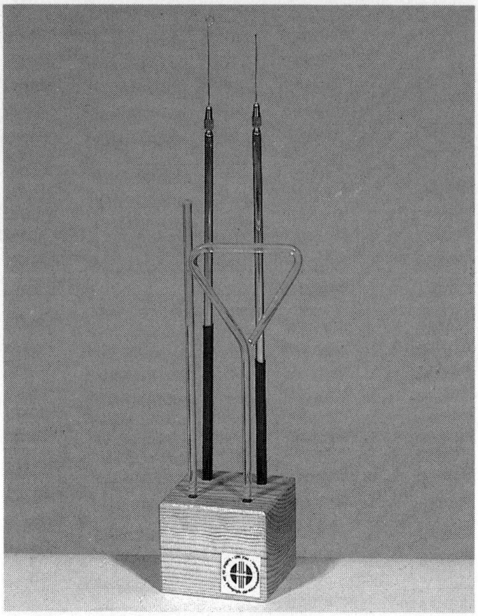

Abb. 26.1: Impfgeräte im Holzblock

Dreizehenklaue und Überwurfmutter (sog. Kollehalter) befestigt ist. Für die Schule eignen sich auch Drahtösen aus einer speziellen Stahllegierung, die in ein Glasröhrchen als Halter eingeschmolzen werden. Diese Drahtösen sind im Laborhandel zu beziehen. Auch werden Einweg-Impfösen aus Glas vertrieben.

Drigalskispatel verwendet man zum gleichmäßigen Ausplattieren einer mikrobenhaltigen Flüssigkeit auf einen Nährboden. Sie werden aus Glasstäben hergestellt, deren eines Ende triangelförmig gebogen wird. Drigalskispatel, Impfösen und Impfnadeln dürfen aus Gründen der Sterilität und der Sicherheit nicht auf dem Arbeitsplatz abgelegt, sondern müssen mit den Griffen nach unten in passende Bohrlöcher eines mit Klarlack überzogenen Holzklötzchens gesteckt werden (Abb. 26.1).

Zum genauen Abmessen bestimmter Mengen an Bakterien- und Sporensuspensionen oder auch Verdünnungsmedien benötigt man sterile Pipetten. Diese können vor der Sterilisation am oberen Ende (Pipettenhals) bis zur Einschnürung mit einem kleinen, lockeren Wattepfropfen versehen werden, damit beim späteren Ablassen der Flüssigkeit nicht Keime aus der Luft in das Innere gelangen und die Pipette kontaminieren. Zum sterilen Aufbewahren eignen sich Pipettenbüchsen, die zusammen mit den hineingelegten Pipetten sterilisiert werden. Anstelle der vergleichsweise teuren Büchsen lassen sich auch aus stabiler Alufolie (Laborhandel) Hülsen formen, in die die Pipetten eingewickelt werden. Unter gar keinen Umständen darf das Pipettenende als »Mundstück« verwendet werden. Es sind Kolbenpipettierhelfer zu verwenden (s. 2.3.3).

2.3.2 Gefäße (A)

Zur Aufbewahrung steriler Lösungen oder zur Kultivierung der Mikroorganismen dürfen keine wiederverwendbaren Kunststoffgefäße eingesetzt werden. Sie sind bis auf wenige Ausnahmen nicht sterilisierbar, weil sie die Sterilisationstemperatur nicht überstehen. Zur Mehrfachverwendung eignen sich Glasgefäße wie Erlenmeyerkolben, Meßzylinder oder Bechergläser. Sie lassen sich mit wenig Aufwand auch in der Schule sterilisieren. Nach dem Spülen und Klarspülen mit destilliertem Wasser werden die Gefäße an der Luft getrocknet. Danach werden sie mit Zellstoffstopfen, Alukappen oder -folie verschlossen und zur Sterilisation in einen Trokkenschrank gestellt (s. 3.1.2a). Die verschlossenen Glasgefäße bleiben monatelang steril.

Zur Sterilfiltration hitzeempfindlicher Lösungen (z.B. Harnstofflösung) oder solcher Flüssigkeiten, in denen die Keimzahl bestimmt werden soll, werden Membranfilter verwendet. Sie werden in ein Sterilfiltriergerät eingesetzt, das z.B. über eine Wasserstrahlpumpe betrieben wird. Das Gerät besteht aus einem Kunststoff, der autoklavierbar ist. Zur Dampfsterilisation (s. 3.1.2b) wird es locker zusammengeschraubt und in Alufolie eingehüllt. Es darf Temperaturen über 130°C nicht ausgesetzt werden. Der Trokkenschrank ist daher in diesem Fall zum Sterilisieren nicht geeignet. Auch sind bereits steril

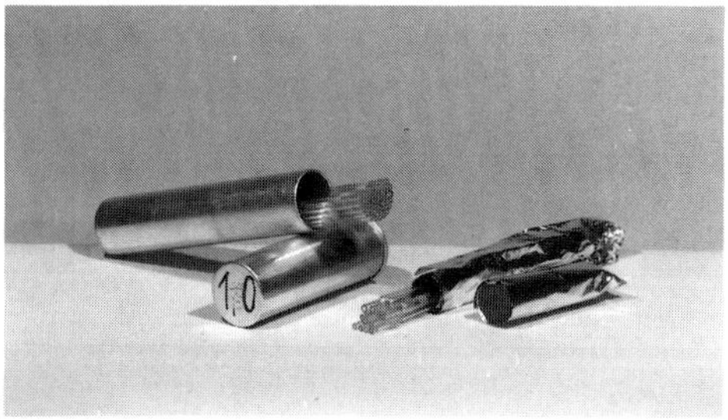

Abb. 27.1: Pipetten in einer Pipettenbüchse bzw. in einer Pipettenhülse aus Aluminiumfolie

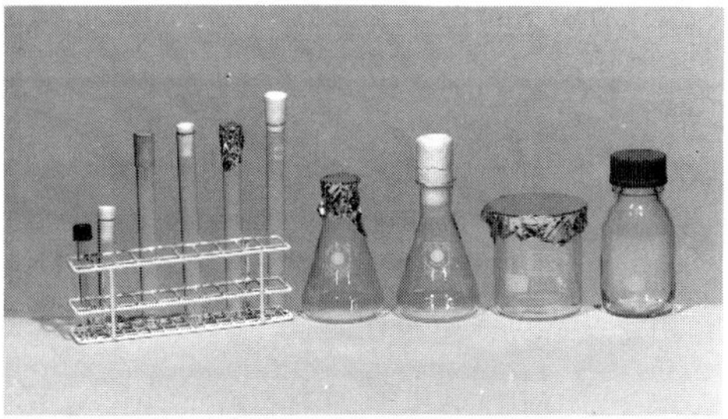

Abb. 27.2: Glasgefäße, verschlossen mit Zellstoffstopfen, Alukappen, Alufolie oder Schraubdeckel

verpackte Einweg-Sterilfilter im Handel, die Anschlüsse für medizinische Schlauchverbindungen (Luer-Lok-Anschlüsse) besitzen. Diese Filter werden auf Einweg-Spritzen aufgesteckt, in welche die zu sterilisierende Flüssigkeit aufgezogen worden ist. Beim Hineindrücken des Spritzenkolbens tritt Flüssigkeit durch den Filter hindurch und tropft aus dem unteren Ende des Filters in sterilisiertem Zustand heraus. Sie muß in einem sterilen Glasgefäß (s. o.) aufgefangen werden. Hersteller sind z.B. die Firmen *Sartorius* oder *Schleicher u. Schuell.*

2.3.3 Materialien für die sichere Handhabung und Entsorgung der Kulturen (A)

Dazu gehören Einwegpetrischalen, Parafilm, Abfalleimer mit Vernichtungsbeutel und Deckel, Desinfektionsmittel, Sammeleimer für Pipetten, Kolbenpipettierhilfen, Petrislides,

Abb. 27.3: Geräte für die Sterilfiltration

Schutzbrillen und Schutzhandschuhe (vgl. hierzu auch Rayburn 1990). Das Tragen von Arbeitsmänteln (Laborkitteln) im Unterricht kann nur dann sinnvoll sein, wenn für jeden Schüler ein sauberer Kittel vorhanden ist. Kliniken geben zum Teil aussortierte OP-Kittel kostenlos ab. Diese werden hinten verschlossen.

a) Einwegpetrischalen (A):

Einwegpetrischalen aus Plastik erfordern einen relativ geringen Entsorgungsaufwand. Dagegen ist die Sterilisation der Glaspetrischalen sehr zeitaufwendig. Diese Reinigungsmaßnahmen vor und nach jedem Versuch ermöglichen außerdem einen direkten Kontakt mit fakultativ pathogenen Keimen. Glaspetrischalen sind daher für mikrobiologische Versuche an Schulen ungeeignet. Einwegpetrischalen, die gut zehn Pfennig pro Stück kosten, werden von den Firmen *Greiner* oder LHU steril verpackt und sind im Laborhandel als 20er-Stangen erhältlich. Es sollte darauf geachtet werden, daß die Schalen 'mit Nocken' bestellt werden. Die kleinen Kunststoffgrate im Deckelinnern verhindern, daß beim Festwerden des Agars der Deckel luftdicht mit dem Schalenrand abschließt und sich so Kondensationsfeuchtigkeit im Deckelinneren niederschlägt.

b) Parafilm (A):

Versehentliches Öffnen der Petrischalen, vor allem dann, wenn unbekannte Kulturen aus der Umwelt angereichert werden, kann verhindert werden, indem Deckel- und Bodenrand ringsherum mit einem *Parafilm*-Streifen der Firma *American Can Company* (im deutschen Laborhandel erhältlich) abgeklebt werden. Er wirkt auch als Bakteriensperre zwischen Innenraum und Umgebung, läßt aber einen Luftaustausch zu. Ersatzweise kann auch das billigere *Tesakrepp* verwendet werden, das den Gasaustausch allerdings unterbindet (Kondenswasserbildung!).

c) Abfalleimer und Vernichtungsbeutel (A):

Alte Nährbodenkulturen werden zusammen mit den Einwegpetrischalen entsorgt, indem sie in einem autoklavierbaren Beutel im Abfalleimer gesammelt und es danach umgehend autoklaviert werden. Dies kann auch im Dampfdrucktopf geschehen. Als Abfalleimer eignen sich gewöhnliche Behälter aus dem Haushalt. Sie müssen einen Klappdeckel haben und keinen Schwingdeckel. Der Beutel muß unbedingt autoklavierbar sein, so daß er zur Abtötung der Kulturen nicht entleert werden muß. Er wird vor der Dampfsterilisation mit autoklavierbarem Klebeband verschlossen. Derartiges Material gibt es im Laborhandel z.B. von der Herstellerfirma *Greiner*.

d) Desinfektionsmittel (A):

Mit Desinfektionsmitteln auf der Basis von Tensiden oder Aldehyden werden unter anderem Arbeitsflächen abgewischt. Phenolhaltige Mittel, z.B. Sagrotan, sind zwar geeignet, können aber die Haut angreifen (Schutzhandschuhe!). Während des Experimentierens werden an jedem Arbeitsplatz gebrauchte Pipetten in 5-Liter-Haushaltseimern mit Wasser gesammelt, die einen Zusatz solcher Mittel enthalten. Geeignet ist

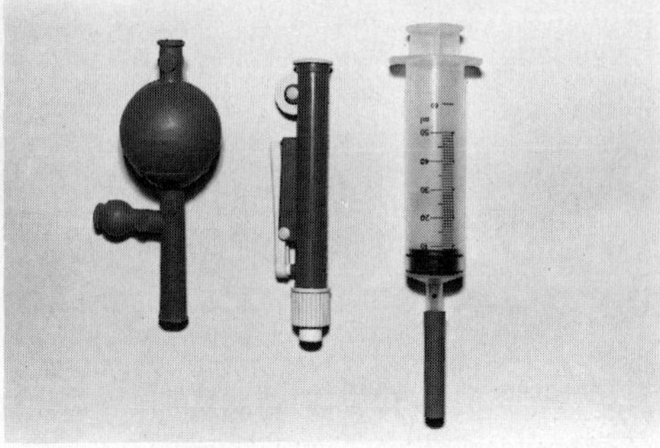

Abb. 28.1: Pipettierhilfen: Peleusball (links), Kolbenpipettierhilfe (Mitte), Eigenbau aus Einwegspritze (rechts)

z.B. das Produkt *Kohrsolin* der Firma *Bode*. Mit allen Flächendesinfektionsmitteln sollte Hautkontakt vermieden werden. Als Ersatz kann 70%iger Ethylalkohol dienen (s. 2.3.4). Für die Hände ist Waschen mit warmen Wasser und Seife eine ausreichende Reinigungsmaßnahme, sofern nicht mit unbekannten (fakultativ pathogenen) Kulturen gearbeitet wird. Zum Desinfizieren der Hände eignet sich *Sterilium* auf der Basis 70%igen Isopropylalkohols der Firma *Bode*.

e) Pipettierhilfen (A):

Pipettierhilfen sind für mikrobiologische Arbeiten unerläßlich. Der an Schulen weit verbreitete Peleusball gehört, wenn überhaupt, in die Chemiesammlung. Er wird häufig falsch bedient, so daß Flüssigkeit in das Innere gelangt, das nicht gereinigt oder getrocknet werden kann. Geschieht dies mit Nährlösung, kontaminiert diese im Innern. Sie kann bei späterer Verwendung des Balls als bakterienhaltiges Aerosol in die Raumluft gesprüht werden. Es werden **Kolbenpipettierhilfen** empfohlen, die leicht zu reinigen sind. Sie sind nicht teurer als Peleusbälle. Besonders leicht sind die Pipettierhilfen der Firmen *Brand* und *Glasfirn* zu bedienen.

Eine Pipettierhilfe läßt sich auch recht einfach selbst herstellen:

Eine 50 ml-Einwegspritze, die in Apotheken auch als »Kathederspritze« erhältlich ist, wird am

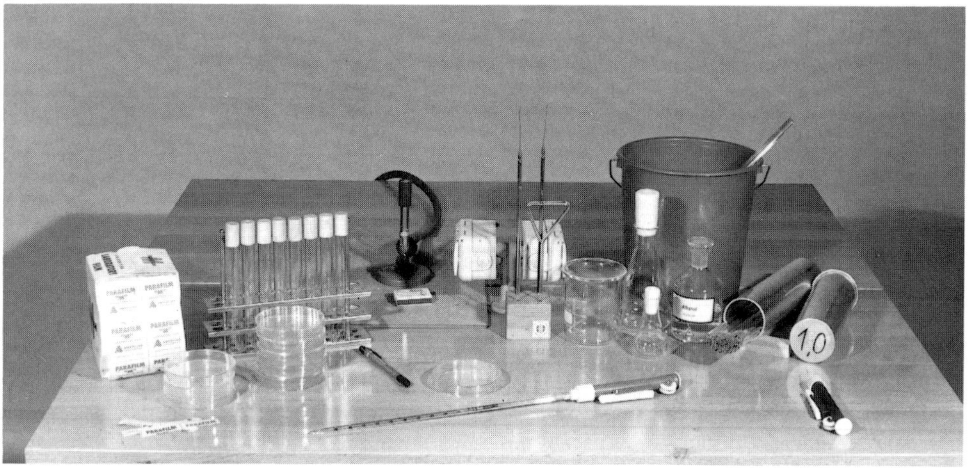

Abb. 29.1: Schülerarbeitsplatz für mikrobiologische und bakteriengenetische Versuche

Stutzen, auf den gewöhnlich die Kanüle gesteckt wird, seitlich angebohrt. Auf den Stutzen wird ein 5 cm langes Stück Gummischlauch aufgesetzt, das der Verbindung mit der Pipette dient. Beim Ansaugen mit Hilfe des Kolbens wird das Bohrloch zugehalten, beim Ablassen der Pipette wieder geöffnet (Abb. 28.1, rechts).

f) Petrislides zum Mikroskopieren (S):

Petrislides sind kleine, besonders flache und sicher verschließbare Kunststoffkammern, in denen Mikroorganismen kultiviert und mikroskopiert werden können. Sie sind besonders für die Mikroskopie sporentragender Schimmelpilze geeignet, da die Sporen nicht in die Umwelt und schließlich in die Atemwege gelangen können (s. 3.5.6). Petrislides werden von der Firma *Millipore* hergestellt.

g) Schutzhandschuhe, Schutzbrillen (A):

Als Schutzhandschuhe sind Einmalhandschuhe aus Vinyl oder Latex zu empfehlen, z.B. von der Firma *Beiersdorf*. Schutzbrillen müssen zum Schutz der Augen beim Umgang mit ätzenden Chemikalien oder der Augenbindehäute beim Einsatz von UV-Licht getragen werden.

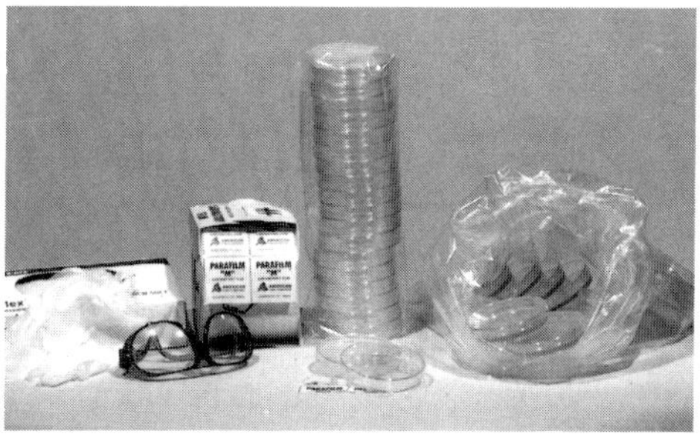

Abb. 29.2: Materialien für die sichere Handhabung und Entsorgung der Kulturen. Von links nach rechts: Einwegschutzhandschuhe, Schutzbrille, Parafilm, sterile Einwegpetrischalen, autoklavierbarer Entsorgungsbeutel

2.3.4 Der mikrobiologische Schülerarbeitsplatz

Der Schülerarbeitsplatz (für ein bis drei Schüler) sollte mit Wasser- und Gasanschluß versehen sein, ein sauberes Handtuch und Seife dürfen nicht fehlen. An die Gaszufuhr wird ein Bunsenbrenner angeschlossen, der zum Sterilisieren (Abflammen, Ausglühen) bestimmter Arbeitsgeräte eingesetzt wird. Ersatzweise können aber auch Propangasbrenner verwendet werden, allerdings nicht die sogenannten Kartuschenbrenner (s. 2.1).

Zur Desinfektion der Arbeitsfläche ist 70%iger Isopropyl- oder Ethylalkohol geeignet, der in verschlossenen Gefäßen, wenigstens im Erlenmeyerkolben mit Stopfen, bereitstehen sollte (Brandgefahr!). Zum Abwischen wird ein Zellstofftuch benötigt, beispielsweise von einer Rolle Haushaltstücher. Die Schüler müssen beim Umgang mit Alkohol ausdrücklich auf die Brandgefahr hingewiesen werden; die Brenner sind vor der Desinfektion mit Alkohol auszustellen.

Zum Autoklavieren muß für alle Schüler wenigstens ein Schnellkochtopf zur Verfügung stehen, der nicht unbedingt am Arbeitsplatz stehen soll. An den Platz gehören aber Isolierhandschuhe für die Entnahme und Handhabung heißer Nährmedien. Ersatzweise eignen sich sehr gut solide Arbeitshandschuhe aus Stoff und Leder, die besonders preiswert sind.

Je nach Versuch gehören zum Arbeitsplatz sterilisierte Glasgefäße (z. B. Erlenmeyerkolben mit Zellstoffstopfen oder Alukappen), sterilisierte Reagenzgläser mit Alukappe im Ständer, Einwegpetrischalen, ein Impfblock mit Öse, Nadel, Glasstab und Drigalskispatel, je 10 sterilisierte Pipetten (1 ml, 10 ml) in einer Alu-Hülse, zwei dazu passende Kolbenpipettierhilfen sowie ein mit Desinfektionsmittel gefüllter Eimer für die Entsorgung gebrauchter Pipetten. Ein Steriltunnel (2.4.5) ist nur dann notwendig, wenn mit Nährböden gearbeitet wird, die besonders empfindlich für Kontaminationen sind (NELLEN 1988), z. B. beim Arbeiten mit pflanzlichen Zell- und Gewebekulturen (s. Band 2).

2.4 Laborgeräte im Eigenbau

Die handelsüblichen Geräte für mikrobiologisches Arbeiten sind in aller Regel im Hinblick auf Forschungslaboratorien konzipiert. Sie werden Anforderungen gerecht, die von der Schulbiologie nicht an sie gestellt werden. Deshalb kann man in der Schule oft mit viel einfacheren Geräten auskommen (vgl. BAYRHUBER/LUCIUS 1987, LUCIUS 1988, LUCIUS 1990, BAYRHUBER/BROTT/LUCIUS 1991, LUCIUS/BAYRHUBER/BROTT 1991, LUCIUS 1992).

Der Entwicklung derartiger Schulgeräte liegen verschiedene Überlegungen zugrunde: Sie sollen leicht nachzubauen und dabei preiswert sein, und ihre Funktion soll durchschaubar sein. Selbstbaugeräte müssen technisch weniger aufwendig konstruiert sein als käufliche Geräte. Ihre einfache Konstruktion erlaubt aber Einblicke in die Funktionsweise der Apparate.

Als besonders einfach herzustellende und nützliche Geräte fanden bereits Impfblock (2.3.1) und Pipettierhilfe (2.3.3e) Erwähnung. Die im folgenden vorgestellten Geräte wurden im Rahmen von Fortbildungsveranstaltungen und Praktika entwickelt und sollen zum Nachbau anregen. Dieser kann in der Schule selbst erfolgen oder auch bei einem Handwerker in Auftrag gegeben werden.

2.4.1 Brutschrank (A)

Der Brutschrank ist für die Inkubation von Nährbodenplatten oder Flüssigkulturen geeignet. In ihm lassen sich Temperaturen zwischen 29 und 42°C einstellen. Er kann bei einer Vielzahl der im folgenden beschriebenen Versuche eingesetzt werden.

Das Gehäuse des Brutschranks besteht aus einer Styroporbox, an deren Boden sich im Innern eine 15 W-Glühlampe befindet. Von dieser wird stets die gleiche Wärmemenge erzeugt. Die Temperatur steigt im Innern solange an, bis sich zwischen der entstehenden und der an die Umgebung abgegebenen Wärme ein Gleichgewicht eingestellt hat.

Durch Löcher an der Vorder- und Oberseite des Styroporgehäuses, die mit Korkstopfen verschlossen werden können, läßt sich der Wärmeverlust und damit die Temperatur (auf ± 1°C genau) regeln (Abb. 32.1). Die den verschiedenen Stopfenkombinationen entsprechenden Temperaturen werden mit zwei Thermometern im voraus genau ermittelt. Der Brutschrank muß in einem Raum stehen, in dem keine großen Temperaturschwankungen herrschen.

Abb. 31.1: Selbstgebauter Brutschrank, geschlossen und geöffnet

Material und Geräte

1 Lampenfassung passend dazu, befestigt an 15 cm langen Stahlrohr (Lampenrohr) (Durchmesser 1,0 cm), durch das ein Anschlußkabel (ca. 3 m lang, mit Normstecker) geführt ist
16 Buchenstäbe (Durchmesser 0,5 cm, 32 cm lang)
2 Thermometer (0 bis 100° C)
1 Glühlampe (15 W) (Sockel E 27)
1 Hartfaserplatte (0,3 cm, einseitig weiß beschichtet, 32×26 cm)
12 Korkstopfen (Durchmesser 2,5 cm)
1 Dose Styroporklebstoff (*Klebus*, Fa. Teroson GmbH, Heidelberg)
1 Styroporplatte (1 m^2/6 cm stark)
Zuschnitte:
(A) 2 St. 50×44 cm
(B) 2 St. 50×27 cm
(C) 2 St. 32×27 cm
1 Styroporplatte (0,5 m^2/2 cm stark)
Zuschnitte:
(D) 1 St. 37,5×32 cm
(E) 2 St. 24,5×12 cm
(F) 1 St. 28×12 cm
(G) 2 St. 24,5×5,5 cm
(H) 2 St. 24,5×9 cm
1 Streifen Tesaband (4 cm breit, 50 cm lang)
Werkzeug:
1 Klebstoff-Spachtel oder Pinsel
1 Korkbohrer
1 Schere

Bauanleitung

Zunächst wird das Styroporgehäuse mit speziellem Styroporklebstoff oder weißem Holzleim (kein Deckenplatten-Klebstoff) zusammengeklebt; jeder andere Klebstoff könnte die Styroporplatten zerstören. Auf die Hinterwand (A) werden die beiden Seitenwände (B), der Boden (C) und die Oberseite (C) rechtwinklig aufgeklebt (Abb. 32.1). Der Lampenraum, der durch die Hartfaserplatte abgetrennt werden soll, hat eine Höhe von 12 cm. Die dafür benötigten Styroporzuschnitte (E bzw. F) werden flach auf die Seitenwände bzw. auf die Hinterwand aufgeklebt. Für die Regalböden werden mit je 0,5 cm Abstand zunächst die 5,5 cm breiten (G), dann die 9 cm breiten Styroporstreifen (H) angebracht. Die Tür des Brutschrankes (A) erhält ebenfalls eine 2 cm starke Styroporauflage (D), deren Größe den vorderen Innenmaßen des Gehäuses angepaßt ist, so daß beim Schließen der

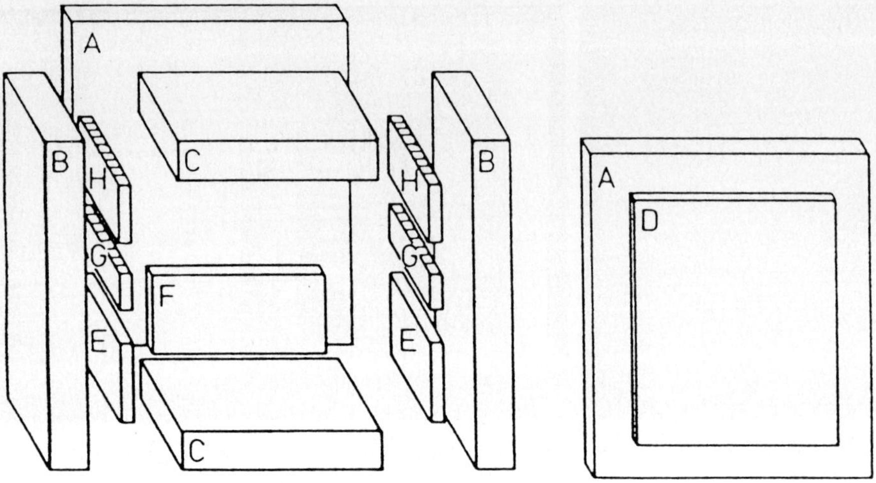

Abb. 32.1: Zusammensetzung des selbstgebauten Brutschrankes: »Explosionszeichnung« des Styroporgehäuses (links) sowie der Tür (rechts) ohne Inneneinrichtung

Tür der Innenraum vollständig abgedichtet wird (Abb. 31.1).

Für die Einschübe der beiden Thermometer werden auf der Mittelsenkrechten der rechten Seitenwand von außen übereinander zwei Löcher gebohrt (Durchmesser 0,7 cm). Die Abstände von der Bodenkante betragen 21,5 cm für das erste bzw. 40 cm für das zweite Loch. Für den Einschub der Lampenhalterung wird darunter ein Loch gebohrt (Durchmesser 1,0 cm), dessen Abstand von der Bodenkante 9 cm beträgt.

Die Hartfaserplatte wird anschließend in den Spalt zwischen den ersten und zweiten Einsatz geschoben, so daß der Lampenraum vom Brutraum getrennt ist. Anschließend werden die Buchenstäbe mit einem Abstand von 3 cm in vorher angebrachte Kerben der Oberkanten des zweiten und dritten Styroporeinsatzes geklemmt (Abb. 32.1; G, H).

In die Gehäuseoberseite (C) werden in einem Abstand von 4 cm von der Rückseite mit einem Zwischenabstand von 2 cm sechs Löcher (Durchmesser 2,3 cm) gebohrt, ebenso in die Tür (etwas über dem Lampenraum). Die Tür wird auf die Vorderseite des Gehäuses gesetzt. Ein Tesabandstreifen verbindet auf der rechten Seite die Wand mit der Türkante wie ein Scharnier, so daß sich die Tür bequem öffnen oder schließen läßt.

2.4.2 Wasserbad (S)

Das Wasserbad dient zur Inkubation der Mikroorganismenkulturen in unterschiedlichen Glasgefäßen. Es können beispielsweise Reagenzgläser mit Über-Nacht-Kulturen hineingestellt werden, die in kunststoffüberzogenen Drahtgestellen stehen. Auch Standkulturen wie bei der Joghurtbereitung oder Rührkulturen für Versuche zur Wachstumsmessung sind möglich (s. *Biotechnik der Nahrungs- und Genußmittelproduktion*, 2.4.2, 2.5).

Bei diesem einfachen Wasserbad dienen ein kleiner Reisetauchsieder als Wärmequelle und ein Aquarien-Thermostat als Temperaturregler. Der Tauchsieder ist mit dem Thermostat verbunden. Immer dann, wenn die Temperatur einen bestimmten Wert unterschreitet, wird er eingeschaltet, und wenn sie ihn überschreitet, ausgeschaltet. Aquarienthermostate haben einen relativ engen Regelbereich, da bestimmte

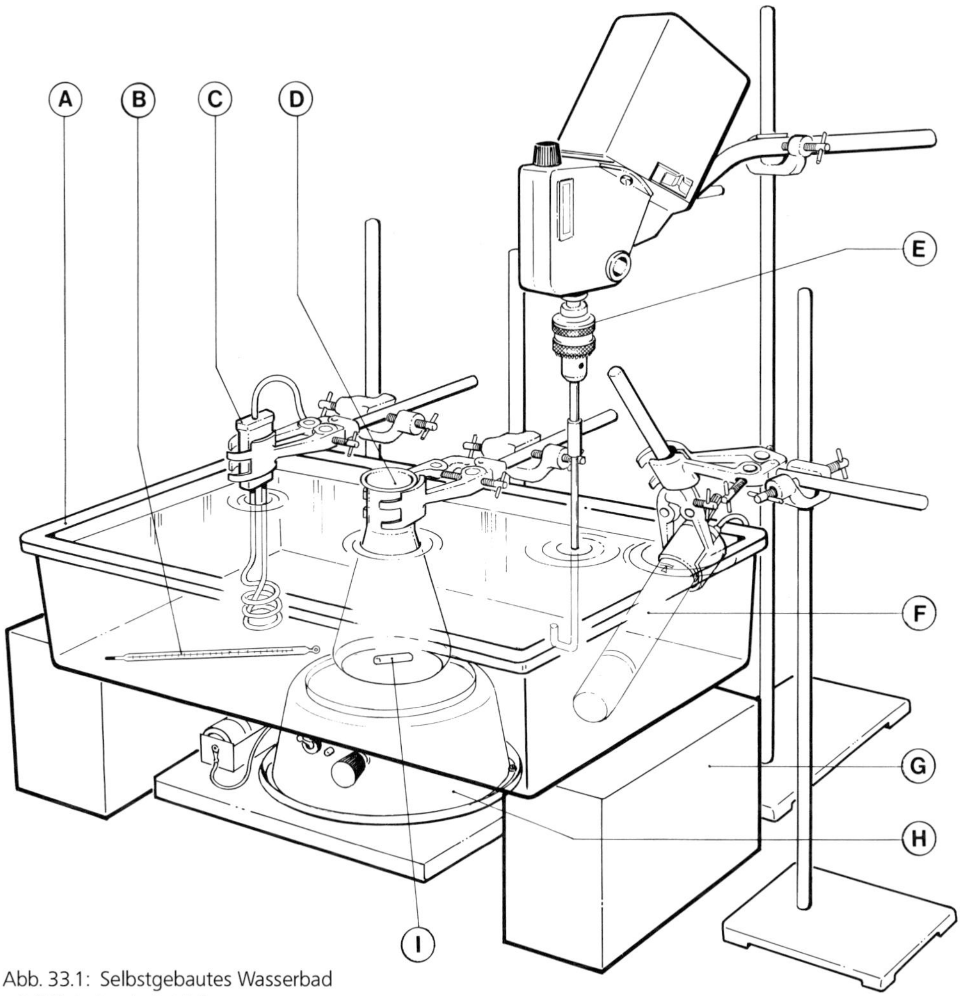

Abb. 33.1: Selbstgebautes Wasserbad
mit Rührkultur in Betrieb

Fische nur geringe Temperaturschwankungen vertragen. Sie sind also für diesen Zweck gut geeignet. Allerdings müssen vor Inbetriebnahme das System »Tauchsieder, Thermostat und Wassermenge« aufeinander abgestimmt werden, d.h. die Einstellschraube am Thermostat muß geeicht werden. Dies geschieht unter Zuhilfenahme eines Glasthermometers und einer bestimmten vortemperierten Wassermenge. Im 24-Stunden-Rhythmus läßt sich verfolgen, welche Temperaturen sich bei bestimmten Schraubenstellungen einstellen. Danach werden an der Einstellschraube Temperaturmarken angebracht, z.B. für 25°C, 30°C, 35°C, 37°C, 45°C und 60°C.

Beim Betrieb sollte zusätzlich im Wasserbad mit einem Laborrührer gerührt werden. Auf diese Weise soll eine möglichst gleichmäßige Verteilung des erwärmten Wassers in der Kunststoffwanne erzielt werden.

Material und Geräte

1 Aquarium-Thermostat, z.B. Temperaturregler 400 der Firma *Schego* (F)
1 Elektrischen Laborrührer mit gebogenem Glasrührstab (E)
1 Glasthermometer (B)
Kulturgefäße, z.B. Erlenmeyerkolben (D)
1 Kunststoffwanne aus Polyethylen, Innenmaße z.B. 40×20×10 cm (A)
1 Reisetauchsieder, 220 Volt, 300 Watt (C)

zusätzlich für Rührkulturen:
2 Holzblöcke o.ä. Unterlegmaterial in der Höhe eines Magnetrührers (G)
1 Magnetrührer, z.B. Eigenbau-Magnetrührer (s. 2.4.3.) (H)
1 Rührstäbchen (I)
Stativmaterial

Bauanleitung

Eine Kunststoffwanne (A) wird auf zwei Holzblöcke (G) gestellt, die so hoch sind, daß zwischen beide unter die Wannenmitte gerade ein Magnetrührer (H) geschoben werden kann. Die Wanne wird etwa 6 bis 8 cm hoch mit Wasser gefüllt, das entspricht etwa einer Menge von 5 bis 6,5 l.

Mit Hilfe von Stativen, Muffen und Klemmen werden der vorher geeichte Thermostat (F), der daran angeschlossene Tauchsieder (C) und der Rührer (E) so befestigt, daß sie tief genug ins Wasser tauchen. Auch die Kulturgefäße (D) sollten mit Hilfe von Stativmaterial befestigt sein, damit sie nicht umfallen oder aufschwimmen können. Ein Glasthermometer (B) wird mit der Kalibrierung nach oben ins Wasserbad gelegt, damit während eines Versuches die Temperatur laufend überprüft werden kann.

2.4.3 Magnetrührer (A)

Ein Magnetrührer dient zur Arbeitserleichterung beim Ansetzen der Lösungen, z.B. der Nährmedien, sowie deren pH-Wert-Bestimmung, und trägt zur Zeitersparnis beim Experimentieren bei. Das hier vorgestellte Gerät wurde aufgrund einer Anregung der UNESCO (1986) entwickelt.

Abb. 34.1: Selbstgebauter Magnetrührer in Betrieb

Der Magnetrührer läßt sich aus einer kleinen Haushaltsschale aus Kunststoff und einem Modellbau-Elektromotor bauen. Die mit ihrer Öffnung nach unten gedrehte Kunststoffschale dient als Gehäuse des Magnetrührers; der Boden der Schale bildet dabei die spätere Stellfläche für das Rührgut (Abb. 34.1). Unter dem Mittelpunkt des Schalenbodens befindet sich der senkrecht montierte 3 V-Gleichstrom-Motor (Abb. 35.1; F). Mit seiner Hilfe wird ein horizontal auf der Motorachse befestigter Magnet in Rotation versetzt, wie er zum Verschließen der Türen an Möbelstücken eingesetzt wird. Die Rotationsgeschwindigkeit läßt sich mittels Drehwiderstand regulieren. Eine Leuchtdiode zeigt an, ob das Gerät ein- oder ausgeschaltet ist. Es eignet sich für Batteriebetrieb, kann aber auch über einen Gleichstromtransformator mit Spannung versorgt werden.

Material und Geräte

2 Bananensteckerbuchsen (K)
1 Draht-Drehwiderstand (25 Ω) (D)
1 Gleichstrom-Elektromotor, 3 V, »*Graupner 170*« (Best.-Nr. 1752) (F)
Klebstoff (z.B. UHU, Endfest 200)
1 Kunststoffschale für den Haushalt, Durchmesser 20 cm (A)

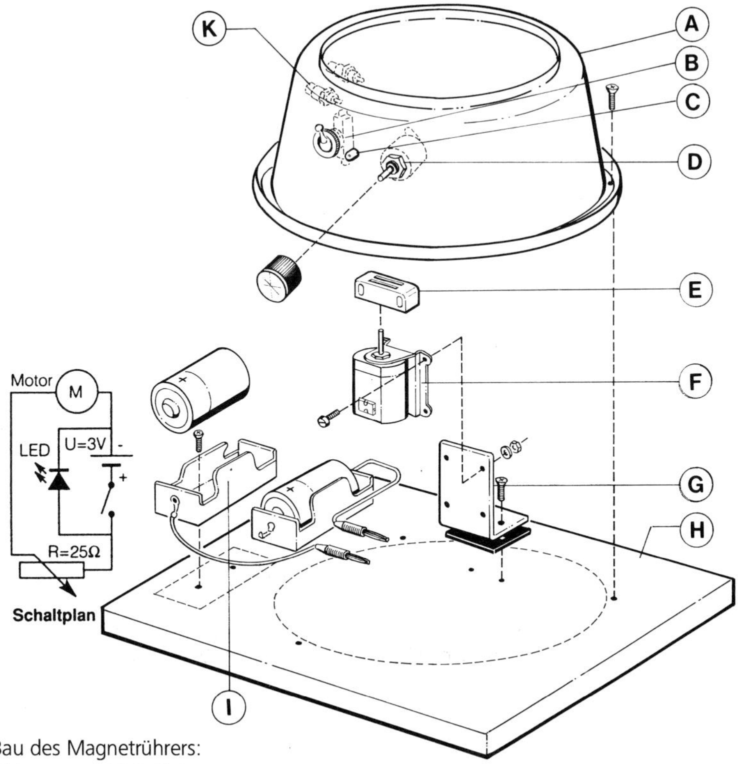

Abb. 35.1: Bau des Magnetrührers: Explosionszeichnung und Schaltplan

1 Kupferkabel (Litze), einphasig, ummantelt, ca. 30 cm lang, Durchmesser 1,5 mm, Lötzinn
1 Leuchtdiode, grün, Durchmesser 5 mm (C)
1 Rührstäbchen aus der Sammlung
1 Schalter, einpolig (B)
1 Schranktürmagnet (E)
1 Spanplatte (Reststück) als Grundplatte, 16 mm stark, 22×30 cm (H)
5 Spaxschrauben (3,5 mm), 15 mm lang
4 Verbindungsschrauben mit Muttern (2 mm), 10 mm lang
1 Winkel aus Eisenblech (2 mm stark) 45×80 (50 + 30) mm (G)

Für Batteriebetrieb zusätzlich:
2 Bananenstecker
2 Batteriehalterungen für 1,5-Volt-Mono-Batterien (I)
2 Mono-Batterien (je 1,5 V)
2 Kupferkabel,einphasig, ummantelt, Litze, ca. 10 cm lang, Durchmesser 1,5 mm
4 Spaxschrauben (3,5 mm), 15 mm lang

Werkzeuge:
1 Bleistift, HB
1 Flachzange, klein
1 Kreuzschlitzschraubenzieher, mittlere Größe
1 Lötkolben
1 Schraubenzieher
1 Zeichenmesser

Bauanleitung

Die Kunststoffschale (A) wird mit der Öffnung nach unten auf die rechteckige Grundplatte (H)

gestellt, so daß sie von drei Seiten einen Abstand von 1 cm hat. Mit einem weichen Bleistift wird am Rand der Schale ein Kreis auf die Grundplatte gezeichnet. Anschließend wird die Schale wieder abgenommen und der Mittelpunkt des Kreises bestimmt. Der Winkel aus Eisenblech (G) dient der Befestigung des Motors (F) auf der Platte. Sein kurzer Schenkel muß die nötigen Bohrungen zur Befestigung auf der Grundplatte erhalten (zwei Löcher, Durchmesser je 4 mm). Für das Festschrauben des Motors müssen vier Bohrungen auf dem langen Schenkel angebracht werden (Durchmesser je 3 mm). Falls keine Möglichkeit bestehen sollte, sich einen entsprechenden Winkel herzustellen, sollte im Modellbauhandel um Rat gefragt werden.

Danach wird der richtige Montagepunkt auf der Grundplatte festgelegt. Hierzu wird der Motor so aufgestellt, daß seine Achse senkrecht auf dem eingezeichneten Kreismittelpunkt steht. Der Winkel wird mit den Spax-Schrauben auf der Grundplatte festgeschraubt. Die Kunststoffassung eines Schranktürmagneten (E) wird auf der Rückseite mittig mit einem Bohrer, der dem Durchmesser der Motorachse entspricht, angebohrt (nicht durchbohren!). In dieses Loch wird das Ende der Motorachse gesteckt, das vorher noch zur Befestigung mit einem Klebstoff bestrichen wurde.

Danach wird die Stromversorgung für den Motor montiert. Sie besteht aus einem Schalter (B), einer Leuchtdiode (C) und einem Draht-Drehwiderstand (D). Hierfür werden in die Seitenwand der Schale entsprechende Löcher gebohrt oder geschnitten (Zeichenmesser), durch die diese Elemente von innen gesteckt und festgeschraubt bzw. festgeklebt werden. Die Bananensteckerbuchsen (K) werden ebenfalls an der Schalenwand befestigt. Mit Kupferkabeln (Litze) werden die Verbindungen gemäß Schaltplan eingelötet (Abb. 35.1). Vor dem endgültigen Anschluß ist zu prüfen, ob die Leuchtdiode richtig gepolt ist.

Die Kunststoffschale wird mit drei Spax-Schrauben aufgeschraubt, indem der Schalenrand durchbohrt wird. Für Batteriebetrieb können auch Batteriehalterungen auf der Grundplatte angebracht werden.

2.4.4 Schüttler (S)

Der Schüttler dient dazu, Flüssigkulturen in Reagenzgläsern oder in Erlenmeyerkolben in Bewegung zu halten. Dadurch kommt es zu einem steten Sauerstoffeintrag in die Nährlösung, auch wird eine Hautbildung auf der Oberfläche sowie ein Absinken der Mikroorganismen auf den Gefäßboden verhindert (s. 3.3.1 und *Biotechnik der Nahrungs- und Genußmittelproduktion*, 2.5, 2.6).

Auf einer Grundplatte wird ein Tablarwagen von einem gebrauchten Scheibenwischermotor, der sich zwischen zwei Führungsschienen bewegt, hin- und hergetrieben. Die Schüttelgeschwindigkeit wird mit einer Gleichstromspannungsquelle geregelt (max. 12 V entsprechend 150 U/min). Ein intakter Motor, dessen Arbeitstemperatur etwa 60° C beträgt, ist für mehrwöchigen Dauerbetrieb geeignet.

Drei bis sechs Erlenmeyerkolben werden mit Hilfe eines Haltebretts und mit Gummibändern auf dem Wagen festgehalten (Abb. 38.1). Es können Erlenmeyerkolben der Größen 50 bis 300 ml verwendet werden. Reagenzgläser werden mit einem Reagenzglasständer und Gummibändern direkt auf dem Tablar befestigt.

Material und Geräte

2 Bananensteckerbuchsen mit Halterung
1 Einschrauböse oder 1 kleiner Eisenwinkel
2 Gummibänder (Expandergummi; 0,4 cm stark; 50 cm lang; geknotet)
1 Tube Klebstoff (*Pattex*), etwas Klarlack
2 Kupferkabel, ca. 10 cm lang, Durchmesser 1,5 mm, einphasig, ummantelt,
Lötzinn
1 Moosgummimatte (schwarz), 5 mm stark, 45×25 cm
Zuschnitte:
(B) 1 Stück 32×21 cm
(G) 2 Stück 44×2 cm
1 Scheibenwischermotor mit Exzentergestänge (D), gebraucht
12 Spaxschrauben (3,5 mm), 258 mm lang

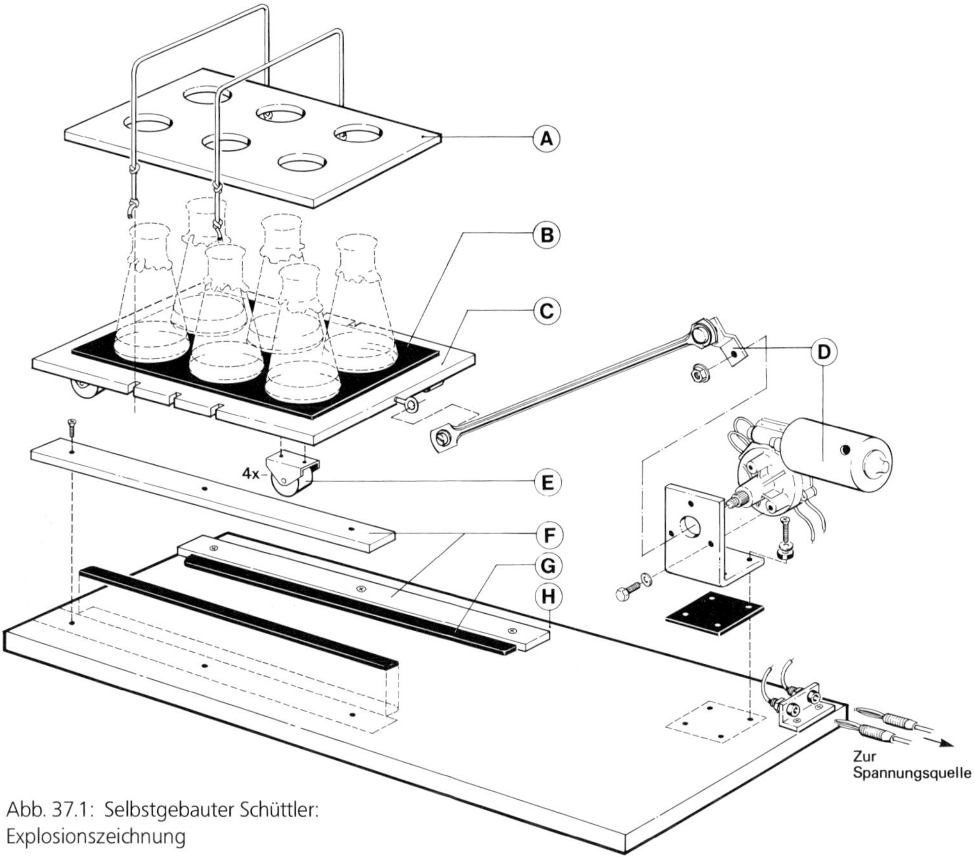

Abb. 37.1: Selbstgebauter Schüttler: Explosionszeichnung

1 Sperrholzplatte als Grundplatte des Tablarwagens, 8 mm stark, 36×25 cm (C)
1 Sperrholzplatte als Kolbenhalter, 5 mm stark, 32×21 cm (A)
2 Sperrholzstreifen als Führungsschienen, 8 mm stark, 44×3 cm (F)
4 Teewagenrollen (starr) mit Befestigungsschrauben, Rollendurchmesser 3 cm (E)
1 Tischlerplatte, 22 mm stark, mindestens 80×32 cm (je nach Gestänge) (H)
4 Unterlegscheiben für M 3,5
1 Verbindungsschraube mit Mutter (4 mm, 15 mm lang)
1 Winkel aus Eisenblech (3 mm stark), 70×170 (1 Schenkel 110 mm, 1 Schenkel 60 mm)

für die Stromversorgung:
1 Spannungsquelle (12 V Gleichspannung)
2 Verbindungskabel mit Bananenstecker

Werkzeug:
1 Anstrich-Pinsel, flach
1 Spiralbohrer (Durchmesser 8 mm)
1 Klebstoff-Spachtel
1 Kreuzschlitz-Schraubenzieher, mittlere Größe
1 Laubsäge oder Stichsäge
1 Lötkolben
2 Werkzeugschlüssel für Sechskant-Schrauben, M 4

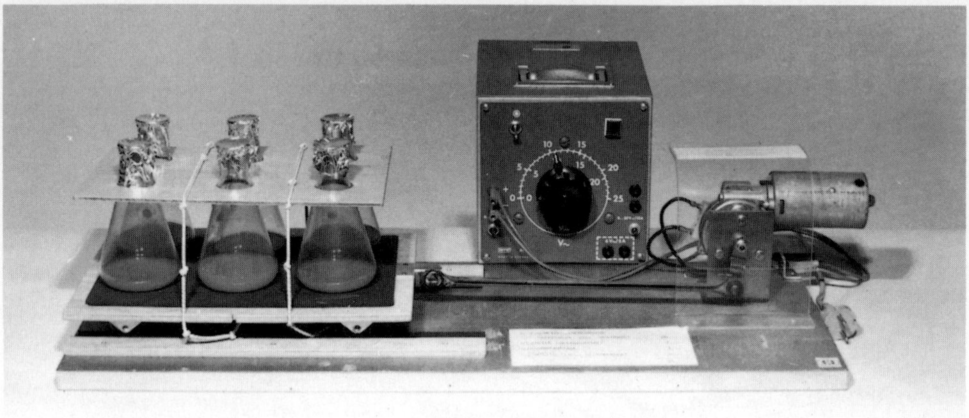

Abb. 38.1: Schüttler mit Erlenmeyerkolben

Bauanleitung

Als Grundplatte des Tablarwagens wird die Sperrholzplatte (C) verwendet. Zunächst werden an der späteren Unterseite die vier Teewagenrollen (E) montiert. Der Längsabstand der Rollen beträgt 25 cm, der Querabstand 18,5 cm. Auf der künftigen Oberseite wird die Moosgummimatte (B) mittig aufgeklebt. In der Mitte der Vorderkante des Wagens wird eine Einschrauböse oder ein kleiner Eisenwinkel angebracht. In die Längskanten des Tablars werden an gegenüberliegenden Stellen je drei Kerben angebracht, die so breit sind, daß die beiden mit Knoten versehenen Gummibänder nicht hindurchrutschen können (Abb. 37.1). Später kann damit ein Reagenzglasständer oder das Haltebrett für die Erlenmeyerkolben befestigt werden. Dieses wird ebenfalls aus einer Sperrholzplatte (A) gefertigt, in das sechs Löcher (Durchmesser 4 cm) mit einem gegenseitigen Abstand von 10 cm gesägt werden (Laub- oder Stichsäge).

Als Führungsschienen des Wagens dienen zwei parallel zur Längsseite der Tischlerplatte (H) angebrachte Sperrholzstreifen (F), die mit einem gegenseitigen Abstand von 19 cm festgeschraubt werden. Zur späteren Geräuschdämpfung wird neben den Innenkanten der Schienen je ein Moosgummistreifen (G) aufgeklebt (Abb. 37.1). Die Exzenterstange des Scheibenwischermotors (D) wird mit der Einschrauböse des Tablarwagens verbunden. Der Tablarwagen wird mit den Rollen zwischen die Schienen gesetzt, und der richtige Montagepunkt für den Motor auf der Platte ermittelt.

Der Winkel aus Alu- oder Eisenblech dient der Befestigung des Motors. Sein kurzer Schenkel muß die nötigen Bohrungen für die Grundplatte (vier Löcher, Durchmesser 4 mm) erhalten. Die Bohrungen für die Verschraubung mit dem Motorgehäuse werden dem jeweiligen Motortyp angepaßt. An die entsprechenden Kontakte des Motors werden zwei kurze Kupferkabel mit Bananensteckerbuchsen angelötet. Der Motor wird mit Gleichspannung von max. 12 V betrieben.

Alle Holzteile werden mit Klarlack überzogen, so daß ihre Reinigung leicht möglich ist und sie desinfiziert werden können.

2.4.5 Steriltunnel (S)

Der Steriltunnel eignet sich besonders für die Präparation sterilisierten Pflanzenmaterials und zum Anlegen und Unterhalten pflanzlicher Gewebekulturen (s. Band 2, *Pflanzliche Zell- und Gewebekulturen*). Der Tunnel bietet eine einfache Alternative zu einer sterilen Werkbank. Er wurde

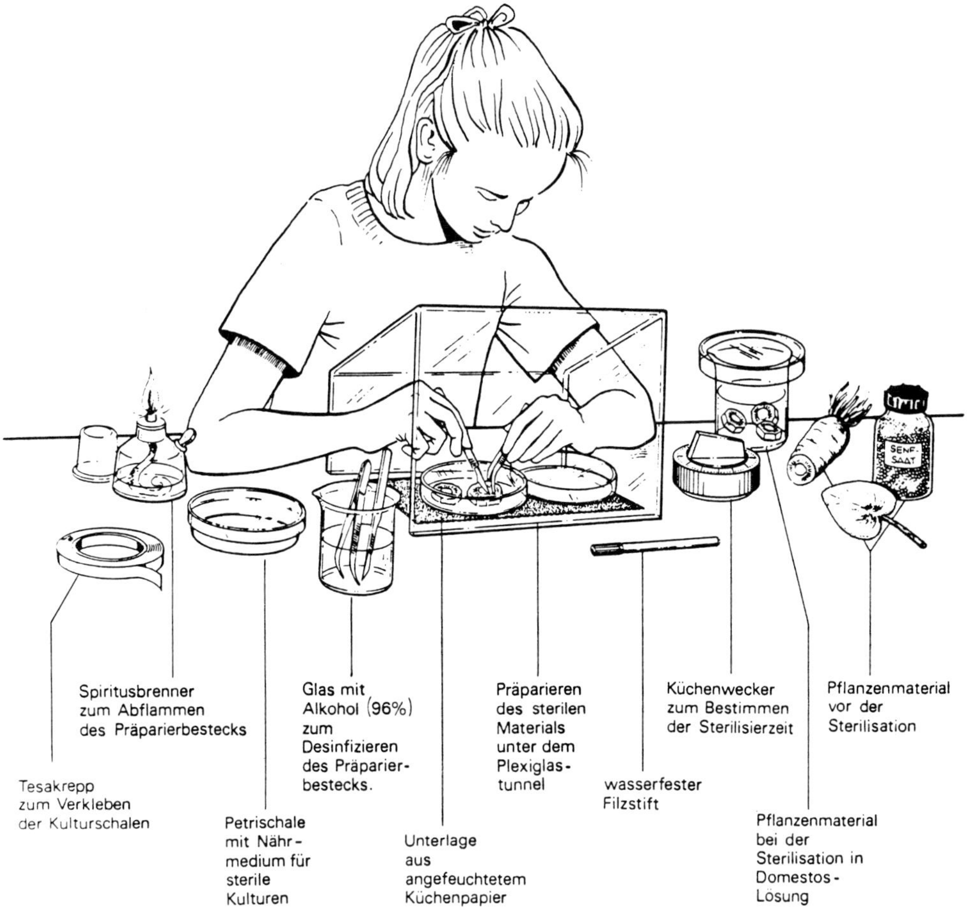

Abb. 39.1: Arbeitsplatz zum Anlegen einer sterilen Gewebekultur mit Hilfe des Steriltunnels

nach einem Vorschlag von CARTER (1986) weiterentwickelt. Steriles Material ist unter dem Tunnel weitgehend vor einer Kontamination durch Keime in der Luft geschützt.

Der aus Plexiglas gebogene durchsichtige Tunnel wird innen mit Alkohol ausgewischt und auf ein angefeuchtetes Papiertuch gestellt. Das feuchte Papier verhindert das Aufwirbeln der Bakterien oder Pilzsporen beim Präparieren. In Abb. 39.1 ist dargestellt, wie der Tunnel verwendet wird.

Material und Geräte

Heißluftgebläse mit Düse (bis 600° C; für Malerarbeiten),
1 Holzleiste (ca. 1 cm stark und 50 cm lang),
1 Plexiglasstück (3 mm stark), zum Rechteck (30×55 cm) zugeschnitten,
2 Schraubzwingen.

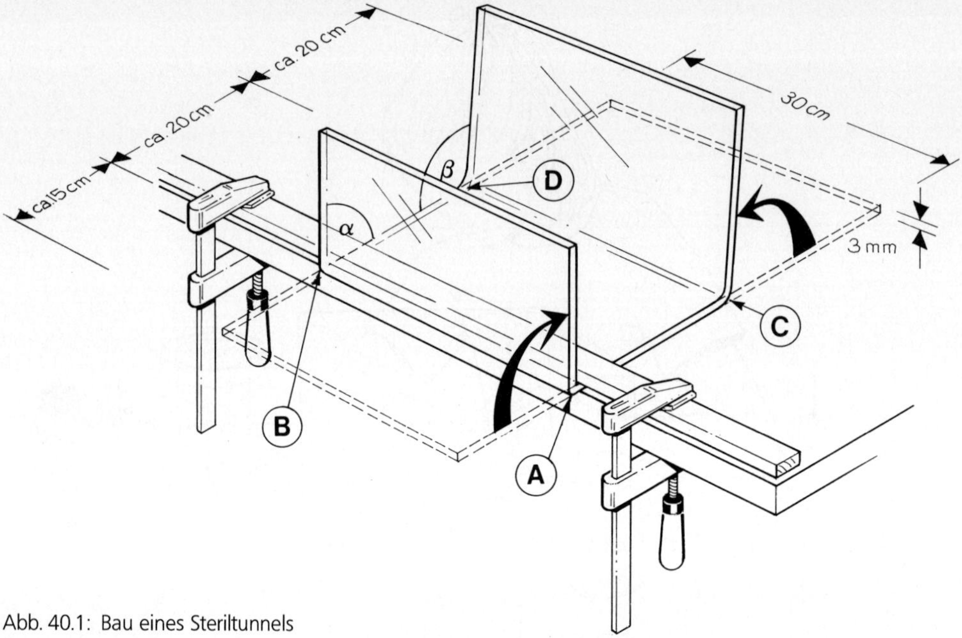

Abb. 40.1: Bau eines Steriltunnels

Bauanleitung

Die scharfen Kanten der Plexiglasplatte werden leicht abgefeilt, anschließend die Punkte A, B, C und D markiert. Das Werkstück wird so auf einen Holztisch (ohne Kunststoffbeschichtung) gelegt, daß die Linie A-B genau auf der Tischkante liegt. Auf das Plexiglas legt man die Holzleiste ebenfalls genau an die Kantenlinie des Tisches und befestigt sie auf beiden Seiten mit den Schraubzwingen, so daß das Plexiglas dazwischen eingespannt ist. Nun erwärmt man mit dem Heißluftgebläse die Linie A-B gleichmäßig bis das Plexiglas weich wird (ca. 1 min bei 600° C) und biegt den Überstand im gewünschten Winkel nach oben. Bis zum Erkalten muß das Plexiglas festgehalten werden.

Anschließend biegt man das Werkstück an der Linie C-D. Um eine Pultform des Tunnels zu erreichen, sollten die beiden Winkel $\alpha = 110°$ und $\beta = 90°$ betragen. Mehrere Steriltunnel lassen sich stapeln.

2.4.6 Photometer (S)

Das Photometer eignet sich für Konzentrationsbestimmungen gefärbter oder getrübter Lösungen, u. a. zur Beobachtung der Wirkung der Enzyme unter Zuhilfenahme geeigneter Indikatoren (Harnstoffabbau, Stärkeabbau), zum Nachweis verschiedener Anionen in Gewässerproben (Phosphat-, Nitratbestimmung) oder zur Dichtebestimmung einer wachsenden Bakterienkultur (s. 3.7).

Ein gebündelter Lichtstrahl (einer Kaltlichtquelle, einer Mikroskoplampe oder eines Diaprojektors) fällt auf einen Fotowiderstand im Innern eines Holzkästchens, durch den ein Strom fließt. Die Spannung wird so reguliert (auf etwa 6 Volt Gleichspannung), daß die Stromstärke im Stromkreis bei 3 mA liegt. Nimmt die Beleuchtungsstärke ab, steigt der lichtabhängige Widerstand der Fotozelle, und die Stromstärke fällt entsprechend. Sie wird jeweils auf einem Amperemeter abgelesen.

Zwischen Lichtquelle und Fotowiderstand

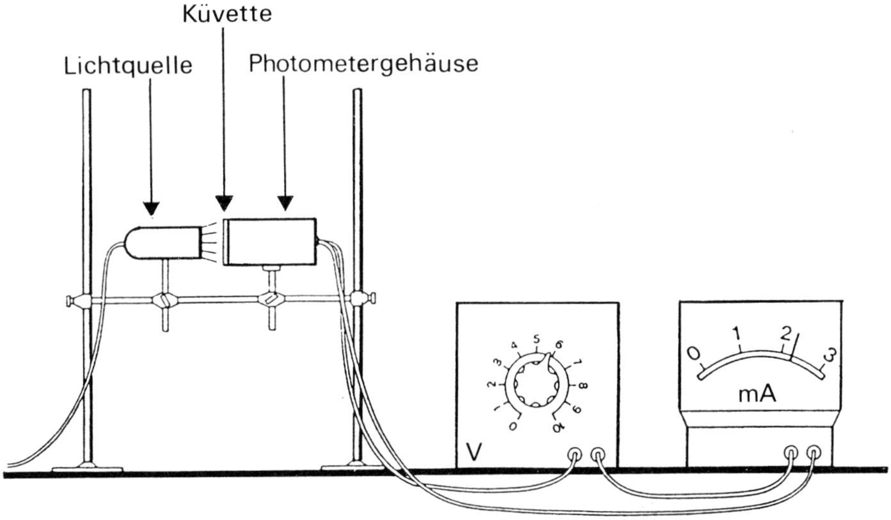

Abb. 41.1: Versuchsaufbau zur photometrischen Messung

können in die Halterung des Holzgehäuses Küvetten gesteckt werden, in denen sich z.B. eine Bakteriensuspension aus einer Wachstumskultur befindet. Die Trübung bewirkt eine Zunahme der Extinktion im Vergleich mit Wasser und damit eine Abnahme der gemessenen Stromstärke in der Fotozelle. Letztere ist ein Maß für den Zuwachs an Bakterien.

Bei der Verwendung eines Fotowiderstandes besteht keine lineare Beziehung zwischen der Veränderung der Stromstärke und der Beleuchtungsstärke. Außerdem ist das der Photometrie zugrundeliegende LAMBERT-BEERsche Gesetz (LANGE/VEJDĚLEK 1980) nicht erfüllt, da durch Lichtbrechung an den Bakterien Streulicht auftritt, am Ende des Bakterienwachstums keine stark verdünnte Lösung vorliegt und außerdem kein monochromatisches Licht verwendet wird. Aus den gemessenen Stromstärken lassen sich die tatsächlichen Zelldichten daher nur mit Hilfe einer vorher erstellten Eichkurve ermitteln, durch die bekannte Zelldichten bestimmte Extinktionswerte zugeordnet werden. Allerdings ist bei einer solchen Eichung zu berücksichtigen, daß die Zellen einer verdünnten Bakteriensuspension annähernd gleich groß sind, während die Zellen einer wachsenden Kultur Größen- und Formveränderungen durchmachen, die Einfluß auf die Extinktion haben. Die Eichung darf also nur durch Vergleich mit ausplattierten Proben der wachsenden Kultur erfolgen (s. 3.7).

Die Verwendung eines Fototransistors anstelle eines Fotowiderstandes bringt bei Trübungsmessungen höherer Konzentrationen nur unwesentlich bessere Ergebnisse. Es muß dabei der Lichtstrahl allerdings genau auf die kleine Linse des Transistors fallen, so daß in der Praxis Justierungsprobleme zu bewältigen sind, die bei Nutzung eines Widerstandes nicht auftreten.

Material und Geräte

2 Bananensteckerbuchsen (A)
1 Eisenstab (Durchmesser 10 mm), 12,5 cm lang (L)
1 Fotowiderstand »LDR 07« (B)
Holzleim, etwas Lötzinn, Plakafarbe (schwarz), Klarlack
1 Holzplatte (Bodenplatte) (1,5 cm stark, 14×11 cm) (H)
10 Spaxschrauben (3,5 mm), 25 mm lang

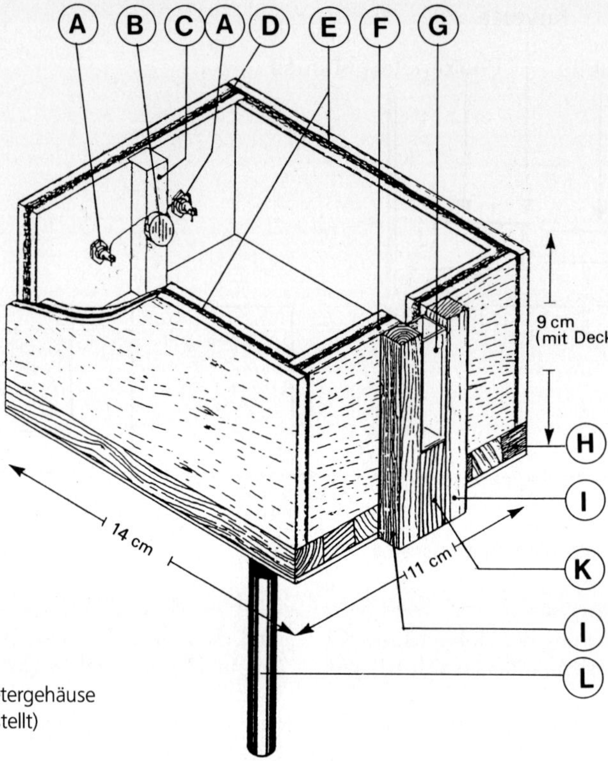

Abb. 42.1: Photometergehäuse
(ohne Deckel dargestellt)

2 Sperrholzplatten (Seitenplatten; 1 cm stark) 14×7 cm (E)
1 Sperrholzplatte (Rückwand) (1 cm stark, 9×7 cm) (D)
1 Sperrholzplatte (Vorderwand; 1 cm stark) 9×7 cm; in der Mitte von oben ein 1,2 cm breiter und 4,5 cm langer Schlitz (F)
1 Sperrholzplatte (Deckel; 1 cm stark) 14×11 cm
2 Vierkantleisten aus Holz (10×12 mm), 8,5 cm lang (I)
1 Vierkantleiste aus Holz (10×12 mm), 6,0 cm lang (C)
1 Vierkantleiste aus Holz (12×12 mm), 3,5 cm lang (K)
Werkzeug:
1 Kreuzschlitz-Schraubenzieher, mittlere Größe
1 Lötkolben
1 Pinsel

Bauanleitung

Das Photometer wird nach Abb. 42.1 aus den Einzelteilen zusammengesetzt. Wände (D – F) und Boden (H) werden miteinander verschraubt. In die Mitte der Bodenunterseite (H) wird ein 9,5 mm großes Loch gebohrt, in das der Eisenstab als Stativbefestigung gezwängt wird. Ein Vierkantholz (C) dient zur Befestigung des Fotowiderstandes (A) und drei weitere (I – K) dienen als Küvettenhalterung an der Vorderwand. Sie werden aufgeleimt. In die Rückwand werden links und rechts des Holzklötzchens die Bananensteckerbuchsen (A) eingeschraubt und der Fotowiderstand (B) der linierten Seite nach vorne angelötet. Das Gehäuse wird innen schwarz gestrichen und außen mit Klarlack überzogen. Zum Schluß wird der Deckel aufgeschraubt.

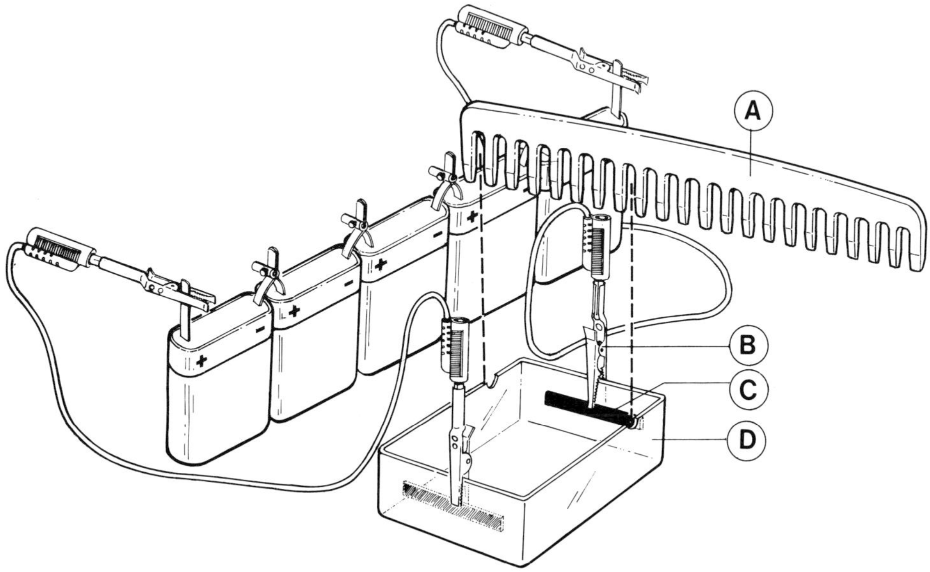

Abb. 43.1: Aufbau der DNA-Gelelektrophoreseapparatur vor dem Befüllen mit dem Agarosegel

2.4.7 Elektrophorese-Apparaturen (S)

Apparatur für die DNA-Gelelektrophorese (S)

Für die Untersuchung von DNA, die mit Restriktionsenzymen geschnitten worden ist, wird als wichtiges Trennverfahren die Gel-Elektrophorese eingesetzt (s. *Gentechnik* 2.3, Band 2). Die elektrophoretische Trennung findet in einem elektrischen Feld in einer geeigneten Kammer in Agarose-Gelen statt. Die zu trennenden DNA-Fraktionen werden auf der Kathodenseite (Minuspol) der Kammer in kleine Taschen am Rande des Gels gefüllt. Sie wandern – je nach ihrer Größe – im Gel unterschiedlich schnell in Richtung der Anodenseite (Pluspol) und zwar je schneller, desto kürzer die DNA-Moleküle sind.

Eine einfache Elektrophoresekammer besteht aus dem Deckel einer Dia-Schachtel, der auf der Innenseite glatt sein muß, zwei Zimmermannbleistiftminen und zwei Krokodilklemmen. Sie kann mit niederer Gleichspannung betrieben werden (20 bis 30 V) und ist in Schulversuchen völlig gefahrlos einsetzbar.

Handelsübliche Kammern bestehen zwar meist aus Plexiglas und haben zudem Pufferkammern mit Platinelektroden und eine dazwischen liegende Trennbrücke, sie führen in der Schule aber erfahrungsgemäß kaum zu besseren Ergebnissen als die hier beschriebene Kammer. Für die Erzeugung von Probentaschen im Gel ist ein sogenannter Strähnenkamm mit breiten Abständen zwischen relativ groben Zähnen geeignet.

Material und Geräte

2 Krokodilklemmen (B)
1 Kunststoffdeckel einer Diaschachtel (Innenseite glatt, 55 mm breit, 75 mm lang, 25 mm tief), (D)
1 Spannungsquelle, 18 V Gleichspannung bzw. 4 Batterien (4,5 V)

1 Strähnenkamm (A)
2 Verbindungskabel mit Bananensteckern
1 Zimmermannbleistift (z. B. »Lyra 333«) (Minen: C)
Werkzeuge:
1 Feinsäge
1 Rundfeile, klein (Durchmesser 5 mm)

Bauanleitung

Vom Zimmermannbleistift werden zwei 4 cm lange Stücke abgesägt. Die Stücke werden über Nacht in ein Becherglas mit Wasser gelegt. Am nächsten Tag wird das inzwischen aufgequollene Bleistiftholz vorsichtig mit den Fingern von den Minen (C) entfernt.

Der Deckel einer Aufbewahrungsschachtel für Dias (D) wird an den beiden Längswänden mit einer kleinen Rundfeile eingekerbt. Die beiden Kerben sollen von der einen Breitseite 15 mm und von der anderen 60 mm entfernt sein. Der so bearbeitete Deckel wird mit seiner Öffnung nach oben auf den Tisch gelegt. In die Kerben des Kunststoffdeckels wird der Strähnenkamm (A) eingesetzt. Damit Taschen ausgebildet werden können, dürfen seine Zähne den Boden nicht berühren (Abstand etwa 0,5 mm).

In die so vorbereitete Kammer werden später im Versuch (s. *Gentechnik* 2.3, Band 2) 15 ml aufgekochte Agaroselösung gegossen. Nach 15 min wird mit TBE-Puffer (Rezepte s. *Anhang*, Band 2) überschichtet, erst dann wird der Kamm gezogen, damit in die Geltaschen keine Luft eindringt. Zur Messung werden die DNA-Proben mit Hilfe einer Mikropipette in die Taschen eingeführt. Erst unmittelbar danach werden die beiden Minenstücke an beiden Breitseiten der Deckelwand des Diakästchens mit Krokodilklemmen (B) festgeklemmt, so daß sie parallel zum Deckelboden verlaufen und gerade eben in die Pufferlösung eintauchen. Die Krokodilklemmen dürfen mit der Flüssigkeit nicht in Berührung kommen (Elektrolyse!). Beim Anschließen der Kabel ist auf die richtige Polung zu achten, da die DNA sonst aus dem Gel herauswandert (Die DNA wandert zur Anode, also zum Plus-Pol).

Apparatur für die Elektrophorese von Proteinen (S)

Zur Auftrennung und Bestimmung der Milchproteine wird in aller Regel die Methode der Gelelektrophorese eingesetzt (s. *Biotechnik der Nahrungs- und Genußmittelproduktion*, 2.7). Dabei werden die Trenngele entweder in Form flacher Streifen verwendet, die weniger als 1 mm dick sind, oder als schmale Zylinder mit einem Durchmesser von circa 5 mm. Die Flachgele haben mehrere Taschen, in die die zu testende Milch einpipettiert wird. So können in einem Gel mehrere Proben nebeneinander aufgetrennt werden. Bei den zylindrischen Rundgelen kann pro Gel nur eine Probe aufgearbeitet werden. Allerdings können mehrere Gele gleichzeitig beschickt werden, so daß auch mit Rundgelen eine parallele Auftrennung verschiedener Proben möglich ist. Sie sind außerdem mit geringerem Aufwand herzustellen und einfacher in der Handhabung. Aus diesen Gründen eignen sich Rundgele für die Elektrophorese im Unterricht.

Die quantitative Analyse der Elektropherogramme erfolgt mit Hilfe eines einfachen, im Eigenbau herstellbaren Densitometers (s. 2.4.8). Damit lassen sich Angaben über die prozentualen Anteile der Proteine einer Milchprobe machen.

a) Herstellung der Elektrophorese-Apparatur:

Material und Geräte

Geräte und Verbrauchsmaterialien:
1 Bunsenbrenner
1 Erlenmeyerkolben (100 ml) mit Enghals
2 Gefrierdosen (aus Thermoplast, z. B. Polyethylen) (B)
4 Glasröhrchen (D), Herstellung siehe unten
4 Gummistopfen (Durchmesser 28 mm) (C)
1 Haushaltstuch
1 Korkbohrer (Durchmesser 7 mm)
1 Stativ
4 Stativklemmen
4 Universalmuffen

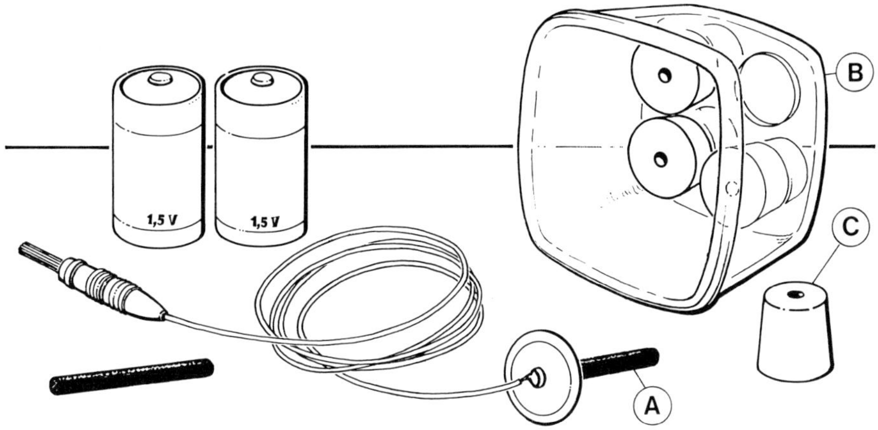

Abb. 45.1: Material zur Herstellung der Elektroden (links) und Polyethylen-Gefrierdosen mit Löchern im Boden, die mit Hilfe durchbohrter Gummistopfen verschlossen werden (rechts). Im Versuch steckt in allen vier Öffnungen ein Gummistopfen mit Glasröhrchen.

Geräte und Materialien für die Stromzuführung:

1 Amperemeter (bis 30 mA)
2 Bananenstecker
2 Batterien (1,5 V) (Monozellen), verbraucht (deren Kohleelektroden: (A)
1 Elektrokabel, einadrig, mit Kupferlitze, 50 cm lang
1 Elektrokabel mit zwei Bananensteckern (schulüblich)
1 Lötkolben sowie Lötzinn
1 Stromquelle (0– 50 V, 0– 30 mA)
1 Zange (Seitenschneider)

Bauanleitung

Zur Herstellung zweier Elektroden (A) werden aus den beiden verbrauchten Batterien die Graphitstifte zusammen mit den oberen Kontaktplatten entnommen, indem die Mäntel mit Hilfe eines Seitenschneiders entfernt werden. Die Graphitstifte werden gesäubert. Die oberen Kontaktplatten bleiben als Ansatzstellen für die Stromzuleitung erhalten.

Das einadrige Kabel wird in zwei Hälften geteilt. An dem einen Ende eines jeden der beiden Kabelstücke wird ein Bananenstecker angebracht. Das andere wird mit einer der Kontaktplatten, die mit der Graphitelektrode (A) verbunden sind, verlötet (Abb. 45.1, links). Die Elektroden werden an der Stativstange befestigt (Abb. 46.1).

Unter dem Abzug werden in eine der beiden Gefrierdosen (B) aus Thermoplast vier Löcher in den Boden gestanzt. Dazu wird der Hals des 100 ml-Enghalserlenmeyerkolbens in der Bunsenbrennerflamme stark erhitzt und an vier Stellen in den Boden der Dose gedrückt. Auf diese Weise entstehen vier Löcher mit einem Durchmesser von ca. 2,5 cm.

Jeder der vier Gummistopfen (C) wird mit dem Korkbohrer (7 mm Durchmesser) durchbohrt. Durch diese Bohrungen werden die Glasröhrchen mit den Gelen gesteckt. Während der Elektrophorese befinden sich die Stopfen dann in den Löchern der oberen Gefrierdose (B). Dabei ragen die Glasröhrchen (D) etwa 6 cm über die Unterseite des Dosenbodens hinaus (Abb. 46.1, rechts). Diese Dose wird zwischen den beiden Elektroden am Stativ angebracht. Die unbearbeitete Gefrierdose wird ganz unten an der Stativstange befestigt. Die Elektroden werden nun mit der Stromquelle verbunden, die obere mit der Kathode (Minus-Pol), die untere

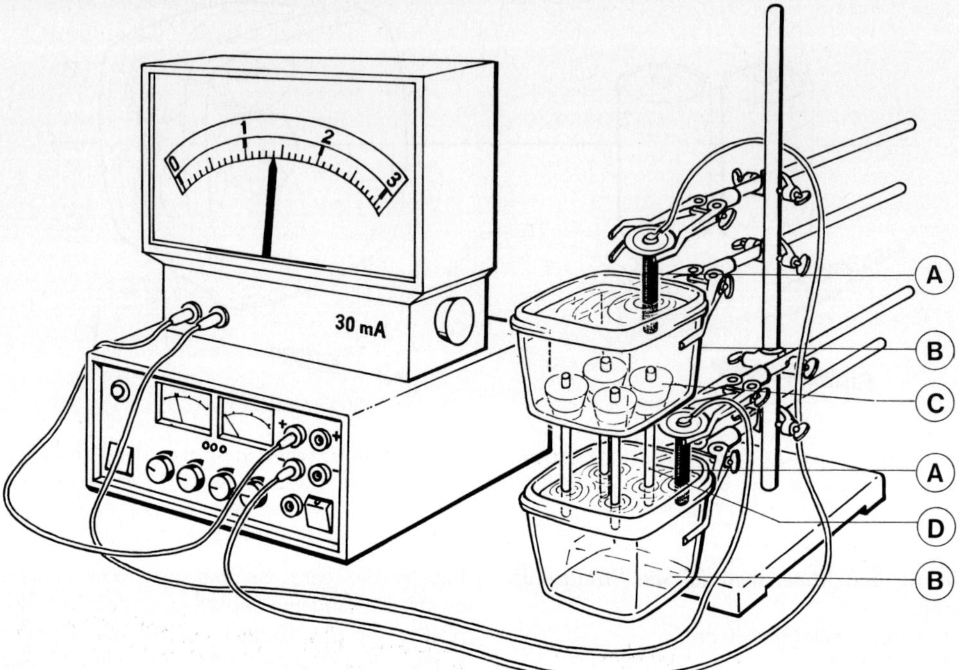

Abb. 46.1: Aufbau der Gelelektrophoreseapparatur. Im Versuch taucht die obere Elektrode (Kathode) in die Gefrierdose mit den Löchern im Boden, die untere Elektrode in die unbearbeitete Gefrierdose. In beiden Dosen befindet sich dann Pufferlö sung. In den Stopfen stecken die Glasröhrchen mit den Ge len. Diese tauchen mit ihrem unteren Ende in die Pufferlö sung der unbearbeiteten Dose ein. Auf diese Weise wird der Stromkreis geschlossen.

mit der Anode (Plus-Pol). Das Amperemeter wird in Reihe geschaltet (Meßbereich 0 bis 30 mA).

Die Gefrierdosen dienen als Pufferreservoir, in das die Elektroden eintauchen. Die leitende Verbindung wird durch die Gele geschaffen. Da pro Gel eine Gleichspannung von 12,5 V angelegt wird, bei der gleichzeitigen Bearbeitung von vier Gelen also höchstens 50 V, ist ein gefährliches Stromschlagrisiko **nicht** gegeben. Schüler dürfen mit dieser Apperatur nur höchstens drei Gele gleichzeitig bearbeiten, da entsprechend der Sicherheitsbestimmungen bei Schülerübungen nur bis 40 V Gleichspannung gearbeitet werden darf (*Sekretariat der Ständigen Konferenz der Kultusminister* 1986).

b) Herstellung der Rundgele:

Material und Geräte

Geräte:

1 Becherglas (300 ml), mind. 12 cm hoch
1 Bunsenbrenner
1 Chemikalienflasche (1 l; für Lsg. I)
1 Chemikalienflasche (100 ml), dunkel (für Lsg. II)
1 Dreifuß mit Keramiknetz
1 Einwegspritze mit Kanüle
1 Eppendorf-Pipette (0 bis 200 l)
1 Eppendorfspitze, klein (bis 200 l)
1 Erlenmeyerkolben (100 ml)

1 m Glasrohr (AR-Glas), Innendurchmesser 5 mm
1 Glasschneider
1 kleiner Glastrichter zum Befüllen der Glasröhrchen
8 Gummistopfen, 38 mm
1 Kolbenpipettierhelfer
1 Korkbohrer, Durchmesser 6 mm
1 Laborwaage
1 Pasteurpipette mit Gummihütchen
1 Pipette (10 ml)
2 Pipetten (je 5 ml)
1 Pipette (1 ml)

Verbrauchsmaterialien:
Aceton
Acrylamid (*Sigma* A 8887)
Ammoniumperoxodisulfat (*Sigma* A 6761)
Aqua dest.
N,N'-Methylendiacrylamid (*Sigma* M 7256)
NaH_2PO_4 (*Sigma* S 0751)
Na_2HPO_4 (*Sigma* S 0876)
SDS (Natriumdodecylsulfat) (*Sigma* L 4509)
Spülmittel
TEMED (N,N,N',N' = Tetramethylethylendiamin) (*Sigma* T 9281)

Methode

Herstellen der Glasröhrchen für die Rundgele:
1. Das lange Glasrohr wird mit dem Glasschneider in acht Stücke zu je 10 cm Länge geschnitten, die Enden werden in der nicht leuchtenden Flamme des Bunsenbrenners rund geschmolzen.
2. Mit dem Korkbohrer wird in jede Unterseite der acht Gummistopfen ein 0,5 bis 1 cm tiefes und 6 mm breites Loch gebohrt.
3. Die Glasrohre müssen absolut fettfrei sein! Sie werden deshalb ca. 10 min lang in mit Spülmittel versetztes kochendes Wasser gelegt, danach mit destilliertem Wasser gespült, mit Aceton nachgespült und getrocknet.
4. In die Bohrung eines jeden der acht Stopfen wird ein entfettetes Glasrohr gesteckt.

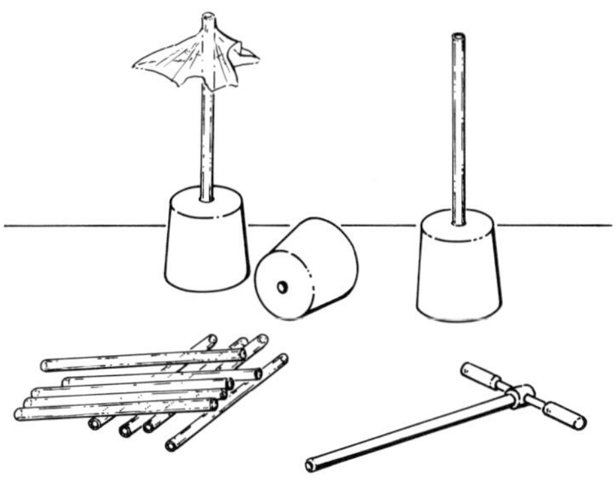

Abb. 47.1: Material für die Gelröhrchenständer

Herstellen der Lösungen:
1. **Lösung I** (Gelpuffer):
   Der Gelpuffer besteht aus einer wässrigen Lösung von Natriumdihydrogenphosphat, Di-Natriumhydrogenphosphat und Natriumdodecylsulfat und wird gemäß *Anhang*, 1.4.3 bereitet.
2. **Lösung II** (Stammlösung):
   Die Stammlösung besteht aus einer wässrigen Lösung von Acrylamid und N,N'-Methylendiacrylamid und wird gemäß *Anhang*, 1.4.4 bereitet.
3. **Lösung III** (Starter):
   Der Starter besteht aus einer wässrigen Lösung von Ammoniumperoxodisulfat und wird gemäß *Anhang*, 1.4.5 bereitet.
4. Weiterhin werden TEMED (N,N,N',N'-Tetramethylethylendiamin) und destilliertes Wasser bereitgestellt.

Gelherstellung:
1. In den 100 ml-Erlenmeyerkolben werden 10 ml Lösung I, 4,5 ml Lösung II und 4,5 ml destilliertes Wasser pipettiert. Mit der Eppendorf-Kolbenpipettierhilfe werden 0,032 ml TEMED hinzugefügt. Zuletzt wird 1 ml Lösung III (Starter) zugefügt und umgeschwenkt.
2. Mittels des kleinen Glastrichters wird jedes der Glasröhrchen, die in der Bohrung eines Stopfens stecken, bis 1 cm unter den Rand mit dieser Lösung beschickt.
3. Die Stopfen mit den Glasröhrchen werden kurz aufgestampft, damit Luftblasen, die

eventuell am Grund vorhanden sind, entweichen können. Mit Hilfe einer Pasteurpipette wird die Gelflüssigkeit vorsichtig mit destilliertem Wasser überschichtet, so daß eine scharfe Grenzfläche zwischen Wasser und Gellösung zu erkennen ist. Die Gelflüssigkeit bleibt zum Polymerisieren ca. 30 min unberührt stehen.

Erläuterungen und Hinweise

Zum Herstellen von Lösungen:

1. Die fertigen Gele enthalten 5% Acrylamid.
   Da Acrylamid in pulverisierter Form ein Nervengift darstellt, das sich im Körper anreichert, wenn man öfter damit in Berührung kommt, sollte unbedingt im Abzug und mit Handschuhen gearbeitet werden. Sobald es jedoch polymerisiert ist, ist die Giftigkeit aufgehoben, so daß gefahrlos damit gearbeitet werden kann.

Zur Gelherstellung:

2. Die Röhrchen werden nicht vollständig angefüllt, damit die Gelflüssigkeit anschließend mit Wasser beschichtet und später auf das fertige Gel die Probe aufgetropft werden kann.
3. Die Überschichtung mit Wasser ist nötig, damit an der Gelflüssigkeit kein Meniskus entsteht. Eine entsprechende Einbuchtung im fertigen Gel könnte die Bildung scharfer Banden stören. Beim Polymerisieren der Gele verschwindet die scharfe Grenzfläche zwischen Wasser und Gellösung nach kurzer Zeit aufgrund der Diffusion des Wassers in die Gellösung. Ist das Gel polymerisiert, erscheint sie wieder.

2.4.8 Scanner für die Densitometrie (S)

Die einzelnen Banden eines elektrophoretisch aufgetrennten und angefärbten Eiweißgemisches lassen sich densitometrisch auswerten. Dazu muß die optische Farbstoffdichte jeder Proteinbande bestimmt werden. Die jeweilige Farbintensität entspricht der Proteinmenge der entsprechenden Bande.

Das Elektropherogramm (des Versuches in *Biotechnik der Nahrungs- und Genußmittelproduktion*, 2.7) wird in Längsrichtung (quer zu den einzelnen Banden) in sehr kleinen, genau definierten Abständen über eine Lochblende zwischen einer Lichtquelle und einem Fotowiderstand gezogen. Dieser ist an eine Spannungsquelle und ein Amperemeter angeschlossen. Nach jeder Verschiebung des Elektropherogrammes wird die Stromstärke abgelesen. Es ergibt sich eine Kurve mit einer Abfolge einzelner Peaks. Unter Idealbedingungen (Änderung der Stromstärke im Fotowiderstand ist linear abhängig von der Änderung der Lichtintensität) entspricht das Integral, d.h. die jeweilige Fläche unter einem Peak der entsprechenden Farbstoff- bzw. Proteinkonzentration (Abb. 165.1).

Material und Geräte

- 1 Eisenstab (Durchmesser 5 mm, 52 cm lang) für die Kurbel (Q)
- 1 Eisenstab (Durchmesser 10 mm, 15 cm lang) (Stativhalter, nicht abgebildet)
- 1 Glasscheibe (3 mm stark) 15×9,5 cm (H)
- 1 Haushaltsgummiband (Durchmesser 6 cm im entspannten Zustand) (F)
  Holzleim, Zwei-Komponenten-Kleber
- 1 weißer Karton (80 g/m^2, 30×30 cm) für die Sektorenscheibe (P) Klarlack
- 3 Metall-Büroklammern (G)
- 1 Sperrholzplatte (Grundplatte; Stärke 4 mm) 15×45 cm (D)
- 1 Sperrholzplatte (Sektorenscheibe; Stärke 4 mm) 30×30 cm (P)
- 2 Sperrholzstreifen (Führungsnute; Stärke 4 mm) 23 mm×45 cm (B)
- 1 Unterlegscheibe für M 5
- 1 Stück Eisendraht (Durchmesser 1 mm) (M)
- 2 Vierkantleisten aus Holz (16×30 mm, 45 cm lang) (A)
- 1 Vierkantleiste aus Holz (16×16 mm, 9 cm lang) (C)

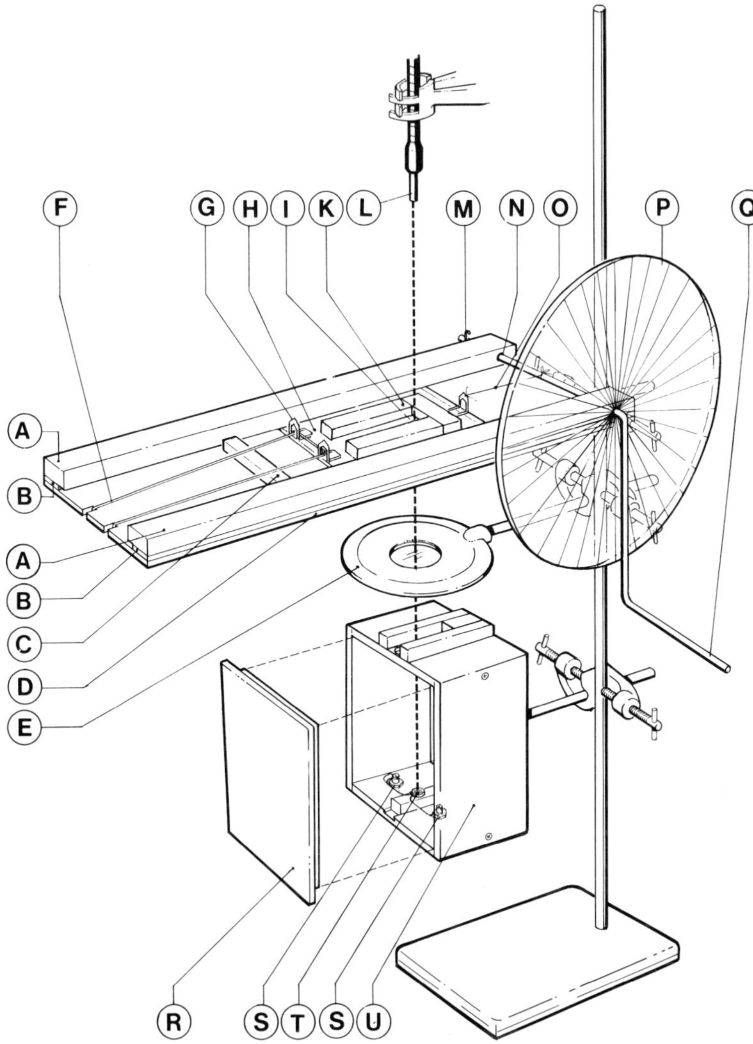

Ⓐ Holzleisten (A)
Ⓑ Holzleisten (B)
Ⓒ Holzleiste (C)
Ⓓ Sperrholzplatte
Ⓔ Sammellinse
Ⓕ Haushaltsgummi
Ⓖ Büroklammer-Ösen
Ⓗ Glasscheibe (» Schlitten «)
Ⓘ Bohrloch (» Lochblende «)
Ⓛ Lichtquelle (z.B. Kaltlichtlampe f.d. Mikroskopie)
Ⓜ Splint
Ⓝ Bohrung
Ⓞ Zwirnsfaden
Ⓟ Sektorenscheibe
Ⓠ Kurbel (» Schlittentreiber «)
Ⓡ Photometer-Deckel
Ⓢ Bananensteckerbuchsen
Ⓣ Photowiderstand
Ⓤ Photometergehäuse (geöffnet)
Ⓚ Holzleisten

Abb. 49.1: Scanner für die Densitometrie (s. Text)

1 Vierkantleiste aus Holz (20×50 mm, 15 cm lang) (nicht abgebildet)
1 Zwirnfaden (ca. 15 cm lang) (O)

Geräte aus der Sammlung:
1 Amperemeter (3 mA),
1 regelbare Gleichstromquelle (0 bis 15 V)
1 Lichtquelle (Mikroskoplampe, Kaltlichtquelle)
1 Photometer mit Fotowiderstand (LDR 07) (U)
1 Sammellinse aus der Physiksammlung (f= +200 mm)
Stativmaterial
3 Verbindungskabel mit Bananensteckern.

Werkzeug:
1 Anstreich-Pinsel
Metallbohrer (Durchmesser 1,5 mm, 5,5 mm)
1 Reißzwecke, Zwirnsfaden, Bleistift als »Zirkel«
1 Schere
1 Schraubstock
2 Schraubzwingen

Bauanleitung

Der Scanner (s. Abb. 49.1) besteht aus einer waagerecht an einem Stativ montierten Sperrholzplatte (D). Auf dieser wird eine Glasscheibe (H) zwischen zwei aus Holzleisten (A) und (B) gebildeten Führungsnuten hin- und herbewegt. Dieser »Schlitten« wird mit Hilfe eines Zwirnfadens (O), der an einer Kurbel befestigt ist (Q), über ein Bohrloch in der Sperrholzplatte (I) gezogen, das als Lochblende dient. Auf die Glasplatte werden noch drei vierkantige Kunststoffleisten (K) U-förmig aufgeklebt. Sie dienen als Haltekammer für das Gel und helfen gleichzeitig, seitliche Reflektionen während des Meßvorganges zu vermeiden.

Wenn die Glasplatte mit Hilfe des Fadens über die Lochblende gezogen wird, spannt sich ein Gummiband (F), das an der gegenüberliegenden Seite des Schlittens befestigt ist. Wird die Kurbel zurückgedreht, entspannt sich das Gummiband, und der Schlitten bewegt sich wieder in die Ausgangsposition zurück. Zur Sicherung der Glasscheibe ist eine kurze Holzleiste (C) unterhalb des Gummibandes quer auf der Sperrholzplatte angebracht.

Mit einem Amperemeter (Vollausschlag ohne Lichtabsorption: 1 mA) können die Meßwerte kleiner Abstände vom Elektropherogramm erfaßt werden.

Zum Zweck des schrittweisen Schlittenvortriebs findet sich an einer der beiden als Kurbellager dienenden Bohrungen (N) an der Handseite der Kurbel eine kreisrunde Scheibe (P), die in 32 gleichgroße Sektoren unterteilt ist. Der Handgriff der Kurbel kann nun in definierten Schritten sektorenweise weitergedreht werden. Der Schlitten bewegt sich dabei um sehr kleine Abschnitte weiter.

Zur Messung der Lichtintensität kann das beschriebene Photometer (R-U; s. 2.4.6) verwendet werden. Als Lichtquelle dient oberhalb des Bohrloches ein punktförmiger Strahler oder eine sehr helle Glühbirne (100 bis 200 W). Lichtquelle, Lochblende und Fotowiderstand müssen in einer optischen Achse liegen. Die Lampe wird eingeschaltet und zwischen Lochblende und Fotowiderstand eine Sammellinse montiert (f = 200 mm), so daß das Bild der Lochblende scharf auf dem Fotowiderstand abgebildet wird. Die Abstände zwischen Scanner, Linse und Fotowiderstand am Stativ müssen entsprechend gewählt werden.

In die aus Sperrholz zugesägte Grundplatte des Scanners (D) werden an einer schmalen Seite zwei 5 mm tiefe Kerben mit einem gegenseitigen Abstand von 3 cm gesägt. Sie dienen der späteren Befestigung des Gummibandes (F). Von der anderen schmalen Seite aus wird im Abstand von 15 cm ein Loch mit einem Durchmesser von 1,5 mm gebohrt (I). Das Bohrloch muß sich in der Mitte zwischen den Längsseiten der Platte befinden. Zwischen dem Bohrloch und den Kerben wird in einem Abstand von 15 cm vom Bohrloch eine kurze, schmale Vierkantleiste (C) quer zur Längsrichtung der Platte mit Holzleim aufgeleimt. Während der Aushärtung des Leimes werden alle Holzteile mit Schraubzwingen zusammengehalten.

Anschließend werden die Führungsnuten für die Glasscheibe angebracht. Dazu werden auf beide Längskanten die Sperrholzstreifen (B) bündig aufgeleimt. In der Zwischenzeit werden beide Vierkantleisten (C) im Abstand von 1,5 cm eines Endes an ihrer schmalen Seite mittig durchbohrt. Die Bohrungen (Durchmesser 5,5 mm) dienen später als Kurbellager (N). Anschließend werden die Vierkantleisten ebenfalls bündig aufgeleimt und angepreßt, so daß sich durch die dazwischenliegenden schmaleren Sperrholzleisten zwei Führungsnuten für die Glasscheibe bilden. Die Kurbellagerbohrungen müssen gegenüber der Seite mit den Kerben angebracht sein.

Auf der Seite der Kurbellagerbohrungen wird unter der Platte eine stärkere Vierkantleiste (20×50 mm) angeleimt, in deren schmale Seite vorher ein Eisenstab (Durchmesser 10 mm) mittig eingelassen wurde (nicht abgebildet). Für die Befestigung reicht es, wenn das Bohrloch für den Eisenstab 0,5 bis 1 mm kleiner ist, so daß der Stab hineingezwängt werden muß. Diese Vorrichtung dient der späteren Befestigung am Stativ.

Für die Sektorenscheibe (P) wird auf ein Sperrholzbrett mit Hilfe eines einfachen Zirkels (Reißzwecke, Zwirnsfaden und Bleistift) ein Kreis mit einem Durchmesser von 30 cm gezeichnet. Die Scheibe wird mit einer Laubsäge ausgesägt. Ein Stück Karton wird entsprechend zugeschnitten und auf die Scheibe geklebt. Darauf werden durch Viertelung, Achtelung, usw., insgesamt 32 Sektoren gezeichnet. In die Mitte wird ein Loch (Durchmesser 5,5 mm) gebohrt. Die Scheibe wird mit dem Karton nach außen auf eine Seitenkante der Grundplatte senkrecht aufgeklebt, so daß ihre Zentralbohrung in die Bohrung (N) einer Vierkantleiste (C) übergeht.

Die zurechtgeschnittene Glasscheibe (H; Abfallstück vom Glaser) wird von der Seite des späteren Kurbellagers in die Führungsnuten geschoben. Es werden drei Büroklammern rechtwinklig umgeknickt und mit Zwei-Komponenten-Klebstoff als »Ösen« auf die Kanten der Glasscheibe geklebt, eine gegenüber dem Kurbellager, zwei gegenüber den Gummibandkerben (G).

Unter Zuhilfenahme eines Schraubstockes wird die Kurbel (Q) aus einem 52 cm langen Weicheisenstab gebogen. Der Handgriff sollte etwa 15 cm lang sein, das Kurbelstück etwa 20 cm und die Welle, die von der Seite der Sektorenscheibe durch die Kurbellager gesteckt wird, mindestens 17 cm. Das herausragende kurze Ende der Welle wird gesichert, indem es mit einer feinen Metallbohrspitze (Durchmesser 1 mm) durchbohrt wird. Durch das Loch wird als Splint (M) ein Stück Draht gezogen. Der Zwirnfaden (O) wird in der Mitte der Welle festgeknotet und mit etwas Zwei-Komponenten-Klebstoff fixiert. Nach der Aushärtung wird das andere Ende des Fadens an der Büroklammeröse der Glasscheibe befestigt. Ein Gummiband (F) wird durch die Kerben der Sperrholzplatte gezogen und an den gegenüberliegenden Büroklammerösen (G) befestigt.

3 Mikrobiologische Arbeitstechniken im Unterricht

Für viele Schüler sind Mikroorganismen gleichbedeutend mit Krankheitserregern, gegen die der Arzt Antibiotika verordnet. Daß die meisten Mikroben völlig ungefährlich und viele von ihnen ausgesprochen nützlich sind, ist ihnen häufig nicht klar. Angesichts der Bedeutung von Mikroorganismen sowohl in der Medizin als auch in der Industrie und im Alltag, sollten die Schüler eine differenzierte Vorstellung der Vielfalt der Bakterien und Pilze, der Nutzung ihrer Leistungen durch den Menschen sowie der Bekämpfung entsprechender Schadorganismen bekommen (vgl. Präve et al. 1987).

Im folgenden soll eine grobe Differenzierung der Mikroorganismen nach wenigen makroskopisch sichtbaren Merkmalen vorgenommen werden. Die Schimmelpilze werden von den anderen Mikroorganismen anhand der Koloniemorphologie abgegrenzt, besonders von einer Gruppe, zu der der »Strahlenpilz« gehört. Mit dieser Bezeichnung lassen sich Vertreter der *Ac-*

tinomyceten und *Streptomyceten* zusammenfassen, da es sich hierbei um mycelbildende Bakterien handelt (s. 3.4.1). Bakterien werden u.a. in Gram-positive und Gram-negative eingeteilt (3.5.4), und zwar auch anhand eines einfachen Verfahrens ohne aufwendige Färbetechnik (3.5.5). Schimmelpilze werden mit Hilfe eines sicheren Verfahrens mikroskopiert (3.5.6).

Als besondere Leistung der Mikroorganismen wird die Antibiotika-Produktion (3.8.1) hervorgehoben. In diesem Zusammenhang werden auch Versuche mit anderen Stoffen (3.8.3) beschrieben, die sich hemmend auf das Wachstum der Mikroorganismen auswirken (Schwermetalle aus Geldmünzen).

Die Leistungsvielfalt der in der Industrie genutzten Mikroorganismen soll mit Hilfe eines einfachen Screening-Verfahrens deutlich gemacht werden (s. *Umweltbiotechnik*, Band 2).

3.1 Steriles Arbeiten

Bakterien und ihre Sporen sind allgegenwärtig. Schon das kurzzeitige Öffnen einer Petrischale kann eine Kontamination (mikrobielle Verunreinigung) hervorrufen. Daher müssen alle Geräte, Gefäße und Nährmedien vor Gebrauch sterilisiert werden. Alle Arbeiten mit Mikroorganismen werden so durchgeführt, daß die Kulturen weder verunreinigt werden, noch als Quelle für Verunreinigungen dienen können. Wie dies unter Laborbedingungen üblicherweise geschieht, kann in jeder Anleitung für mikrobiologische Praktika (z.B. Müller/Melchinger 1964, Freytag 1973, Drews 1983[4], Dawid 1981, Birkenbeil 1983) nachgelesen werden.

Im Klassenzimmer sind die Verhältnisse oftmals anders: Viele Schüler drängeln sich um die Arbeitsplätze, Laborkittel stehen nicht immer zur Verfügung, auf den Tischen werden nicht nur mikrobiologische Arbeiten durchgeführt, sondern in anderen Stunden z.B. Pflanzen und Tiere präpariert. Meist steht die Arbeit unter Zeitdruck, denn alles muß bis zum nächsten Klingeln erledigt sein, einschließlich des Aufräumens. Der Lehrer muß während mikrobiologischer Experimente derart arbeitswidrigen Bedingungen entgegenwirken. Dazu gehört z.B. auch, daß auf die Labortische keine Pausenbrote gelegt werden (s. Westphal 1988).

Als Lehrer darf man keine Vorgänge dulden, die die Schüler gefährden können. Der Lehrer sollte sich selbst einen groben Überblick darüber verschaffen, inwieweit unter den Bedingungen seiner Schule steril gearbeitet werden kann, indem er folgende Vorversuche durchführt:

1. Nach den im folgenden angegebenen Vorschriften werden Nährmedien für Flüssigkulturen und Agarplatten angesetzt.
2. Die Nährbouillon wird mit einem Tropfen einer Mikroorganismensuspension beimpft und anschließend sterilisiert.
3. Der Agar wird in sterile Einwegpetrischalen gegossen und zusammen mit den Flüssigkulturen bei 30° C in einen Brutschrank gegeben.

Nach zweitägigem Bebrüten sollten die Nährlösungen frei von Trübungen und die Petrischalen ohne Bewuchs sein. Nährlösungen müssen stets zuverlässig sterilisiert werden, da sich eingedrungene Fremdkeime rapide vermehren. Allerdings können sich derartige Kontaminationen gegenüber den Reinkulturen, die im Experiment eingesetzt werden, im allgemeinen nur durchsetzen, wenn der Anfangstiter der Fremdkeime entsprechend hoch ist. Geringfügige Kontaminationen, z.B. durch eine in die Kultur gefallene Spore, zeigen in aller Regel nicht die Tendenz, die gewünschte Kultur zu überwachsen. Auf Plattenkulturen sind Kontaminationen in geringem Umfang zu ertragen, da Kolonien fremder Keime meist an ihrer Form oder Farbe zu erkennen sind. Dies gilt allerdings nicht für Dauerkulturen, und zwar schon allein deshalb, weil kontaminierte Platten aus Sicherheitsgründen nicht mehr geöffnet werden dürfen.

Im folgenden wird auf Sterilisation und Desinfektion eingegangen. Unter Sterilisation versteht man die Abtötung oder Abtrennung vermehrungsfähiger Keime, also auch solcher, die (für das Experiment) einfach nur unerwünscht sind. Desinfektion bedeutet die Vernichtung aller Keime, die (für den Menschen) infektiös sein können (Birkenbeil 1983, Pühler/Rehm/Schaal 1991, Zimmermann-Spinnler 1989).

3.1.1 Desinfektion des Arbeitsplatzes

Der Arbeitsplatz muß frei von sichtbarem Schmutz sein. Die Flächen werden vor dem Beginn der Arbeit mit 70%igem Isopropylalkohol oder einem anderen Desinfektionsmittel (z.B. *Kohrsolin, Sagrotan*; Gummihandschuhe verwenden!) abgewischt. 70%iger Alkohol ist 96%igem als Desinfektionsmittel vorzuziehen, weil der Wasseranteil das Eindringen des Alkohols in das Innere der Bakterienzellen fördert. Grundsätzlich ist auch die Entkeimung mit UV-Licht (24 h bei 254 nm) möglich. Für die Schule ist dieses Verfahren jedoch kaum praxisgerecht und wegen der Strahlenbelastung auch nicht ungefährlich (s. 2.2.13).

Die meisten Bakterien oder Pilzsporen »rieseln« von oben her, z.B. auch aus den Haaren des Experimentators, auf Materialien und Geräte. Für Versuche, bei denen Kontaminationen möglichst zu vermeiden sind (z.B. pflanzliche Zellkulturen), empfiehlt sich daher der Einsatz eines Steriltunnels (s. 2.4.5).

3.1.2 Sterilisieren der Geräte und Lösungen

a) Hitzesterilisation der Geräte:

Glasgefäße, die mit sterilen Nährmedien oder Lösungen gefüllt werden (Pipetten, Reagenzgläser usw., s. 2.2.3), müssen vor Gebrauch sauber gespült und danach im Trockenschrank erhitzt werden, und zwar 30 min bei 180°C. Vor dem Sterilisieren müssen die Glasgefäße mit einer Kappe aus Alufolie verschlossen und die Pipetten in Alufolie eingewickelt werden. Dies ist eine preiswerte Alternative zu käuflichen Alukappen oder Zellstoffstopfen bzw. Pipettendosen. Bestimmte Verschlüsse, z.B. Schraubverschlüsse aus Kunststoff, vertragen nur eine Temperatur bis zu 140°C. In diesem Fall muß bis zu 3 h erhitzt werden. Durch die **Heißluftsterilisation** werden alle Mikroorganismen und ihre Sporen abgetötet. Anstelle eines Trockenschrankes kann auch ein Backofen verwendet werden. Die Temperatur von 140 bis 180°C ist nötig, weil Sporen von Bakterien oder Pilzen trockenes Erhitzen bis weit über 100°C überstehen können (Drews 1983[4]).

Durch **Ausglühen** werden Impfösen und Impfnadeln, durch **Abflammen** Glasstäbe, Pipettenspitzen sowie Glasgefäße und deren Verschlüsse während der Arbeit sterilisiert: Impfösen und Impfnadeln werden 5 bis 10 sec lang in der entleuchteten Brennerflamme ausgeglüht. Deren Halterung wird abgeflammt (Birkenbeil 1983). Die Mündungen an Glasgefäßen mit sterilem oder mikrobiellem Inhalt, die man – etwa, um eine Probe zu entnehmen – geöffnet hat, werden vor dem Verschließen *kurz*, etwa 1 sec lang, durch die rauschende Flamme eines Bunsenbrenners gezogen, ebenso die Verschlüsse (Zellstoffstopfen, Aluminiumkappen). Zellstoffstopfen können nach einer bestimmten Zeit, etwa 5 sec, Feuer fangen. Bei Schülerübungen ist also darauf zu achten, daß niemand »kokelt«. Auch Glaspipettenspitzen werden 1 sec in die Flamme gehalten. Sie können springen, wenn sie zu lange in die Flamme gehalten werden.

Abb. 53.1 zeigt, wie Mikrobiologen beim sterilen Arbeiten eine Pipette, einen Erlenmeyerkolben und einen sterilen Stopfen gleichzeitig

Abb. 53.1: Gleichzeitiges Halten dreier Gegenstände mit zwei Händen. Diese in der Mikrobiologie übliche Arbeitstechnik wird der Lehrer bei der Vorbereitung nutzen. Schüler helfen sich normalerweise gegenseitig und fassen mit einer Hand nur einen Gegenstand an.

mit zwei Händen halten. Diese Arbeitstechnik ermöglicht das Abflammen aller benutzten Geräte. Auch der Lehrer wird sie bei der Vorbereitung nutzen, Schüler helfen sich in der Regel gegenseitig.

b) Dampfdrucksterilisation der Lösungen:

Lösungen, z.B. flüssige Nährmedien, können nicht im Trockenschrank sterilisiert werden, denn sie begännen bei etwa 100°C zu sieden. Die Siedetemperatur, die während des Kochens konstant bleibt, reicht zum Abtöten der Sporen vieler Bakterien oder Schimmelpilze nicht aus. Sie werden erst durch 20minütiges Erhitzen im gesättigten Dampf bei einem Innendruck von 1 bar (entsprechend 2 bar Gesamtdruck = 196 kPa) mit Sicherheit abgetötet (Drews 1983[4], Zimmermann-Spinnler 1989). Unter dieser Bedingung herrscht im Druckgefäß eine Temperatur von 121°C.

Die Dampfsterilisation erfolgt im Autoklaven, Dampfdrucktopf oder Schnellkochtopf (s. 2.2.4). Die zu sterilisierenden Lösungen werden vorher in ein sauber gespültes Gefäß (z.B. Erlenmeyerkolben) gefüllt, das mit einem Stopfen oder mit Alufolie verschlossen wurde (vgl. 2.3.2). Salze oder Agar brauchen nicht aufgelöst zu werden. Sie gehen beim Erhitzen vollständig in Lösung. Bei Verwendung von Zellstoffstopfen müssen diese locker in den Gefäßhals gesteckt werden (s.u.).

Sterilisieren mit dem **Dampfdrucktopf:** Das maximal zu zwei Dritteln mit Sterilisiergut und etwas destilliertem Wasser gefüllte Gerät wird sachgerecht verschlossen und aufgeheizt, dann wird 20 min lang bei 121°C (bzw. 30 min lang bei 115°C) autoklaviert. **Vorsicht:** Manche Substanzen, z.B. Vitamine, Hormone oder Harnstoff vertragen keine hohen Temperaturen. Ihre Lösungen werden *sterilfitriert* (s. Punkt e). Der Druck darf nicht zu schnell abgelassen werden, da Lösungen im Siedeverzug überkochen können, auch nachdem sie dem Gerät bereits entnommen sind. Deswegen darf der Topf unter keinen Umständen sofort nach dem Druckausgleich geöffnet werden, sondern allenfalls nach 5 min.

Sterilisieren mit dem **Schnellkochtopf:** Ein solches Gerät ist billiger, kann mit Herd oder mit Gasflamme beheizt werden und sterilisiert zuverlässig. Die Sterilisierzeit beträgt wie beim Dampfdrucktopf mit einem 115°C-Festventil 30 min, da die Arbeitstemperatur eines Schnellkochtopfes nicht höher als 115°C liegt. Wenn am Deckel verschiedene Arretierungen möglich sind, wird er in der größten Stellung verriegelt. Auch in diesem Fall darf der Topf erst wieder geöffnet werden, wenn im Innern wenigstens 5 min lang Atmosphärendruck herrscht.

c) Sterilfiltration von Lösungen:

Hitzeempfindliche Lösungen wie z.B. die unter 3.1.2b genannten, die Vitamine, Hormone oder Harnstoff enthalten, können mit keiner der bisher beschriebenen Methoden sterilisiert werden. Dafür stehen Filtriergeräte zur Verfügung. Die darin verwendeten Membranfilter sollten eine Porenweite von höchstens 0,45 μm, eher 0,2 μm besitzen. Sie halten Pilze und Bakterien sowie deren Sporen zurück, so daß das Filtrat frei davon ist. Im Vergleich zu den physikalischen Verfahren ist die Sterilfiltration wesentlich unsicherer. Im Filtrat finden sich z.B. Bakteriophagen und andere Viren, möglicherweise auch Spirochaeten (s. *Einführung*). Alle diese Organismen sind so klein, daß sie den Filter passieren (Birkenbeil 1983). Die Methode eignet sich daher auch zur Isolation von Bakteriophagen (s. Kapitel *Gentechnik*, 2.5.1, Band 2).

Das Filtriergerät, das an eine Wasserstrahlpumpe angeschlossen werden muß, wird vor Gebrauch selbst sterilisiert. Es besteht aus Kunststoff. Dieser verträgt allerdings Temperaturen über 140°C nicht, so daß das Filtriergerät im Dampfdrucktopf sterilisiert werden muß. Vor dem Sterilisieren muß es gespült und in Alufolie eingewickelt werden (s. 2.3.2). Preiswert und leichter zu handhaben sind Einweg-Sterilfilter, die bereits steril geliefert werden und auf eine Einweg-Spritze aufgesetzt werden.

3.1.3 Entsorgen gebrauchter Kulturen

Es ist selbstverständlich, daß Kulturen, die humanpathogene Keime enthalten können, vor dem Wegwerfen sterilisiert werden. Zwar darf man in der Schule niemals mit Krankheitserregern arbeiten (*Sekretariat der Ständigen Vertretung der Kultusminister* 1986), aber diese können doch durch Kontaminationen in die Kulturen harmloser Mikroorganismen gelangen und sich dann weiterentwickeln. Durch das Sterilisieren gebrauchter Kulturen aus Bakterien oder Pilzen soll auch eine mögliche Beeinträchtigung der Umwelt vermieden werden.

Die Vernichtung der Kulturen kann auf zwei Wegen erfolgen. Plattenkulturen werden im autoklavierbaren Abfallbeutel gesammelt und im Dampfdrucktopf bzw. im Schnellkochtopf, wie unter 3.1.2b beschrieben, sterilisiert. Flüssigkulturen werden mit einem Desinfektionsmittel (z. B. Kohrsolin, s. 2.3.3d) überschichtet und anschließend in die Kanalisation gegeben. Hinsichtlich der Konzentration des Desinfektionsmittels und seiner Einwirkungsdauer sind die Vorschriften des jeweiligen Herstellers zu beachten.

3.2 Zubereitung der Nährmedien

Für viele in diesem Buch vorgeschlagenen Versuche sind einfache Nähragarböden ausreichend. Nähragar enthält neben Fleischpepton als Kohlenstoffquelle auch Hefeextrakt als Vitamin-B- und Stickstoff-Quelle und ist somit ein vollwertiges Medium für viele Mikroorganismen. In anderen Vollmedien, z. B. dem Komplettagar, dient Glucose als hauptsächliche Kohlenstoffquelle. Demgegenüber enthält ein Minimalmedium nur diejenigen Stoffe, die ein Organismus mit bestimmten Eigenschaften unbedingt benötigt, um wachsen zu können. Beispielsweise kann ein Agar, der nur Lactose als Kohlenstoffquelle enthält, nur milchzuckerabbauenden Organismen zum Wachstum dienen (s. 3.6.2, sowie Kap. *Gentechnik* 2.6.1, Band 2). Auf Vollmedien wachsen die Organismen meist besser, jedoch sind diese gegenüber Kontaminationen meist empfindlicher. Nährbouillon bzw. Nähragar sind Beispiele für flüssige bzw. feste Medien (detaillierte Rezepte s. *Anhang*, 2).

3.2.1 Flüssigmedien

Flüssigmedien können auf verschiedene Weise hergestellt werden:

a) Durch Auflösen eines Fertigproduktes nach Vorschrift des Herstellers. Die meisten Chemikalienhersteller – besonders im Bereich der Biochemie – bieten eine Standard-Nährbouillon für die Mikrobiologie an. Sie ist für die Aufzucht anspruchsloser Bakterienarten geeignet. Diese Fertig-Nährbouillonpulver sind standardisiert, verhältnismäßig billig und wenn sie kühl, dunkel und trocken aufbewahrt werden, praktisch unbegrenzt haltbar. Ihre Verwendung wird nachdrücklich empfohlen. Man kann eine solche Nährbouillon auch aus Einzelkomponenten zusammenstellen, doch ist dies Verfahren meist nicht nur umständlich sondern auch teurer.
b) Nach anderen Erfahrungen läßt sich für schulische Zwecke die Bakteriennährbouillon sehr kostengünstig durch Fertigsuppe ersetzen, die aus Brühwürfeln hergestellt wird. Hierzu wird ein Brühwürfel in der vom Hersteller vorgesehenen Menge kochenden Wassers aufgelöst. Nach dem Erkalten wird die so entstandene Lösung abfiltriert und autoklaviert. Darin lassen sich ohne weiteres Übernachtkulturen (s. 3.3.1) von *Bacillus megaterium* oder *Bacillus subtilis* herstellen, wobei sich alle handelsüblichen Brühwürfel eignen (Westphal 1988).

3.2.2 Agarmedien

Nähragar kann auf zweierlei Art hergestellt werden. Den geringeren Aufwand erfordert das Auflösen von Fertignähragarpulver nach Vorschrift des Herstellers in destilliertem Wasser. Man kann aber auch zu einer Nährbouillon Agar Agar geben (15 g pro 1000 ml) und diese dann im Autoklaven erhitzen (s. 3.1.2b).

3.3 Herstellen von Kulturen, Plattengießen, Impftechniken

Alle Stämme von Mikroorganismen, die im Unterricht eingesetzt werden, können mit Schulstempel bei der *DSM – Deutsche Sammlung von Mikroorganismen und Zellkulturen GmbH* in Braunschweig (s. *Anhang,* 3.13) schriftlich bestellt werden.

Die DSM verschickt den jeweiligen Stamm zum Selbstkostenpreis in einer sterilen Ampulle sowie mit einer Beschreibung, wie diese steril geöffnet und die Kultur überimpft wird. In Band 3: *Mikroorganismen im Unterricht* befindet sich eine ausführliche Beschreibung, sowie eine Übersicht über schulgeeignete Mikroorganismen, deren Leistungen und deren unterrichtliche Verwendungsmöglichkeit. Die Bestellnummern einzelner Stämme sind in jedem Versuch angegeben. Von der DSM kann ein Katalog aller dort gelagerten Stämme angefordert werden (DSM 1989).

3.3.1 Ansetzen einer Flüssigkeitskultur

Oftmals ist es beim Arbeiten mit Mikroorganismen wünschenswert, kurzfristig viele Organismen eines Stammes zur Verfügung zu haben, z.B. um deren physiologische Leistungsfähigkeit zu prüfen, das Wachstum zu untersuchen, oder einfach, um genügend Material zur Verfügung zu haben, mit dem man einen Kurs versorgen will. Dies erreicht man durch Anlegen einer Flüssigkeitskultur.

Geräte

1 Autoklav oder Schnellkochtopf
1 Bunsenbrenner
1 Chemikalienspatel
1 Erlenmeyerkolben (100 ml pro Ansatz), mit Stopfen
1 Impföse im Holzblock
1 Meßzylinder (100 ml)
1 pH-Meter
1 Waage

Verbrauchsmaterial, Chemikalien, Lebewesen

Alufolie

Für Bakterien:
Nährbouillonpulver (Fertigprodukt; vgl. *Anhang,* 2.9.) oder Nährbouillon aus eigener Herstellung (s. 3.2.1.).

Für Hefe:
Malzbouillon (vgl. *Anhang,* 2.7.)

Zeitbedarf

Ansetzen: 45 min
Bebrüten: 24 h

Durchführung

Hinweis: Im folgenden werden Flüssigkulturen im größeren Maßstab beschrieben (Erlenmeyerkolben-Ansatz). Häufig reicht es auch aus, kleinere Mengen anzusetzen, beispielsweise im Reagenzglas (vgl. hierzu *Erläuterungen und Hinweise,* zu 2).

1. **Für Bakterien:**
   In einem 100 ml-Erlenmeyerkolben werden 20 ml Nährbouillon nach Vorschrift des Herstellers oder gemäß *Anhang,* 2.9 angesetzt. Die Lösung muß klar sein.

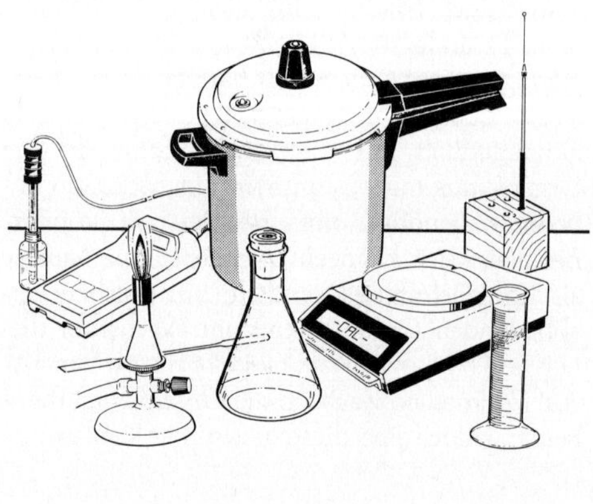

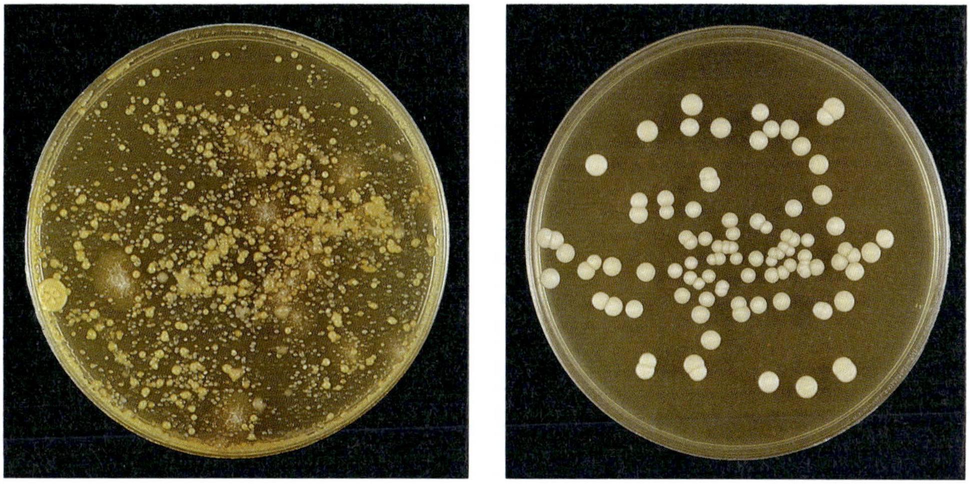

Abb. 57.1: Vergleich einer kontaminierten (links) und einer nicht kontaminierten Nährbodenplatte. Der kontaminierte Nährboden wurde bei der Herstellung nur gekocht, deshalb wuchsen auf ihm viele verschiedenartige sporenbildende Mikroorganismen, z.B. Schimmelpilze, ohne daß er beimpft worden wäre. Der nicht kontaminierte Nährboden wurde bei der Herstellung autoklaviert, wobei auch die Sporen abstarben. Nach der Beimpfung mit einer verdünnten Suspension von Bäckerhefe entstanden Kolonien dieses Organismus in Reinkultur. (vgl. S. 54, Dampfdrucksterilisation)

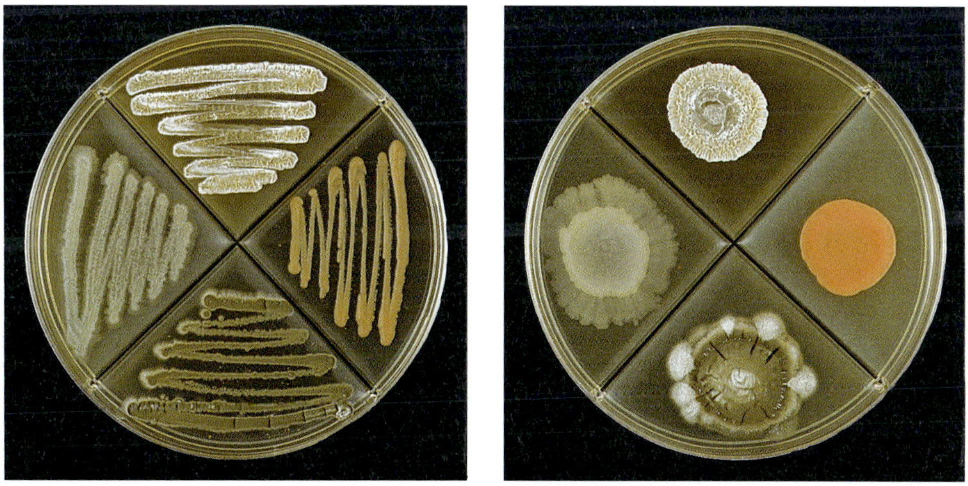

Abb. 57.2: Kolonieformen (Punkt- u. Strichkultur) von *Streptomyces griseus* (oben), *Rhodotorula glutinis* (rechts), *Penicillium roqueforti* (unten) und *Bacillus subtilis* (links) (vgl. S. 67 ff.)

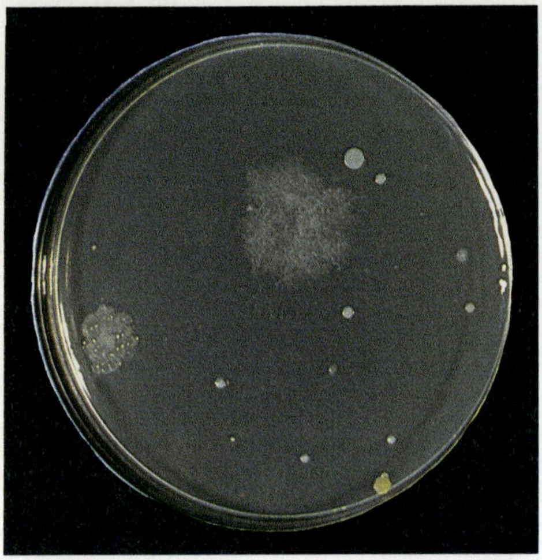

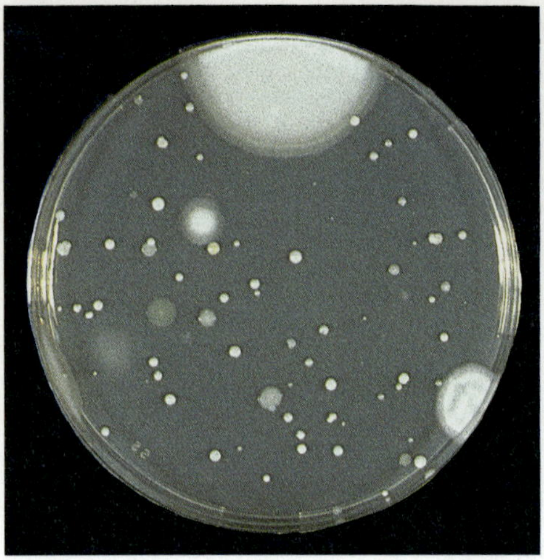

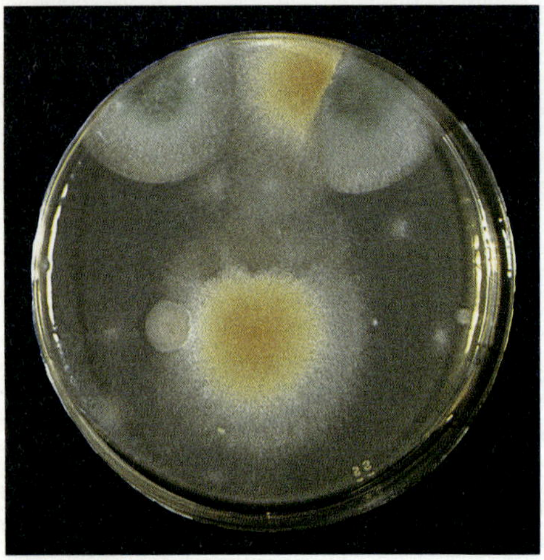

Abb. 58.1: Ergebnis des Fangplattenversuches. (vgl. S. 70 ff.)
Oben links: Auf Nähragar (Minimalmedium) wachsen besonders wenig Mikroorganismen.
Oben rechts: Auf dem glucosehaltigen Nährboden (Komplettmedium) haben sich viele unterschiedliche Mikrobenarten entwickelt.
Unten: Auf dem Malzagar (relativ niedriger pH-Wert: 5,6) wachsen praktisch nur Schimmelpilze.

Für Hefe:
In einem 100 ml-Erlenmeyerkolben werden 20 ml Malzbouillon angesetzt. Diese enthält 30 g Malzextrakt und 3 g Pepton pro Liter. Ihr pH-Wert soll 5 bis 5,6 betragen, anderenfalls muß mit Salzsäure oder Natronlauge korrigiert werden (s. *Anhang*, 1.6, 1.10).

2. Der Kolben wird mit dem Stopfen verschlossen und nach der in Abschnitt 3.1.2b angegebenen Methode sterilisiert.
3. Nach dem Abkühlen wird die Lösung beimpft. Hierzu entnimmt man mit dem ausgeglühten Ring einer Impföse aus einer Mikroorganismenkultur eine kleine Menge Material, ein sog. »Inoculum«, und verrührt es mit der Nährbouillon (Gefäßrand abflammen).
4. Nachdem der Kolben wieder mit dem Stopfen steril verschlossen wurde (Gefäßrand und Stopfen vorher abflammen), wird bei 30°C über Nacht bebrütet. Das Vorhandensein vieler Organismen erkennt man an der Trübung der Lösung, oder auch an einem Sediment am Kolbenboden bzw. einer Haut (Kahmhaut) an der Oberfläche der Nährlösung (Abb. 59.1).

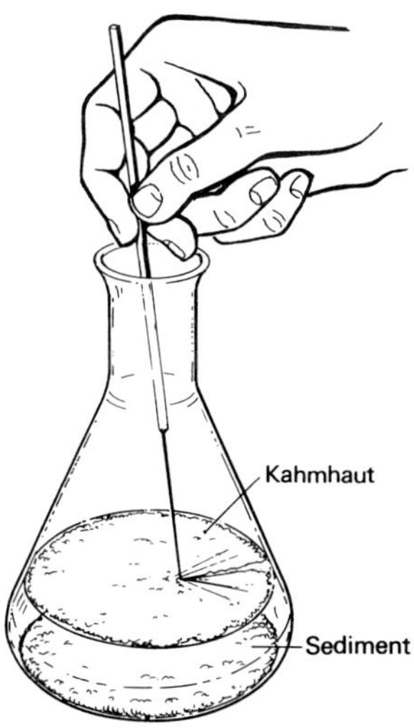

Abb. 59.1: Bildung einer Kahmhaut auf einer Flüssigkeitskultur

Erläuterungen und Hinweise

Zu 1.:
Ist die Ausgangslösung trübe, etwa aufgrund der Verwendung von Leitungswasser an Stelle destillierten oder entmineralisierten Wassers, so ist es schwierig, aufgrund der Vermehrung der Organismen eine weitere Zunahme der Trübung zu erkennen.

Füllt man zuviel Nährbouillon in den Erlenmeyerkolben, kann nicht genügend Sauerstoff durch Diffusion in die tieferen Flüssigkeitsschichten gelangen. Die Lösung müßte dann gerührt oder geschüttelt werden, damit die Bakterien ausreichend Sauerstoff für ihre Entwicklung bekommen.

Zu 2.:
Übernachtkulturen können auch in Reagenzgläsern angesetzt werden. Hierbei wird viel Nährbouillon gespart, da man pro Ansatz nur 5 ml benötigt.

Fragen und Schwierigkeiten

1. Durch welche Maßnahmen könnte man Bakteriensuspensionen ohne Sediment oder Kahmhaut erhalten?
   →*Durch Rühren oder Schütteln. Bereits 20 ml Nährlösung in einem 100 ml-Erlenmeyerkolben ermöglichen als Standkultur keinen ausreichenden Sauerstoff-Eintrag. Bei E. coli oder Saccharomyces cerevisiae, die beide auch unter anaeroben Bedingungen wachsen, ist die Sauerstoffversorgung nicht so kritisch. Strikte Aerobier wie Acetobacter aceti sind als Standkultur in ihrem Wachstum durch den Nährstoff Sauerstoff begrenzt und bilden an der Flüssigkeitsoberfläche Kahmhäute (z. B. die »Essigmutter«).*
2. Warum ist es bedenklich, eine Flüssigkeitskultur über einen langen Zeitraum stehen zu lassen?
   →*Mit zunehmender Standzeit steigt das Risiko, daß sich unbekannte, als Verunreinigung eingeschleppte Keime vermehren.*
3. *Bacillus megaterium* vermehrt sich durch Zweiteilung (s. Abb. 95.1). Es teilt sich bei 37°C

etwa alle 50 min. Wie lange dauert es, uneingeschränkte Vermehrungsmöglichkeit vorausgesetzt, bis aus einem Bakterium durch Teilung 1.000.000 Bakterien geworden sind?
→*Es dauert weniger als 17 h. Nach 10 Generationen oder 8,3 h liegen gut 1000 Bakterien vor, nach 20 Generationen bereits mehr als 1.000.000.*

Hinweis für den Lehrer: Normalerweise wird eine Kultur nie mit nur einem Bakterium beimpft, allein in dem Inoculum einer Impföse befinden sich mehrere zehntausend Zellen. Einzeln eingeimpfte Bakterien würden sich nicht oder anfangs nur sehr langsam vermehren. Das Beispiel dient also einer theoretischen Betrachtung.

4. Wodurch wird das Wachstum der Kulturen beendet?
→*Durch die Anhäufung von Stoffwechselprodukten oder durch einen Mangel an Nahrung.*

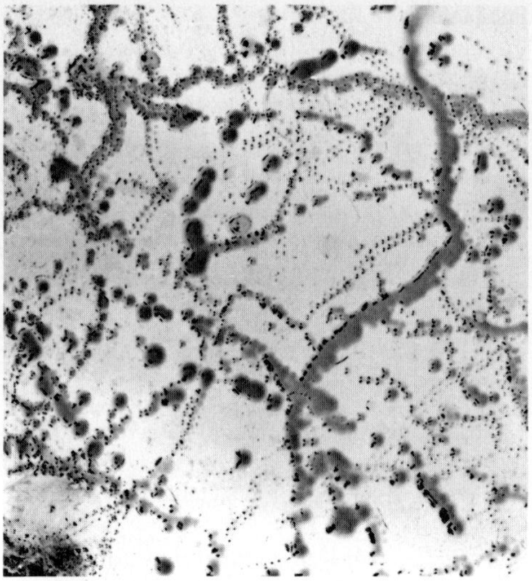

Abb. 60.1: Milbenspuren auf einer Nährbodenplatte. Sie werden aus Mikroorganismenkulturen gebildet, die ursprünglich an den Beinen der Milbe hafteten (Foto: DSM, Braunschweig).

3.3.2 Herstellen einer Schrägagarröhrchen-Kultur

Will man mit verschiedenen Mikroorganismen-Arten arbeiten, ist es hilfreich, Dauerkulturen zur Verfügung zu haben, die ohne erneutes Ansetzen einer Anreicherungskultur jederzeit zur Verfügung stehen. Diesem Zweck dient die Dauerkultur oder auch Sub-Kultur in Schrägagarröhrchen. Solche Kulturen können aber auch Probleme mit sich bringen. Nach längerer Aufbewahrung können sich nämlich Keime entwikkeln, die beim Überimpfen als Verunreinigungen in die Dauerkultur gelangen. Gefürchtet sind ferner Milben, die sich von Agar ernähren können. Sie schleppen Sporen, die an ihrem Körper haften, in die Kulturen ein und können so ganze Sammlungen unbrauchbar machen (Abb. 60.1).

Ob es über die Demonstration des Verfahrens hinaus sinnvoll ist, an der Schule eine Mikroorganismensammlung anzulegen, muß daher sorgfältig erwogen werden. *B. megaterium* und *B. subtilis* können etwa vier Wochen auf Standard-Nähragar gehalten werden. Sollen Kulturen anderer Arten längere Zeit aufbewahrt werden, ist es unerläßlich, sich in der Spezialliteratur über die Ansprüche der jeweiligen Art hinsichtlich der Zusammensetzung des Nährbodens zu informieren (z.B. DSM 1989). In diesem Falle muß auch von der Verwendung des selbst hergestellten Nähragars gemäß Abschnitt 3.2.2 abgeraten werden.

Als Alternative zu Schrägagarröhrchen eignen sich Stichagarröhrchen (s. 3.3.3) für die Anlage einer Dauerkultur.

Geräte

1 Autoklav oder Schnellkochtopf
1 Becherglas als Wasserbad, groß genug, um alle Reagenzgläser aufzunehmen
1 Bunsenbrenner
1 Erlenmeyerkolben (Größe je nach gewünschter Menge Nähragar, etwa 6 ml pro Reagenzglas), mit Stopfen
1 Impföse, im Holzblock
1 Reagenzglas mit Verschlußkappe pro Ansatz
1 Reagenzglasständer
1 Trichter, steril, oder 1 Pasteurpipette, steril

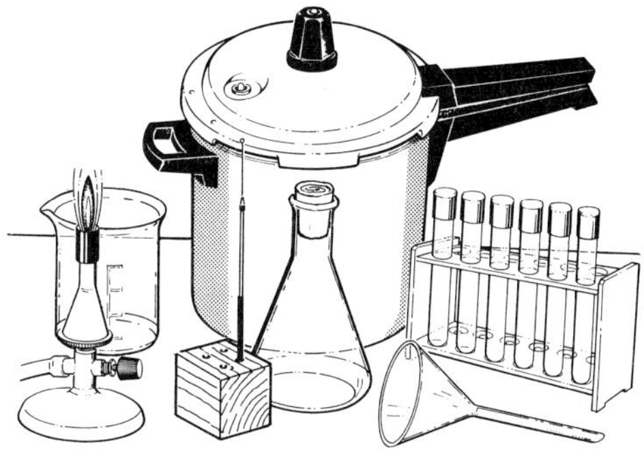

Verbrauchsmaterial, Chemikalien, Lebewesen

Für Bakterien:
Nähragarpulver (Fertigprodukt) oder Nähragar aus eigener Herstellung (s. *Anhang*, 2.8).

Für Hefe:
Malzagar (s. *Anhang*, 2.6).

Zeitbedarf

45 min (ohne Bebrüten)

Durchführung

1. Nähragar nach Vorschrift des Herstellers (oder gem. *Anhang*, 2.8) bereiten.
2. In jedes Reagenzglas wird mit Hilfe des sterilen Trichters etwa 6 ml Nähragar gegeben. Die Gläser werden mit einem Stopfen verschlossen.
3. Die gefüllten Reagenzgläser werden im Autoklaven 20 min bei 121°C im gesättigten Dampf oder im Schnellkochtopf 30 min nach Vorschrift des Herstellers sterilisiert.
4. Zum Erstarren des heißen Nähragars legt man die Reagenzgläser schräg auf eine Unterlage, so daß der Flüssigkeitsspiegel etwa bis zur halben Höhe des Glases reicht (Abb. 61.1).
5. Nach dem Erstarren werden die Schrägagarröhrchen für 2 bis 3 Tage in den Brutschrank (30°C) gestellt.
6. Röhrchen, die sich als steril erwiesen haben, werden beimpft. Hierzu führt man die Impföse mit den gewünschten Mikroorganismen von unten nach oben in schlangenlinienförmiger Bewegung über die Agaroberfläche. Es wird nur ganz leicht aufgedrückt, um die Oberfläche nicht zu beschädigen (Abb. 61.2).
7. Die Öffnung des Reagenzglases und die Verschlußkappe werden kurz durch die rauschende Flamme eines Bunsenbrenners gezogen, danach wird das Reagenzglas sofort verschlossen.
8. Nach zweitägiger Bebrütung bei 30°C können die Kulturen im Kühlschrank gelagert werden.
9. Sollen die Kulturen längere Zeit aufbewahrt werden, müssen sie alle vier Wochen auf neue Schrägagarröhrchen überimpft werden. Bei dieser Gelegenheit muß jeweils ein kleiner Teil des Materials auf Nähragarplatten aufgebracht werden, um die Reinheit der Kultur zu überprüfen.

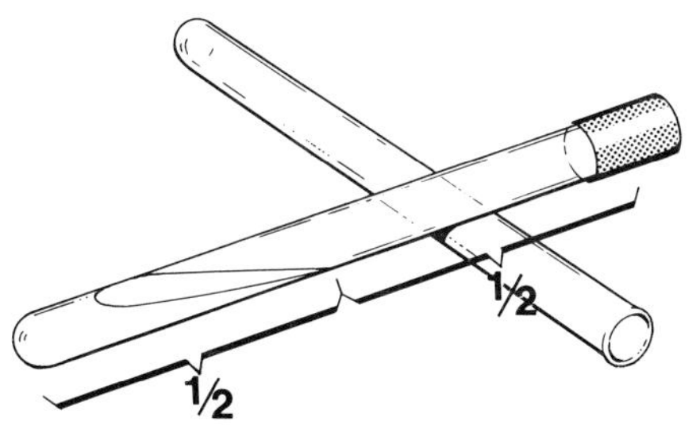

Abb. 61.1: Schrägagarröhrchen während des Erstarrens des Agars

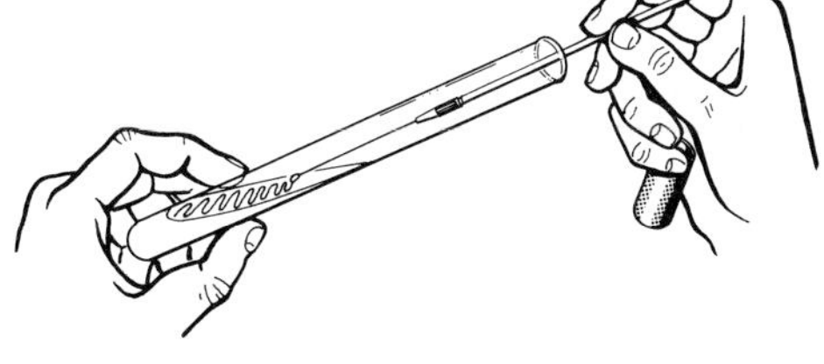

Abb. 61.2: Beimpfen eines Schrägagarröhrchens

Erläuterungen und Hinweise

Zu 4.:
Je näher der Agarspiegel beim fertigen Röhrchen an die Öffnung heranreicht, desto größer ist die Gefahr, daß über einen Feuchtigkeitsfilm zwischen Glas und Verschlußkappe von außen Keime in den Agar einwandern und so die Kultur unbrauchbar machen.

Zu 5.:
Dadurch soll geprüft werden, ob die Röhrchen wirklich keimfrei sind. Als Verunreinigungen eingeschleppte Keime vermehren sich nämlich während der Bebrütung und können so erkannt werden.

Zu 7.:
Durch das Abflammen werden Keime, die während des Impfvorgangs angeweht wurden, vernichtet.

Zu 9.:
Vier Wochen ist ein vorsichtig bemessener Zeitraum. Kolonien in Schrägagarröhrchen halten unter Umständen länger. Es empfiehlt sich aber, mindestens alle vier Wochen den Zustand der Kulturen zu prüfen. Zeigen sich irgendwo Kolonien, deren Farbe oder Wuchsform von der normalen Erscheinungsform abweicht, ist die Dauerkultur unbrauchbar geworden. Unbekannte Kolonien müssen wie pathogene Arten behandelt, also vor dem Wegwerfen, wie in Abschnitt 3.1.3 beschrieben, entsorgt werden.

Fragen und Schwierigkeiten

1. Prüfe, wie lange sich Kulturen verschiedener Arten bei Lagerung im Kühlschrank halten, ohne daß sichtbare Veränderungen auftreten.
   →*Kulturen können mehrere Monate halten.*
2. Wie lange behalten Kulturen verschiedener Arten ihre Vermehrungsfähigkeit?
   →*Kulturen können monatelang vermehrungsfähig bleiben.*

3.3.3 Untersuchung des Sauerstoffbedarfs im Stichagarröhrchen

Mit Stichagarröhrchen kann man aerobe von anaeroben Bakterien unterscheiden. Diese Gefäße eignen sich ferner als Alternative zu Schrägagarröhrchen für die Anlage von Dauerkulturen.

Geräte

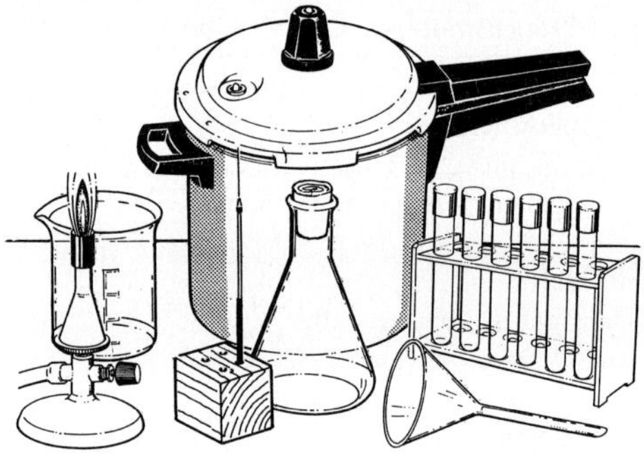

1 Autoklav oder Schnellkochtopf
1 Becherglas zur Aufnahme der Reagenzgläser
1 Bunsenbrenner
1 Erlenmeyerkolben, Volumen ausreichend für 15 ml Nähragar pro Reagenzglas, mit Stopfen
1 Impfnadel, im Holzblock
1 Reagenzglas mit Verschlußkappe pro Ansatz, ersatzweise mit Verschluß aus Zellstoff oder Watte (nicht für Dauerkulturen)
1 Trichter, steril, oder 1 Pasteurpipette, steril

Verbrauchsmaterial, Chemikalien, Lebewesen

Für Bakterien:
Nähragarpulver (Fertigprodukt) oder Nähragar aus eigener Herstellung gemäß *Anhang*, 2.8

Für Hefe:
Malzagar gemäß *Anhang*, 2.6

Zeitbedarf

45 min (ohne Beimpfen)

Durchführung

1. Nähragar wird nach Vorschrift des Herstellers bzw. gemäß *Anhang*, 2.8 bereitet.
2. Jedes Reagenzglas wird etwa 5 cm hoch mit Nähragar gefüllt, dabei wird ein Trichter benutzt (Abb. 63.1; 1.). Anschließend verschließt man das Reagenzglas mit einem Zellstoffstopfen oder einer Aluminiumkappe.
3. Im Autoklaven wird 20 min bei 121°C im gesättigten Dampf oder im Schnellkochtopf 30 min nach Vorschrift des Herstellers sterilisiert. Man läßt den Nähragar im Reagenzglas stehend erstarren.
4. Die Röhrchen werden für 2 bis 3 Tage bei 30°C im Brutschrank aufbewahrt.
5. Röhrchen, die steril geblieben sind, werden beimpft. Hierzu sticht man eine ausgeglühte Impfnadel, die nach dem Abkühlen mit der Spitze in eine Bakterien- bzw. Hefekultur getaucht wurde, senkrecht möglichst tief in den Agar und bewegt sie einmal auf und ab (Abb. 63.1; 2.).
6. Der Rand des Reagenzglases und die Kappe werden kurz durch die Flamme eines Bunsenbrenners gezogen, danach wird das Glas sofort verschlossen.
7. Nach fünf- bis siebentägiger Bebrütung bei 30°C wird die Wuchsform der Kolonien beurteilt.
8. Wird eine längere Lagerdauer angestrebt, so müssen die Kulturen zur Verhinderung einer Kontamination luftdicht verschlossen und im Kühlschrank gelagert werden. Alle vier Wochen sollen nach Überprüfung neue Stichagarröhrchen hergestellt werden.

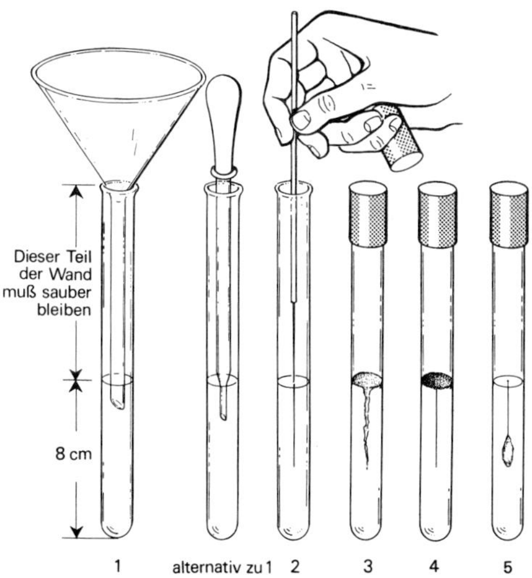

Abb. 63.1:
1. Einfüllen des flüssigen Agars in ein Reagenzglas
2. Beimpfen eines Stichagarröhrchens
3. bis 5. Mögliches Wachstum von Kulturen in Stichagarröhrchen

Erläuterungen und Hinweise

Zu 2.:
Die Verwendung eines Trichters dient dazu, die obere Hälfte der Reagenzglaswand von Agar frei zu halten.

Zu 3.:
Fragen des sterilen Arbeitens werden in Abschnitt 3.1 erörtert.

Zu 4.:
Dadurch soll geprüft werden, ob die Röhrchen keimfrei sind.

Zu 5.:
Die Bakterien sollen über den gesamten Stichkanal verteilt werden.

Zu 7.:
Aus der Wuchsform der Kultur kann man auf den Sauerstoffbedarf der Art schließen (Unterscheidung zwischen Aerobiern und Anaerobiern; vgl. Abb. 63.1, 3., 4. und 5.).

Zu 8.:
Mit einer kontaminierten oder überalterten Kultur darf nicht weitergearbeitet werden. Subkul-

turen, für die beides nicht gilt, dürfen dennoch nicht weitergegeben werden, z.B. an andere Schulen. Für die Herausgabe von Stämmen sind ausschließlich die DSM sowie Universitätsinstitute der Mikrobiologie autorisiert (*Sekretariat der Ständigen Konferenz der Kultusminister* 1986).

Fragen und Schwierigkeiten

1. Wie ist der Sauerstoffbedarf einer Bakterienart zu beurteilen, die im Stichagarröhrchen das in Abb. 63.1; 3. dargestellte Wachstum zeigt?
   →*Sie ist fakultativ anaerob, es könnte sich z.B. um eine Kultur von E. coli K-12 handeln. Möglicherweise handelt es sich um eine Mischkultur aus aeroben und anaeroben Bakterien. Abb. 63.1; 4. zeigt entsprechend das Wachstum aerober Bakterien, z.B. einer Kultur von Acetobacter aceti, Abb. 63.1; 5. das Wachstum anaerober Bakterien, z.B. Lactobacillus delbrueckii.*
2. Wie kommt die Trübung im Bereich der Wachstumszonen zustande?
   →*Durch Lichtbrechung an den vielen Zellen und den von ihnen geschaffenen Grenzflächen Luft/Agar.*

3.3.4 Anlegen von Plattenkulturen

Plattenkulturen werden angelegt, um Bakterien für einen kurzen Zeitraum (eine bis vier Wochen) aufzubewahren, um sie zu isolieren, um die Keimzahl in einer Flüssigkeit zu bestimmen (s. 3.6) und überhaupt, um Keime in der Luft, im Wasser, im Boden oder auf Gegenständen nachzuweisen.

Geräte

1 Autoklav oder Schnellkochtopf
1 Becherglas (400 ml), mit Uhrglas abgedeckt
1 Bunsenbrenner
1 Erlenmeyerkolben, (Volumen ausreichend für 15 ml Nähragar pro Petrischale), mit Stopfen

1 Impfgerätschaften (Öse, Drigalskispatel), im Holzblock
1 Parafilm oder Klebeband
1 Petrischale pro Ansatz, steril
1 Pipette (0,1 ml), steril
1 Pipettierhilfe

Verbrauchsmaterial, Chemikalien, Lebewesen

Für Bakterien:
Nähragarpulver (Fertigprodukt) bzw. die für die eigene Herstellung erforderlichen Zutaten (s. *Anhang*, 2.8).

Für Hefe:
Malzagar (Fertigprodukt) oder die für die eigene Herstellung erforderlichen Zutaten (s. *Anhang*, 2.6).

Zeitbedarf

45 min (ohne Beimpfen)

Durchführung

1. Der Nähragar bzw. Malzagar wird nach Vorschrift des Herstellers (bzw. *Anhang*, 2.6, 2.8) bereitet.
2. Der Ansatz wird 30 min lang im Autoklaven bei 121°C oder im Schnellkochtopf sterilisiert.

Abb. 65.1: Ausgießen flüssigen Agars in eine Petrischale

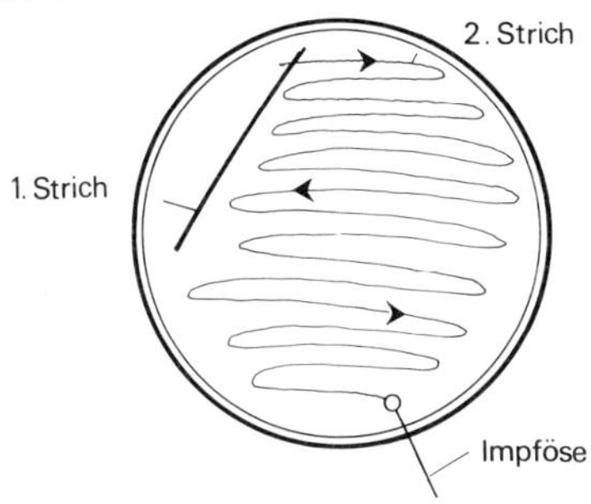

Abb. 65.2: Beimpfen einer Petrischale mit der Impföse (zweifach fraktionierter Ausstrich)

3. Der Agar wird, solange er heiß ist, in die Petrischalen eingefüllt. Dabei sollte der Deckel nur kurz und nicht vollständig geöffnet werden. Der Boden muß ganz bedeckt sein. Danach wird die Schale sofort wieder verschlossen (Abb. 65.1).
4. Auf den Deckel der gefüllten Schale stellt man die nächste Petrischale und befüllt diese in gleicher Weise. So fährt man fort, bis Stapel von jeweils 10 Platten entstanden sind. Sie dürfen erst bewegt werden, wenn der Agar vollständig erstarrt ist.
5. Die Platten werden 2 bis 3 Tage bei 30°C im Brutschrank aufbewahrt.
6. Platten, die sich als steril erwiesen haben, werden beimpft. Dabei kann nach folgenden Methoden vorgegangen werden:

a) Fraktionierter Impfstrich:
Hierbei wird eine Impföse, die zuvor ausgeglüht und anschließend in bakterienhaltiges Material getaucht wurde, gemäß Abb. 65.2 über die Platte geführt. Zwischen dem ersten Strich (1) und dem zweiten Strich (2) wird die Öse ausgeglüht.

b) Aufpipettieren der Lösungen:
Maximal 0,1 ml der Probelösung wird über die Platte grob verteilt und anschließend mit einem Drigalskispatel, der in Alkohol abgeflammt und am Rande des unbeimpften Nährbodens abgekühlt wurde, möglichst gleichmäßig über die gesamte Oberfläche der Platte ausgebreitet (zum Gebrauch des Drigalskispatels s. 3.6.1, Abb. 88.1). Die Lösung läßt man in den Agar einziehen, erst dann wird die Platte zur Bebrütung umgedreht, damit die Kultur nicht »verläuft«.

c) Abklatschkulturen:
Oberflächen, die im Hinblick auf mikrobielle Kontamination untersucht werden sollen, berührt man leicht mit dem Agar. Damit die Platten nach dem Bebrüten auch versehentlich nicht geöffnet werden können, muß man die Petrischalen gleich nach dem Beimpfen verschließen und mit Parafilm oder Klebeband versiegeln.

Erläuterungen und Hinweise

Zu 3.:
Es besteht immer die Gefahr, daß Keime aus der Luft (z. B. *Micrococcus luteus*) oder deren Sporen (z. B. *Aspergillus flavus*) sich während des Einfüllens auf dem Agar absetzen und unerwünschte Kolonien bilden. Kontaminierte Platten sind gemäß Abschnitt 3.1.3 zu entsorgen.

Zu 4.:
Läßt man eine mit heißem Agar gefüllte Petrischale stehen, bildet sich an der kalten Innenseite des Deckels Kondenswasser. Dies ist unerwünscht, weil so die spätere Beobachtung der Kolonien erschwert ist; ferner kann durch herabtropfendes Wasser eine Durchmischung der Kolonien hervorgerufen werden, weil Keime weg-

geschwemmt werden. Sind die Platten jedoch während des Abkühlens gestapelt, so erwärmt jede Schale den Deckel der darunterliegenden, und es bildet sich Kondenswasser nur auf der obersten Schale. In der Mikrobiologie wird das »Stapelgußverfahren« angewendet, bei dem man zunächst etwa 10 Petrischalen übereinanderstapelt. Diese werden von unten her befüllt, wobei der gesamte darüberliegende Stapel hochgehoben werden muß. Hier wird ein schülergerechtes Verfahren vorgeschlagen: Man stellt die zu befüllende Schale auf die bereits befüllten.

Zu 5.:
Dadurch soll geprüft werden, ob die Platten keimfrei sind.

Zu 6.a:
Durch diese Führung der Impföse wird erreicht, daß mit zunehmender Strichlänge immer weniger Bakterien auf den Agar gelangen. Auf diese Weise gewinnen die Bakterien schließlich genügend Abstand voneinander, so daß die Kolonien getrennt voneinander wachsen können. Es ist oft besser, zum Zweck des Beimpfens Mikroorganismen einer Einzelkolonie zu verwenden, da alle Individuen einer Kolonie die Nachkommen einer einzelnen Zelle und deswegen – von Mutanten abgesehen – genetisch identisch sind. Das Ausglühen nach dem ersten Impfstrich bewirkt, daß beim zweiten Impfstrich nur eine geringe Menge an Bakterien verteilt wird, nämlich die beim Überqueren des ersten Striches mitgenommene Menge (Abb. 65.2).

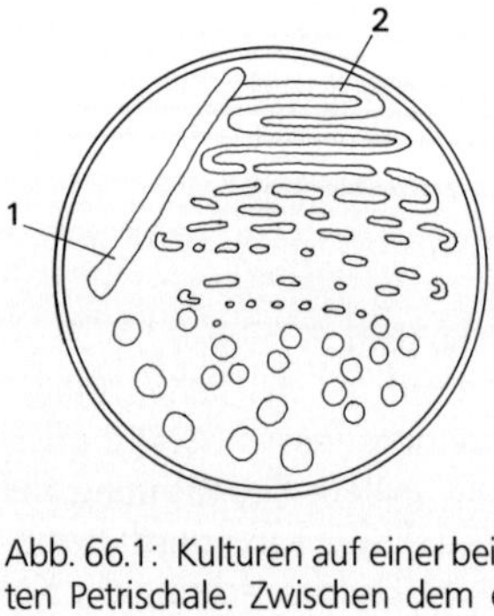

Abb. 66.1: Kulturen auf einer beimpften und bebrüteten Petrischale. Zwischen dem ersten Strich (1) und dem zweiten (2) war die Impföse ausgeglüht worden.

Zu 6.b:
Schnelles Arbeiten ist erforderlich, weil sonst die Lösung in den Agar eindringt, bevor sie gleichmäßig über die gesamte Oberfläche verteilt worden ist. Dies gilt vor allem für ältere Platten, die schon Wasser durch Verdunstung verloren haben. Tropft man zuviel Flüssigkeit auf, so dauert das Eindringen in den Agar relativ lange. In der überstehenden Flüssigkeit verdriften Sporen, so daß keine voneinander abgegrenzten Kolonien entstehen.

Zu 6.c:
Petrischalen mit bebrüteten Abklatschkulturen zu öffnen, bedeutet immer auch ein Risiko. Man kann nie voraussagen, welche Mikroorganismen gewachsen sind. Sie sollten also stets so behandelt werden, als enthielten sie pathogene Keime. Wegen der Gefahr der Vermehrung pathogener Keime dürfen Abklatschkulturen z.B. nicht aus dem menschlichen Intimbereich, aus Toiletten oder von Gegenständen, die mit Abwasser verschmutzt sind, genommen werden.

Die Petrischalen dürfen nach der Bebrütung nicht mehr geöffnet werden, sondern sind mit Parafilm oder Tesakrepp zuzukleben.

Fragen und Schwierigkeiten

1. Schätze ab, wieviele Bakterien eine Kolonie mit einem Durchmesser von 3 mm und einer durchschnittlichen Höhe von 0,5 mm enthält, und zwar unter der Voraussetzung, daß ein Bakterium näherungsweise eine Länge, eine Breite und eine Höhe von je 1/1000 mm besitzt.
   →*Die Kolonie ($V = 3{,}53\ mm^3$) enthält einige Milliarden Bakterien; Volumen eines Bakteriums $\approx 10^{-9}\ mm^3$.*
2. Auch Reinkulturen von *Bacillus megaterium* zeigen zuweilen zwei verschiedene Kolonieformen. Wie kann man experimentell beweisen, daß es sich wirklich um zwei Kolonieformen

derselben Art handelt und nicht um zwei verschiedene Arten?

→ *Von jeder Form wird eine neue Kultur angelegt und deren Wuchsformen werden miteinander verglichen.*

3.4 Beobachtung verschiedener Mikroorganismen-Kolonien mit bloßem Auge

Zu Beginn der Beschäftigung mit Plattenkulturen von Mikroorganismen sollten die Schüler lernen, Kolonie- und Wuchsformen zu unterscheiden. Die Kolonien erlauben anhand des makroskopischen Bildes eine grobe Zuordnung zu drei großen Gruppen:

Schimmelpilze (Fadenpilze),
Hefen oder Bakterien,
Strahlenpilze.

Eine genaue Zuordnung zu Bakterien bzw. zu Hefen ist mit bloßem Auge in der Regel nicht möglich. So kann eine Unterscheidung zwischen Pro- und Eukaryontenzellen anhand der Beobachtungen der Koloniemorphologien nicht erschlossen werden und sollte vom Lehrer vorgenommen werden.

Die Beobachtung der Kolonien sollte auch zur Diskussion der großen wirtschaftlichen Bedeutung einzelner Vertreter dieser verschiedenen Gruppen beitragen. *Penicillium chrysogenum*, ein »Pinselschimmel«, produziert Penicillin. *Aspergillus niger*, ein anderer Schimmelpilz, der als Brotschimmel vorkommt, dient der Produktion von Citronensäure. Hefestämme der Gattung *Saccharomyces* dienen seit alters her der Wein- und Bierbereitung (alkoholische Gärung), die Bierhefe *(S. cerevisiae)* in der Bäckerei auch als Backmittel (Kohlenstoffdioxidbildung). *Bacillus subtilis*, ein Bakterium, das sich in frisch gemähtem Heu vermehrt, wird zur Gewinnung von Amylasen und Proteasen (»Subtilisin«; vgl. *Nutzung von Enzymen in der Biotechnik, Einführung* und 2.3.1) verwendet. Vielen Schülern dürfte insbesondere die Nutzung der *Streptomyceten* unbekannt sein, die in der Industrie u. a. zur Antibiotika-Produktion genutzt werden (vgl. 3.8.2), aus denen aber auch Farbstoffe gewonnen werden können.

Die Streptomyceten (Strahlenpilze) werden den Bakterien zugeordnet. Ihre Ähnlichkeit mit Pilzen beschränkt sich auf Übereinstimmungen der Morphologie (z. B. Mycelbildung). Mit den Bakterien haben sie bedeutend mehr Gemeinsamkeiten und zeigen sich als echte Prokaryonten: Streptomyceten besitzen keine echten Kerne, sondern nur Nucleoide, keine Zellorganellen (z. B. Mitochondrien) und eine Zellwand, die aus einem Mukopolysaccharidkomplex aufgebaut ist (s. *Einführung*). Strahlenpilze kommen im Boden vor, dem Waldboden geben sie den typischen »erdigen« Geruch durch den Geruchsstoff *Geosmin*.

Im folgenden werden zunächst die Anzucht und die äußere Gestalt der Fadenpilze, Hefen, Bakterien und Streptomyceten beschrieben. Anschließend wird auf die Anreicherung wilder Hefen eingegangen, deren Kulturen oft wunderschön gefärbt erscheinen (aus WESTPHAL 1988).

3.4.1 Einteilung der Mikroorganismen nach dem Aussehen der Kolonien

Geräte

1 Autoklav oder Schnellkochtopf
1 Brutschrank
1 Bunsenbrenner
1 Erlenmeyerkolben (300 ml), mit Stopfen
1 Filzschreiber, wasserfest
1 Impföse, im Holzblock
3 Petrischalen
4 Reagenzgläser, steril, mit Stopfen

Verbrauchsmaterial, Chemikalien, Lebewesen

Komplettagar (100 ml) (s. *Anhang*, 2.4.)
Komplettbouillon (20 ml) (s. *Anhang*, 2.5.)
Flüssigkulturen (s. 3.3.1) folgender Stämme, die über Nacht bebrütet werden:

Penicillium roqueforti	(DSM 1079)
Rhodotorula glutinis	(DSM 70403)
Streptomyces griseus	(DSM 40236)
Bacillus subtilis	(DSM 402)

Zeitbedarf

Vorbereitung der Über-Nacht-Kulturen in flüssigen Komplettmedien:

Bebrüten der Über-Nacht-Medien bei 30°C:	12 h
Beimpfen der Nährbodenplatten (Komplettagar):	15 min
Bebrüten der Nährbodenplatten:	6 Tage

Durchführung

1. Am Vortag des Versuches werden die Kulturen der vier Mikroorganismenarten in je 5 ml flüssigem Komplettmedium im Reagenzglas angeimpft (s. 3.3.1) und über Nacht bei 30°C bebrütet.
2. 100 ml Komplettagar werden hergestellt (s. 3.3.4) und vier Nährbodenplatten gegossen.
3. Jede Platte wird mit Hilfe eines wasserfesten Filzschreibers auf der Unterseite in vier Sektoren unterteilt.
4. Jeder der vier Sektoren wird mittels Impföse mit einem der vier Typen der Mikroorganismen an einer Stelle oder zickzackförmig beimpft.
5. Die Platten werden für 6 Tage bei 30°C bebrütet.
6. Die Kolonien werden zunächst genau beschrieben (Größe, Form, Kolonierand, Farbe, Glanz) und im Anschluß mit Hilfe des Diagrammes (s. *Erläuterungen und Hinweise* u. Abb. 57.2) grob in Gruppen eingeteilt.

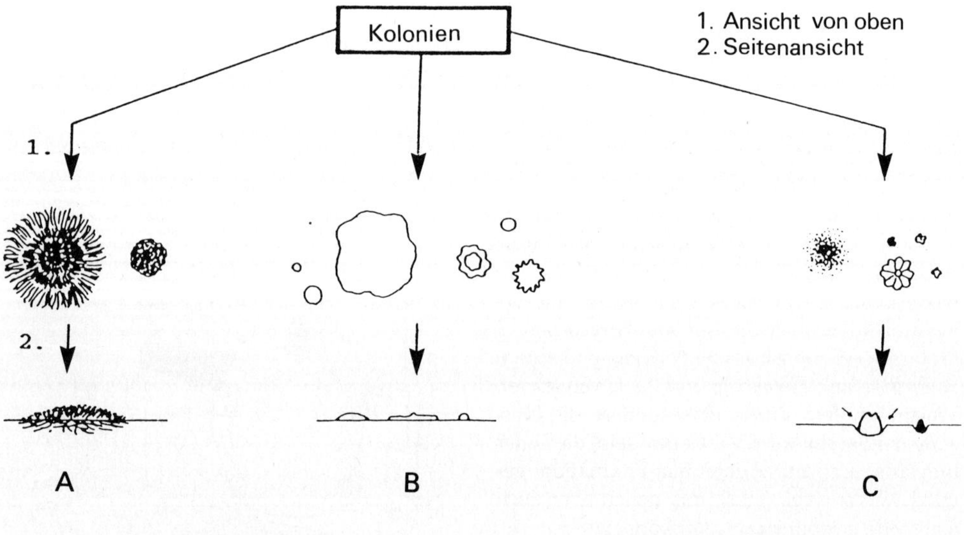

Abb. 68.1: Von der Kolonieform zur makroskopischen Grobeinteilung der Mikroorganismen

Erläuterungen und Hinweise

Häufiges Aussehen der Formen einzelner Kolonien:

A – Fadenpilze
Wattig-fädige Kolonie; das farblose Mycel wächst auch im Nährboden; das Luftmycel besitzt meist farbige Sporen (blau-grün/gelbbraun/schwarz). Durchmesser 1 bis 9 cm.

B – Hefen oder Bakterien
Glänzend-matte oder schleimige Kolonie, oft oberhalb der Agaroberfläche liegend, grau-gelblich (meist Bakterien) oder rot/orange/gelb/braun (meist Hefen) Durchmesser 1 bis 30 mm.

C – Streptomyceten
Erdiger Geruch aus der Petrischale, stumpfe, kegelförmige Kolonien, durch Luftmycel und Sporenbildung wattig aussehend, in den Nährboden linsenförmig eingewachsen, oft grau- oder gelb-farbig, manchmal auch Braun- bis Schwarzfärbung des umgebenden Agars (Melaninausscheidung), Durchmesser 1 bis 5 mm.

Zu C:
Die Streptomyceten zählen mit den Actinomyceten zu einer Bakteriengruppe, die durch ihre Myzelbildung besonders auffällt. Ein Schülern möglicherweise (durch entsprechende Warnungen im Elternhaus) bekannter Actinomycet ist der Strahlenpilz *Actinomyces bovis*, der am Gras vorkommt, aber auch die Kieferknochen von Rindern befallen kann, die strahlenförmige Drusen ausbilden. Die im Versuch verwendete Species *Streptomyces griseus* ist harmlos.

3.4.2 Die Anreicherung wilder Hefen

Hefekulturen können für Demonstrationszwecke leicht herangezogen werden, aus Sicherheitsgründen dürfen sie jedoch nicht für Versuche weiter verwendet werden. Die Petrischalen mit den Anreicherungskulturen dürfen nicht mehr geöffnet werden und sind mit Parafilm abzukleben.

Geräte

Autoklav oder Schnellkochtopf
Chemikalienspatel
Erlenmeyerkolben (300 ml), mit Stopfen
Parafilm oder Klebeband
Petrischalen
Waage

Verbrauchsmaterial, Chemikalien, Lebewesen

Aqua dest.
Malzagar (s. *Anhang*, 2.6)
Gartenäpfel, (ungewaschen, unbehandelt) oder andere, zuckerhaltige Früchte

Zeitbedarf

45 min

Durchführung

1. Nach den Angaben im Anhang 2.6 und Abschnitt 3.3.4 werden Malzagarplatten hergestellt.
2. Über die Oberfläche des erkalteten Agars rollt man eine ungewaschene Frucht. Danach wird die Platte sofort wieder verschlossen.
3. Die Platten werden einige Tage bei 30°C bebrütet. Es bilden sich neben Schimmelpilzkulturen, die man an ihrem wattigen Aussehen erkennt, verschiedene, teils intensiv ge-

färbte Kolonien verschiedener Hefearten (s. Abb. unten).

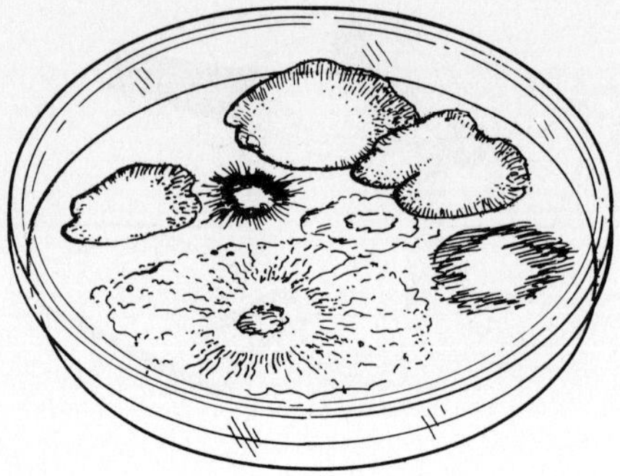

1 Filzstift, wasserfest
Parafilm oder Tesakrepp
12 Petrischalen
Waage

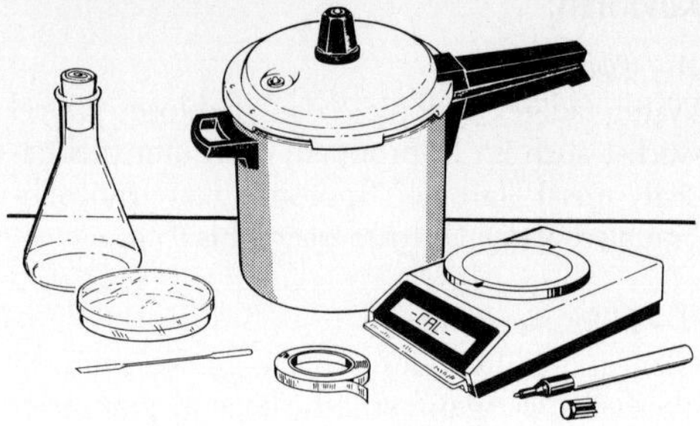

Erläuterungen und Hinweise

Zu 3.:
Das Wachstum von Bakterien, die sich ebenfalls auf der Oberfläche der Früchte befinden, wird durch den niedrigen pH des Malzagars weitgehend unterdrückt.

3.4.3 Isolierung von Keimen aus der Luft

Der folgende Versuch zeigt, warum steriles Arbeiten auch in der Schule notwendig ist. Mikroorganismen und deren Sporen befinden sich nicht nur im Wasser, im Boden, an Gegenständen, an Körperflächen oder in anderen Substraten, sondern auch in der Luft. In feuchten Räumen kann man hauptsächlich Schimmelpilze aus der Raumluft isolieren (Pühler/Rehm/Schaal 1991). Zur Abschätzung des Keimgehaltes im Raum werden verschiedene Nährbodenplatten unterschiedlich lang geöffnet und der Raumluft ausgesetzt.

Geräte

1 Autoklav oder Schnellkochtopf
1 Chemikalienspatel
3 Erlenmeyerkolben (300 ml), mit Stopfen

Verbrauchsmaterial, Chemikalien, Lebewesen

Komplettagar	(100 ml)	(s. *Anhang*, 2.4)
Malzagar	(100 ml)	(s. *Anhang*, 2.6)
Nähragar	(100 ml)	(s. *Anhang*, 2.8)

Zeitbedarf

Ansetzen und Autoklavieren der Nährlösungen:	45 min
Plattengießen:	15 min
Versuchsdauer:	24 h

Durchführung

1. Je 100 ml Nährboden (Nähragar, Komplettagar, Malzagar) werden in den drei Erlenmeyerkolben angesetzt, autoklaviert und in je vier Petrischalen gegossen (s. 3.3.4).
2. Die fertigen Nährbodenplatten werden geöffnet und unterschiedlich lang (z. B. 10, 30 oder 90 min sowie 24 h) der Raumluft ausgesetzt. Dabei können auch verschiedene Stellen im Klassenraum (Fensterbank, Klassenschrank, Lehrerpult) oder andere Bereiche der Schule (Gang, *nicht* Toilette) untersucht werden.
3. Die Platten werden mit dem Deckel verschlossen und mit Parafilm oder Tesakrepp

zugeklebt und sachgerecht beschriftet (Gruppe, Entnahmeort, Datum).
4. Sie werden drei Tage lang bei 30°C bebrütet. (Ergebnis s. Abb. 58.1)

Erläuterungen und Hinweise

Zu 2.:
Die drei Agararten werden eingesetzt, um verschiedenen Typen an Mikroorganismen optimale Wachstumsbedingungen zu bieten. So wachsen Pilze am besten auf dem relativ sauren Malzagar. Komplettagar und Nähragar zeigen eine neutrale Reaktion, die von den meisten Bakterien bevorzugt wird. Der stark peptonhaltige Nähragar begünstigt Bakterien, die Protease besitzen. Komplettagar enthält relativ viel Glucose, die die meisten Mikroorganismen als organische Kohlenstoffquelle nutzen können.

3.4.4 Abklatschversuche

Als »Desinfektion« bezeichnet man allgemein eine Maßnahme, mit der ein Gegenstand oder ein Körperteil in einen Zustand versetzt wird, der keine Infektion mit eventuell anhaftenden Krankheitserregern mehr ermöglicht (PÜHLER/REHM/SCHAAL 1991). In der Medizin spielt u.a. die Desinfektion der Hände bzw. der Haut, von Flächen, von Instrumenten, Wäsche, Körperausscheidungen und Abwasser eine Rolle. Die Handdesinfektion mit einem chemischen Desinfektionsmittel – meist einer Lösung aus 70%igem Isopropanol – soll erreichen, daß auch tiefer in der Haut liegende Mikroorganismen (beispielsweise in Haarbälgen und Schweißdrüsen) abgetötet werden.

Geräte

1 Autoklav oder Schnellkochtopf
1 Chemikalienspatel
1 Erlenmeyerkolben (300 ml), mit Stopfen
1 Filzstift, wasserfest
Parafilm oder Tesakrepp
8 Petrischalen
Waage

Verbrauchsmaterial, Chemikalien, Lebewesen

Nähragar (200 ml) (s. *Anhang*, 2.8)
Seife
Sterilium

Zeitbedarf

Ansetzen und Autoklavieren des Nähragars:	45 min
Plattengießen:	15 min

Durchführung

1. 200 ml Nähragar werden im Erlenmeyerkolben angesetzt, autoklaviert und in acht Petrischalen gegossen (s. 3.3.4).
2. Die ungewaschenen und nicht desinfizierten Fingerkuppen des zweiten bis vierten Fingers einer Hand werden kurz und vorsichtig auf die Oberfläche eines Nährbodens gedrückt. Die Platte wird mit dem Deckel verschlossen und mit Parafilm oder Tesakrepp zugeklebt.
3. Die Fingerkuppen werden mit Seife gewaschen. Eine sterile Platte wird, wie unter Punkt 2 beschrieben, beimpft und zugeklebt.
4. Die Fingerkuppen werden mit 70%igem Isopropanol oder Sterilium desinfiziert. Eine ste-

rile Platte wird wie unter Punkt 2 beschrieben beimpft und zugeklebt.

5. Die Platten werden sachgerecht beschriftet (Gruppe, Art des Abklatsches, Datum) und drei Tage bei 30°C bebrütet. (Ergebnis s. Abb. 75.1)

Erläuterungen und Hinweise

Zu 1.:
Nicht benötigte Platten können für weitere Abklatschversuche verwendet werden.
Hinweis: Platte mit unbekannten Mikroorganismen müssen grundsätzlich abgeklebt werden.

Zu 3.:
Nicht immer wird die Keimzahl auf den Händen durch Waschen mit Seife reduziert. Bei längerem Waschen kann die Haut so stark aufgeweicht werden, daß Keime aus tieferen Schichten an die Oberfläche gelangen. Gewöhnliche Toilettenseife wirkt nicht desinfizierend!

Zu 4.:
Auch ein Desinfektionsmittel kann nicht alle Keime restlos beseitigen. Selbst wenn auf Nähragar keine Kolonien heranwachsen, könnte die Verwendung anderer Nährböden diejenigen Keime im Wachstum begünstigen, die die Desinfektion überlebt haben (s. 3.4.3).

3.4.5 Die Winogradsky-Säule als Labormodell eines Ökosystems

Die Entwicklung typischer Mikroorganismen-Populationen an bestimmten Standorten kann nach Winogradsky (zit. in Hirsch 1990) in einem geeigneten Glasgefäß, z.B. einem Standzylinder, der hauptsächlich Schlamm und Wasser enthält, demonstriert werden. Die im abgesetzten Schlamm bzw. überstehenden Wasser vorhandenen Mikroorganismen leben und vermehren sich nur dort, wo die Umweltbedingungen für sie optimal sind. Sie treten mit anderen Organismen in Wechselwirkung, und binnen kurzer Zeit stellt sich ein relativ stabiles Gleichgewicht aller Organismen ein.

Außer Schlamm und Wasser werden der Gradientensäule noch Filterpapierstücke, ein Nagel sowie Gips ($CaSO_4$) zugegeben (durchmischen!). Damit wird eine Reaktionskette in Gang gesetzt, an der sich sehr viele Mikroorganismen beteiligen.

Geräte

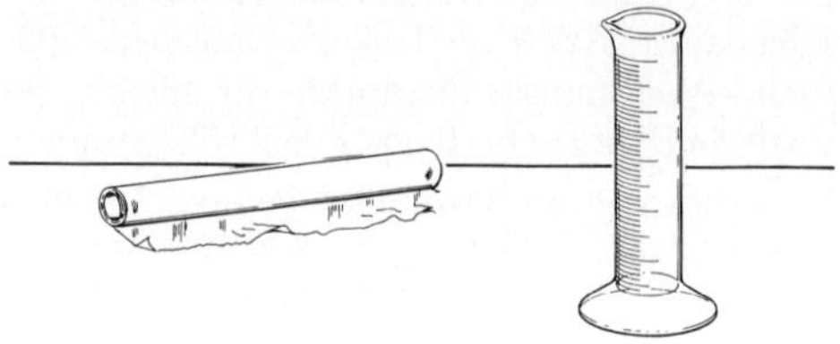

Alu-Folie (1 Stück)
1 Standzylinder aus Glas (1000 ml)

Verbrauchsmaterial, Chemikalien, Lebewesen

3 Blatt Filtrierpapier (in Stücken)
1 Nagel (5 cm)
Schlamm oder Sediment (200 ml)
Teichwasser (500 ml)
$CaSO_4 \cdot 2H_2O$ (10 g) (Merck 2160)

Zeitbedarf

Ansetzen der Säule:	15 min
Ausbildung der Gradienten:	ca. 2 bis 3 Monate

Durchführung

1. Ein 1 l Standzylinder (Glas) wird zu ca. $^1/_3$ mit Schlamm oder Teichsediment gefüllt, dem vorher 1 Nagel (5 cm), 3 Blatt Filtrierpapier (in Stücken) und 10 g $CaSO_4$zugemengt worden war.
2. Sodann wird vorsichtig mit Teich-, Graben-, See- oder Meerwasser bis fast unter den

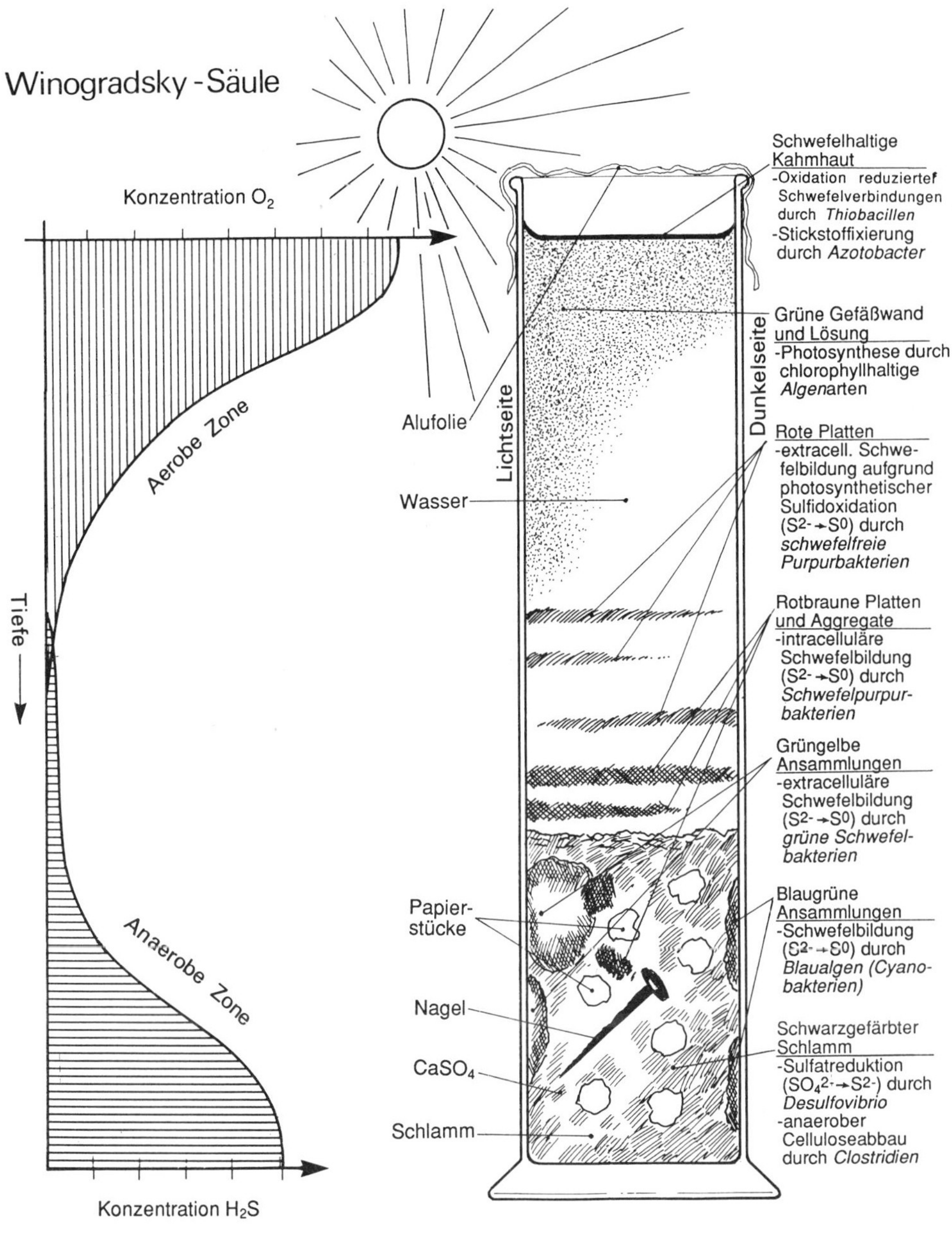

Abb. 73.1: Schematische Darstellung der mikrobiellen Wechselbeziehungen in der *Winogradsky*-Säule. Zeichnung nach einer Vorlage von *P. Hirsch* (1990). (s. auch Abb. 76.1)

Rand aufgefüllt und die Öffnung mit Alufolie leicht verschlossen.

3. Es wird bei mittlerer Beleuchtungsstärke (z.B. Fensterbank; 100 bis 300 lx) und Zimmertemperatur bebrütet.
4. In den folgenden drei Monaten bilden sich die Gradienten aus, und die Entwicklung der Mikroorganismen kann verfolgt werden. Makroskopisch lassen sich die verschiedenen Zonen anhand ihrer unterschiedlichen Färbung erkennen (Abb. 76.1).

Erläuterungen und Hinweise

Zu 2./4.:
Entsorgungshinweis: Die Kultur darf in der Schule nicht geöffnet werden, schon gar nicht, um Proben zu entnehmen.

Zu 3.:
Es empfiehlt sich, die Lichtseite durch einen Klebestreifen am Fuße des Zylinders zu markieren. **Achtung:** Die Entwicklung fädiger Grünalgen oder die Aktivität sich bewegender Protozoen oder Kleintiere stören die Ausbildung der (geschichteten) Gradienten. Der Versuch muß gegebenenfalls mit Schlamm eines anderen Standortes neu angesetzt werden.

Zu 4.:
a) Filterpapier wird von aeroben und besonders von anaeroben Cellulosezersetzern (z.B. *Cytophaga spp., Clostridium etc.*) zersetzt und in organische Säuren übergeführt (Milchsäure, Buttersäure etc.).
b) Anaerobe Sulfatreduzierer (*Desulfovibrio spp.*) setzen aus dem beigegebenen $CaSO_4$ mit Hilfe der organischen Säuren (als H-Donatoren) elementaren Schwefel (S^0) und H_2S frei; aus dem beigegebenen Nagel entsteht sodann Eisensulfid (Schwarzfärbung des Schlammes; Festhalten des Sulfids).
c) Der Schwefelwasserstoff steigt z. T. nach oben und wird nahe der Wasseroberfläche entweder chemisch zu S^0 oder biologisch zu S^0 und SO_4^{2-} oxidiert. An der letzteren Reaktion sind besonders Vertreter der Gattung *Thiobacillus* beteiligt. Damit wird der Schwefel in SO_4^{2-}-Form wieder den Sulfatreduzierern zugeführt.
d) An der Oberfläche vermehren sich N_2-bindende *Azotobacter spp.* (braune Kahmhaut) und andere, oligocarbophile und oligonitrophile Neustonbakterien.
e) In dem H_2S-/O_2-Gradienten vermehren sich – je nach Redoxpotential und Lichtintensität – an ganz bestimmten Stellen (s. Abb. 76.1) oftmals als »Bakterienplatten« – die schwefelfreien und schwefelhaltigen Purpurbakterien sowie die grünen Schwefelbakterien. Letztere treten besonders auf der dunkleren Rückseite der Säule auf.

3.5 Mikroskopieren und Identifizieren von Mikroorganismen

Der Umgang der Schüler mit Bakterien sollte sich nicht auf die Beimpfung und Bebrütung der Agar-Platten beschränken, so wichtig dieses Verfahren im Unterricht auch ist. Schüler verlieren nämlich leicht die Lust an der ausschließlichen Beobachtung der oft ähnlich aussehenden Kolonien oder Löcher im Bakterienrasen. So sollten gerade bei der Behandlung mikrobieller Systeme verschiedene Methoden eingesetzt werden, z.B. auch die mikroskopische Beobachtung. Im übrigen interessieren sich Schüler auch brennend dafür, wie die allgegenwärtigen Bakterien aussehen, die sie mit bloßem Auge als Einzellebewesen nie zu Gesicht bekommen.

So werden im folgenden zunächst Verfahren zur Fixierung und mikroskopischen Beobachtung der Bakterien vorgestellt sowie Färbetechniken für die Verwendung im Unterricht (Färbung mit Methylenblau, Gram-Färbung).

Die Anzucht und Beobachtung der Schimmelpilze wird in der Schule häufig durchgeführt. Derartige Organismen kennen die Schüler als Verderber der Nahrungsmittel oder auch als Helfer bei der Lebensmittelherstellung (beispielsweise zur Herstellung von Camembert, indonesischem Bohnenkuchen, Tempeh oder Sojabohnenkäse; Reiss 1987).

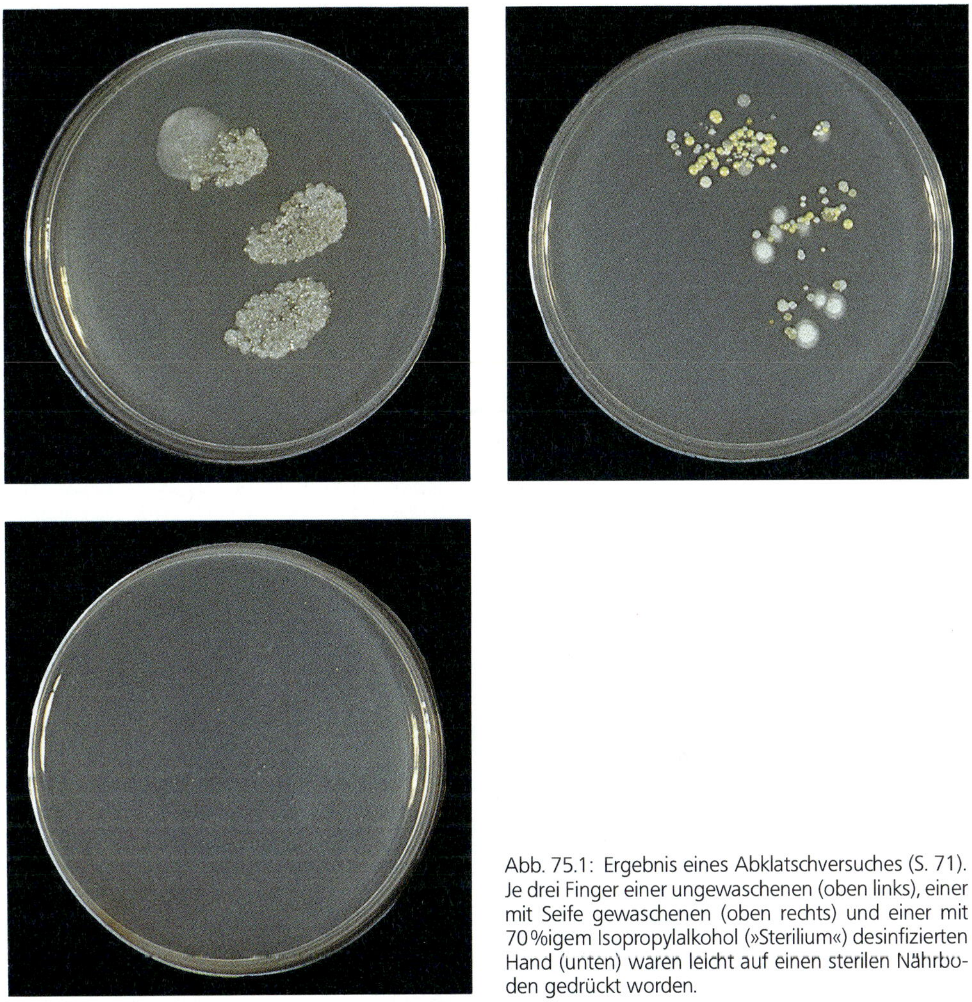

Abb. 75.1: Ergebnis eines Abklatschversuches (S. 71). Je drei Finger einer ungewaschenen (oben links), einer mit Seife gewaschenen (oben rechts) und einer mit 70%igem Isopropylalkohol (»Sterilium«) desinfizierten Hand (unten) waren leicht auf einen sterilen Nährboden gedrückt worden.

Abb. 76.1: *Winogradsky*-Säule, etwa ein halbes Jahr nach dem Ansetzen (s. S. 72 ff. u. Abb. 73.1)

3.5.1 Die Herstellung fixierter Präparate

Die Beobachtung der Bakterien wird – von Spezialfällen abgesehen – stets an fixierten Objekten vorgenommen, da die Scharfeinstellung lebender Bakterien, die sich in Suspension befinden, schwierig ist. Ferner lassen sich fixierte Bakterien leicht färben.

Geräte

1 Bunsenbrenner
1 Deckglas

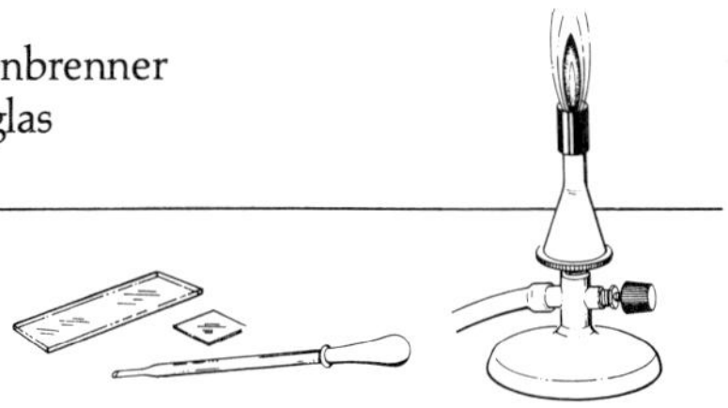

1 Mikroskop
1 Objektträger
1 Tropfpipette oder Glasstab

Verbrauchsmaterial, Chemikalien, Lebewesen

Zellstofftuch
Ethanol

Zeitbedarf

30 min

Durchführung

1. Ein sauberer Objektträger wird sehr sorgfältig durch Abreiben mit einem ethanolgetränkten, fusselfreien Tuch oder Zellstoff entfettet.
2. Mit der Tropfpipette oder dem Glasstab wird ein Tropfen einer Bakterien- oder Hefesuspension auf den Objektträger gegeben. Die Suspension muß zerfließen und darf nicht als Tropfen liegenbleiben (Abb. 77.1).
3. Ein Deckglas wird im Winkel von 45° so auf den Objektträger gestellt, daß sich die Flüssigkeit durch Adhäsions- und Kohäsionskraft in der Ecke zwischen Deckglas und Objektträger sammelt (Abb. 77.2).
4. Nun wird die Unterkante des Deckglases gleichmäßig über den gesamten Objektträger geschoben. Die Suspension wird dabei über die gesamte Oberfläche verteilt, wobei die Dicke des Flüssigkeitsfilms abnimmt (Abb. 77.3).

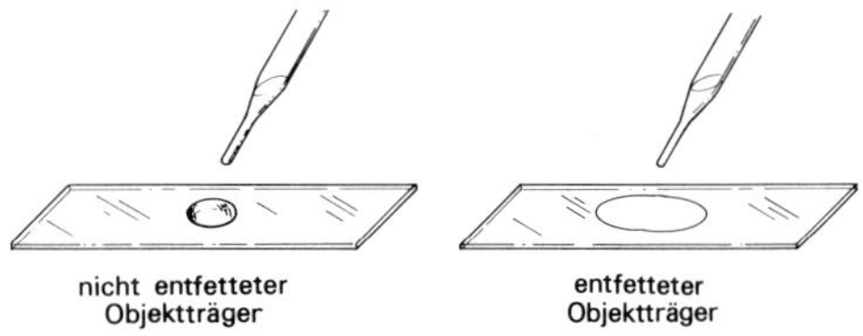

Abb. 77.1: Tropfen auf einem entfetteten und auf einem nicht entfetteten Objektträger

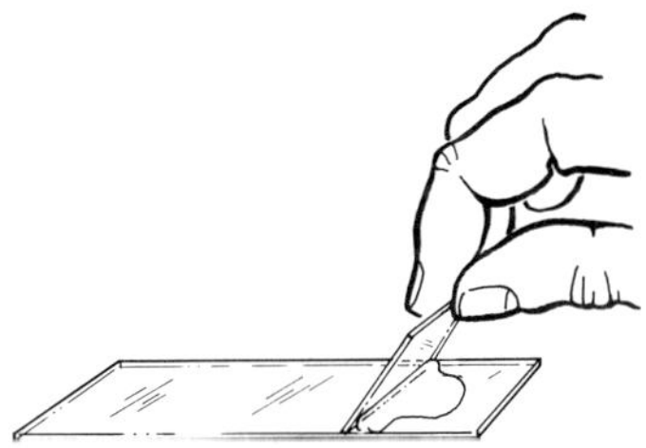

Abb. 77.2: Aufstellen des Deckglases auf den Objektträger

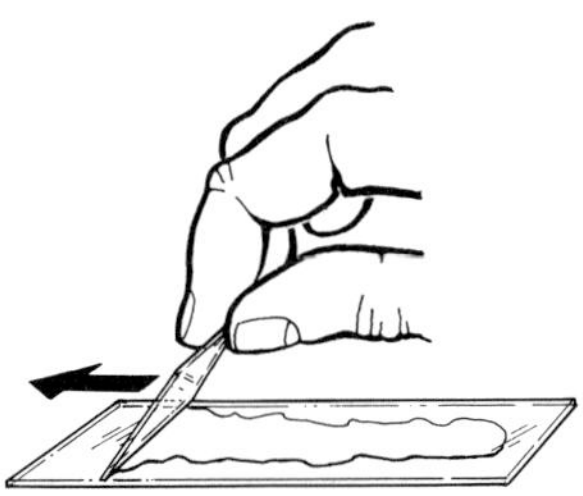

Abb. 77.3: Ausstreichen eines Tropfens Bakteriensuspension

5. Den so entstandenen Ausstrich läßt man bei Zimmertemperatur an der Luft trocknen, er darf dabei nicht erhitzt werden.
6. Die Bakterien werden durch kurzzeitiges Erhitzen über einer Flamme fixiert. Dies kann auf zweierlei Weise erfolgen.
   a) Bei kleiner Flamme, z.B. der Sparflamme des Bunsenbrenners, mit der **Schichtseite nach unten** oder
   b) bei rauschender Flamme des Bunsenbrenners mit der **Schichtseite nach oben**. Dabei wird der Objektträger dreimal durch die Flamme gezogen, wobei die Geschwindigkeit etwa 30 cm/sec betragen soll.

Erläuterungen und Hinweise

Zu 1./2.:
Selbst wenn sich nur Spuren von Fett auf dem Objektträger befinden, läuft die Suspension später wieder zusammen. Dadurch verlängert sich nicht nur die Trockenzeit, es können sich auch so dicke Schichten übereinanderliegender Bakterien bilden, daß einzelne Individuen nicht mehr erkannt werden können.
Hinweis:
Gelingt es nicht, den Objektträger fettfrei zu bekommen, so bietet sich folgender Ausweg an: Man kann anstatt eines Ausstrichs kleine Tröpfchen stark verdünnter Bakteriensuspensionen an der Luft trocknen lassen. Diese Methode ist für jüngere Schüler sicher leichter durchzuführen als der Ausstrich mit dem empfindlichen Deckglas gemäß Abb. 77.3.

Zu 4.:
Es ist wichtig, die Suspension mit Hilfe des Deckglases über den Objektträger zu ziehen und nicht zu schieben, damit die Dicke der Schicht gleichmäßig abnimmt.

Zu 5.:
Dieser Verdunstungsvorgang darf keinesfalls mit der Flamme beschleunigt werden, weil sich die Struktur der Bakterien durch Erhitzen in Wasser verändert.

Zu 6.:
Die erste Methode ist zu bevorzugen, denn bei der zweiten ist die Hitzewirkung auf die Bakterien wegen der schlechten Wärmeleitfähigkeit des Glases nur schwer abzuschätzen. Aufgrund der Hitze gerinnt das Eiweiß in den Zellen und die Organismen kleben an der Glasoberfläche fest.

3.5.2 Herstellen eines Tuschepräparates

Bei dem zunächst vorgestellten Verfahren werden nicht die Mikroben, sondern der Hintergrund gefärbt. Die verwendete Tusche gibt ihm ein einheitlich schwarzes Aussehen, so daß unter dem Mikroskop allein die Organismen, die durchstrahlt werden, leuchtend hervortreten. Dieses Verfahren ist für Anfänger besonders geeignet, weil es zu deutlich erkennbaren Ergebnissen führt und auch der Unterschied zwischen Lebewesen und Schmutzteilchen, die im schwarzen Hintergrund verschwinden, deutlich wird. Einfache Schulmikroskope reichen zur Betrachtung der Präparate aus.

Geräte

1 Deckglas
1 Glasstab
1 Mikroskop
2 Objektträger
1 Zellstofftuch

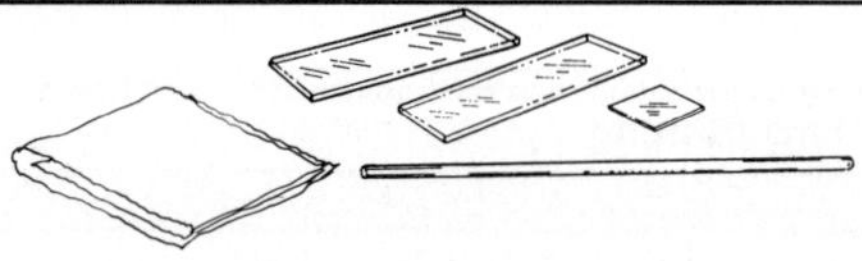

Verbrauchsmaterial, Chemikalien, Lebewesen

Zeichentusche
Ethanol

Zeitbedarf

30 min

Durchführung

1. Zwei saubere Objektträger werden sehr sorgfältig durch Abreiben mit einem ethanolgetränkten, fusselfreien Tuch oder Zellstoff entfettet.
2. Mit dem Glasstab gibt man einen kleinen Tropfen Wasser auf den Objektträger. Der Tropfen muß zerfließen, sonst muß der Objektträger noch einmal entfettet werden (Abb. 77.1).
3. Nun verrührt man mit Hilfe eines Glasstabes einen Tropfen Tusche sorgfältig mit dem zerflossenen Wassertropfen.
4. Ein Deckglas wird im Winkel von etwa 45° so auf den Objektträger gestellt, daß sich die Flüssigkeit durch Adhäsions- und Kohäsionskraft in der Ecke zwischen Deckglas und Objektträger sammelt (Abb. 77.2).
5. Man schiebt das Deckglas gleichmäßig über den ganzen Objektträger. Die Suspension wird über die Oberfläche verteilt; die Schichtdicke nimmt ab (Abb. 77.3).
6. Den so entstandenen Ausstrich läßt man an der Luft trocknen.
7. Es wird ein zweiter Ausstrich hergestellt, wobei aber statt des Wassertropfens ein Tropfen einer Bakterien- oder Hefesuspension verwendet wird.
8. Die beiden Ausstriche werden bei etwa 400-facher Vergrößerung unter dem Mikroskop betrachtet und verglichen. Die Kondensorblende wird dabei ganz geöffnet und eine möglichst helle Lichtquelle gewählt.

Erläuterungen und Hinweise

Zu 1.-7.:
Die Erläuterungen decken sich mit denen des Abschnitts 3.5.1.

Zu 8.:
Gerade Schüler, die erstmalig Bakterien mikroskopieren, sollten unbedingt eine Blindprobe für Vergleichszwecke machen, da Anfänger Schwierigkeiten haben, mikroskopische Bilder zu interpretieren.

3.5.3 Färbung mit Methylenblau

Methylenblau wird in der Biologie und in der Medizin sehr häufig verwendet und zwar zur Anfärbung der Zellkerne in der Histologie, zur Färbung der Ganglienzellen nach Nissl, als Bestandteil der Giemsa-Färbung und zur Anfärbung der Bakterien. Robert Koch und dessen Schüler Paul Ehrlich haben die Anfärbbarkeit von Krankheitserregern mit Methylenblau als erste erkannt und angewendet (s. Einführung).

Die Anfärbung von Bakterien eines Ausstrichs mit Methylenblau ist dann notwendig, wenn keine Phasenkontrasteinrichtung vorhanden ist, um den Kontrast des Bildes zu vergrößern. Nicht zuletzt bei Verwendung von Schulmikroskopen, deren Bilder hinsichtlich des Kontrasts häufig zu wünschen übriglassen, ist man darauf angewiesen. (Abb. 79.1).

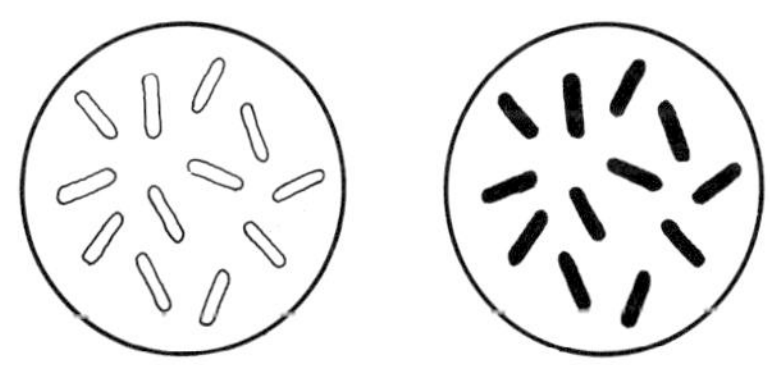

Abb. 79.1: Verstärkung des Kontrasts durch Anfärben

Geräte

2 Glasstäbe (Länge 25 cm, Durchmesser 5 mm)
2 Gummischläuche (Länge 9 cm, Innenranddurchmesser 5 mm)
Objektträger mit hitzefixiertem Ausstrich gemäß 3.5.1.
1 Mikroskop

1 Petrischale
1 Schere
1 Zellstoffunterlage

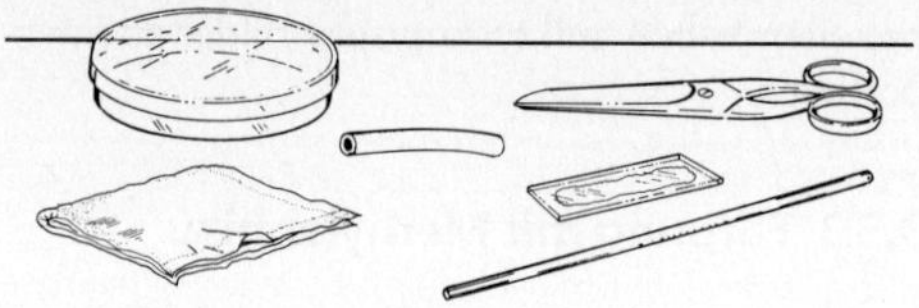

Verbrauchsmaterial, Chemikalien, Lebewesen

Methylenblaulösung (0,2 bis 1%ig) (s. *Anhang*, 1.9.)

Zeitbedarf

30 min

Durchführung

1. Der Ausstrich wird mit reichlich Methylenblaulösung überschichtet, die man 8 min einwirken läßt (Abb. 80.1).
2. Der Farbstoff wird anschließend vorsichtig unter tropfendem Wasser solange abgespült, bis keine Farbstoffwolken mehr ablaufen. Evtl. angetrocknete Ränder sollen vollständig entfernt werden.

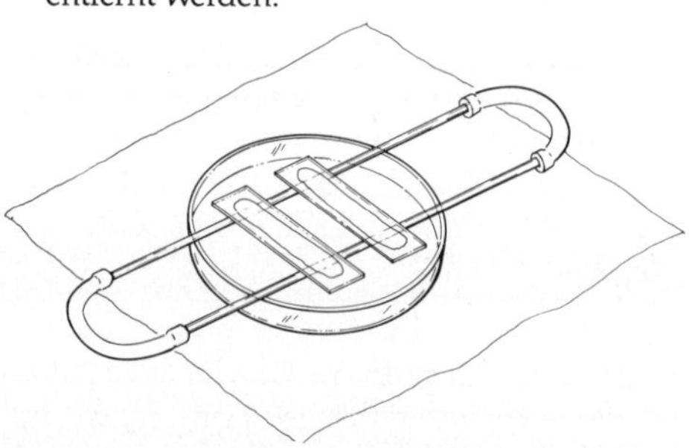

Abb. 80.1: Färben der Ausstriche mit Methylenblau. Es ist nicht notwendig, die Objektträger auf Glasstäben über einer Petrischale aufzustellen, es hilft aber, Flecken auf dem Tisch zu vermeiden.

3. Nun läßt man das Präparat an der Luft trocknen. Soll sofort mikroskopiert werden, muß ein Deckglas aufgelegt werden.
4. Das fertige Präparat kann bei ca. 400-facher Vergrößerung mikroskopiert werden.

Erläuterungen und Hinweise

Zu Verbrauchsmaterial:
Die Konzentration der Farbstofflösung braucht nicht genau eingestellt zu werden. Da Methylenblau nicht zum Überfärben neigt, können auch hohe Konzentrationen verwendet werden. Die angegebene Einwirkungsdauer gilt für eine Lösung, die aus 0,3 g Methylenblau, 30 ml Ethanol und 100 ml destilliertem Wasser besteht.

3.5.4 Gram-Färbung

Für die Identifizierung der Bakterien ist die Gram-Färbung ein wichtiges Hilfsmittel. Sie wurde vom dänischen Arzt und Mikrobiologen Gram 1884 entwickelt. Folgendes Prinzip liegt dieser Färbung zugrunde: Die Bakterienzellen werden mit einem Triphenylmethan-Farbstoff (z.B. Kristallviolett, Gentianaviolett) gefärbt. Werden diese daraufhin mit Jod-Kalium-Jodid-Lösung (Lugolsche Lösung) behandelt, wandelt sich der aufgenommene Farbstoff in einen dunkelblauen Farblack um. Mit bestimmten organischen Lösungsmitteln (z.B. Ethanol, Aceton) kann dieser Farblack wieder extrahiert werden. Es hängt vom Aufbau ihrer Zellwand ab (s. u.), ob Bakterien den Farblack dabei sehr schnell wieder abgeben (Gram-negative Bakterien) oder nur sehr langsam (Gram-positive Bakterien). Eine Gegenfärbung mit Safraninlösung läßt die Gram-negativen Bakterien rosa-rot erscheinen, in den Gram-positiven Zellen überdeckt der noch vorhandene Farblack diese Färbung.

Biochemisch unterscheiden sich die Zellwände der Gram-positiven Bakterien durch eine besonders stark ausgebildete (bis zu 15 nm starke) Peptidoglycanschicht, die die Farblackabgabe verhindert. Die der Gramnegativen ist nur etwa 2 nm stark.

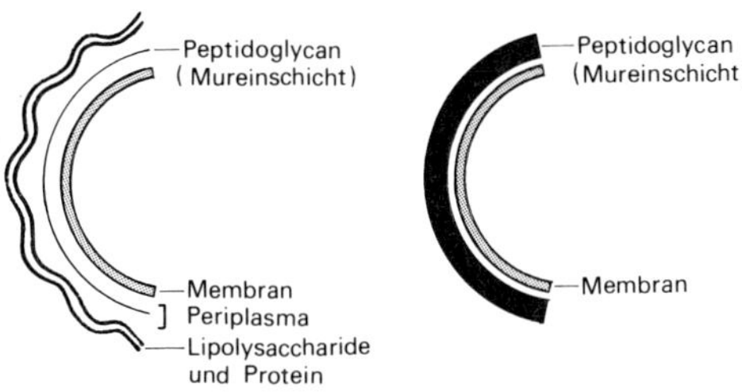

Abb. 81.1: Unterschiede des Zellwandaufbaus Gram-positiver und Gram-negativer Bakterien. (aus: *Brock/ Madigan* 1991)

Geräte

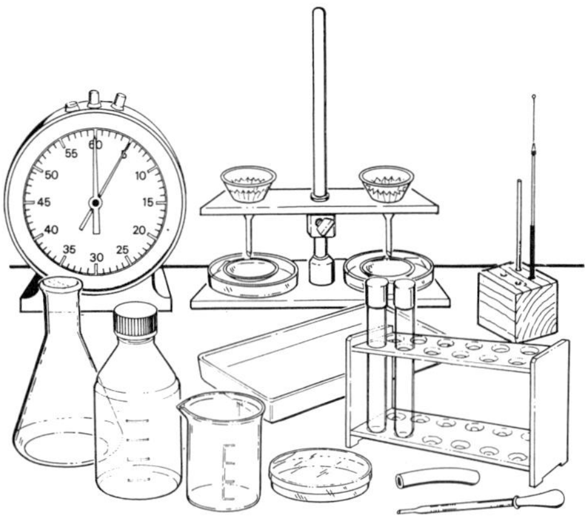

1 Becherglas (100 ml)
1 Einwegpetrischale, klein
4 Einwegpetrischalen
1 Erlenmeyerkolben (250 ml), für den Nähragar
1 Färbegestell (s. Abb. XXX)
1 Färbewanne
1 Filtriergestell
1 Flasche (500 ml), mit Schraubdeckel
4 Glasstäbe, Länge 25 cm, Durchmesser 5 mm, und 4 passende Gummischlauchreste (für das Gestell für die Objektträger)
4 Gummihütchen
1 Impföse, im Holzblock
1 Mikroskop
2 Reagenzgläser, steril, mit Stopfen
1 Reagenzglashalter
1 Stoppuhr
2 Trichter (Durchmesser 7 cm)
2 Tropfpipetten (Länge 15 cm), mit Gummihütchen
2 Uhrgläser

Verbrauchsmaterial, Chemikalien, Lebewesen

Vorbereitung:
250 ml Nähragar (NA).

Versuch:
Faltenfilter (*Schleicher u. Schuell* 595, 1/2; 125 mm) (auf 3 cm Länge kürzen, damit von Lösungen, die filtriert werden sollen, nicht zuviel verloren geht)
Linsenpapier
Objektträger
Papierhandtücher zum Auslegen der Färbewanne
Plastikfolie zum Abdecken des Arbeitsplatzes

Alkohol (96%ig; vergällt)		
GRAMS Kristallviolett-Lösung	(*Merck* 9218)	
GRAMS Safranin-Lösung	(*Merck* 9217)	
LUGOLsche Lösung	(*Merck* 9261)	oder s. *Anhang*, 1.7
Nähragar	(*Merck* 5450)	oder s. *Anhang*, 2.8
Nährbouillon	(*Merck* 5443)	oder s. *Anhang*, 2.9
Ringertabletten	(*Merck* 15525)	

Gram-negativ:	
Escherichia coli K-12	(DSM 498)
Gram-positiv:	
Bacillus subtilis	(DSM 402)

Zeitbedarf

Vorbereitung:

Vorbereitung der Medien:	1 h
Vorkultur:	2 d

Versuch:
Färbung: 20 min

Vorbereitung

1. Bestellen von *Escherichia coli* K-12 (DSM 498) und *Bacillus subtilis* (DSM 402) von der Deutschen Sammlung von Mikroorganismen und Zellkulturen GmbH in Braunschweig (3.3).
2. Ansetzen und Sterilisieren von
   a) 50 ml Nährbouillon (NB) (Je 5 ml der Nährbouillon (NB) werden in zwei Reagenzgläser gegeben, mit einer Alukappe oder einem Wattestopfen verschlossen und dann sterilisiert).
   b) 100 ml Nähragar (NA) in einem 250 ml-Erlenmeyerkolben (davon werden vier Platten gegossen).
3. Animpfen von zwei Übernachtkulturen von *E. coli* K-12 und *B. subtilis* im Reagenzglas (s. 3.3.1). Die Übernachtkulturen werden auf zwei Nähragarplatten ausgestrichen und zwei Tage bei 30°C bebrütet.

Durchführung

Das im folgenden beschriebene Verfahren wurde von Hirsch (1990) vorgeschlagen.

1. Hitzefixierung der Bakterienzellen:
Der Ausstrich der Bakterienzellen sollte möglichst dünn und gleichmäßig sein. Die Hitzefixierung wird durchgeführt wie in Abschn. 3.5.1 beschrieben.

2. Färbung:
Auf die Färbewanne, die mit Zellstoff ausgelegt ist, wird das Färbegestell gelegt, darauf werden die Objektträger gelegt. Durch einen auf 3 cm verkürzten Faltenfilter werden mit Hilfe eines Filtriergestells 20 Tropfen Grams-Kristallviolettlösung in ein Uhrglas filtriert. Mit einer Tropfpipette werden jeweils 1 bis 2 Tropfen der filtrierten Lösung auf den Ausstrich gegeben, bis dieser vollständig bedeckt ist. Alle Bakterien werden genau 3 min gefärbt.

3. Beizung:
Der Objektträger wird mit einem Reagenzglashalter aufgenommen und die Farblösung schräg über dem Zellstoff in der Färbewanne abgegossen (nicht mit Wasser abspülen!). Mit Lugolscher Lösung (Tropfpipette!) wird zwei- bis dreimal nachgespült. Dann wird erneut Lugolsche Lösung aufgegeben (Farblackbildung), die man 2 min einwirken läßt. Die Lösung wird abgegossen (nicht mit Wasser abwaschen!).

4. Entfärbung:
Der Objektträger wird wieder mit dem Reagenzglashalter schräg über den Zellstoff gehalten und mit vergälltem Alkohol abgespült, bis keine Farbstreifen mehr am Objektträger herunterlaufen (nach etwa 20 bis 50 sec). Dabei soll auf die verzögerte Entfärbung von Stellen mit zu hoher Zelldichte (Zellklumpen) keine Rücksicht genommen werden! Nach Beendigung der Entfärbung wird der Rest des Ethanols abgeschleudert, die Unter-

Abb. 82.1: Ergebnis der Färbung und Beizung

Abb. 82.2: Ergebnis der Entfärbung

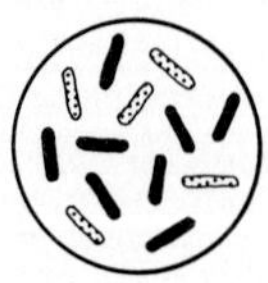

Abb. 82.3: Ergebnis der Gegenfärbung

seite des Objektträgers wird mit einem fusselfreien Zellstofftuch gesäubert, die Oberseite läßt man trocknen.

5. **Gegenfärbung:**
Mit ca. 20 Tropfen Safraninlösung wird der gesamte Ausstrich bedeckt. Nach 5 min läßt man die Safraninlösung in die Färbewanne ablaufen. Dann wird erst mit Leitungswasser und schließlich mit destilliertem Wasser gespült. Anschließend läßt man den Ausstrich an der Luft trocknen.

6. **Mikroskopische Betrachtung:**
Der gefärbte Ausstrich wird mit Immersionsöl bedeckt und ohne Deckglas im Hellfeld mikroskopiert (Vergrößerung: 1000fach).

Erläuterungen und Hinweise

Zu 4.:
Die Entfärbung sollte gründlich vorgenommen werden, d.h. am Ende darf mit bloßem Auge kein Farbstoff mehr auf dem Objektträger sichtbar sein. Jedoch kann bei sehr langer Einwirkung von Ethanol auch aus Gram-positiven Bakterien der Farbstoff extrahiert werden.

Zu 6.
Gram-positive Bakterien erscheinen violettschwarz, Gram-negative dagegen hellrot. Zu dichte Stellen des Ausstrichs läßt man unberücksichtigt.

Sind im Mikroskop Seeigel-ähnliche schwarzviolette Gebilde sichtbar, handelt es sich um Farbkristalle der Kristallviolettfärbung. Es wurde unzureichend gespült. Das Präparat läßt sich in aller Regel durch Zugabe eines Tropfens Immersionsöl »retten«. Das Öl löst die überschüssigen Kristalle auf und gibt den Blick auf die darunterliegenden Bakterien frei. Allerdings wird bei dieser Notlösung das Öl leicht gefärbt, so daß das Gesamtbild rosa erscheint.

Bei der Untersuchung von Bakterien, deren Gram-Verhalten man nicht kennt, empfiehlt es sich, ein Gemisch aus bekannten Gram-positiven und Gram-negativen Bakterien auf dem gleichen Objektträger neben den fraglichen Bakterien zu färben. Die Referenzbakterien, die als positive bzw. negative Kontrolle dienen, sollten sich dabei morphologisch gut von den zu untersuchenden Formen unterscheiden (s. Abb. 141.1).

3.5.5 Schnellverfahren zur Gram-Differenzierung

Geräte

Vorbereitung:
1 Erlenmeyerkolben (250 ml), mit Stopfen

Versuch:
einige Objektträger
einige Zahnstocher

Verbrauchsmaterial, Chemikalien, Lebewesen

KOH (*Merck* 5033)	(3%ige Lösung)
Nähragar	(s. *Anhang*, 2.8)
Bacillus subtilis	(DSM 10)
Escherichia coli K-12	(DSM 498)

Zeitbedarf

Vorbereitung:

Vorbereitung der Medien:	1 h
Vorkultur:	1 d

Versuch:

Test:	5 min

Vorbereitung

1. Bestellen von *Escherichia coli* K-12 (DSM 498) und *Bacillus subtilis* (DSM 402) von der DSM-Deutschen Sammlung von Mikroorganismen und Zellkulturen GmbH in Braunschweig.
2. Ansetzen und Sterilisieren von
   a) 50 ml Nährbouillon (je 5 ml Nährbouillon werden in zwei Reagenzgläser gegeben, mit einer Alukappe oder einem Wattestopfen verschlossen und dann sterilisiert),
   b) 100 ml Nähragar in einem 250-ml-Erlenmeyerkolben (davon werden vier Platten gegossen).
3. Ansetzen (ohne zu sterilisieren) von 50 ml KOH-Lösung (3%ig).
4. Animpfen zweier Übernachtkulturen von *E. coli* K-12 und *B. subtilis*. Die Übernachtkulturen werden auf zwei Nähragarplatten ausgestrichen und zwei Tage bei 30°C bebrütet.

Durchführung

1. Von der 3%igen Kaliumhydroxidlösung werden ca. 50 µl (einige Tropfen) auf einen Objektträger gegeben.
2. Mit einer Impföse oder einem sterilen Holzzahnstocher werden Bakterienzellen von einer Agarplatte genommen und in der KOH-Lösung mit kreisförmiger Bewegung ca. 10 sec verrieben.
3. Der Zahnstocher wird aus der Suspension langsam etwa 1 bis 2 cm emporgehoben. Dabei wird geprüft, ob sich ein viskoser Faden emporziehen läßt. Dies ist bei Gram-negativen Bakterien der Fall, bei Gram-positiven aber nicht möglich.

Erläuterungen und Hinweise

Zu 3.:
Gram-negative Bakterien werden – im Gegen-

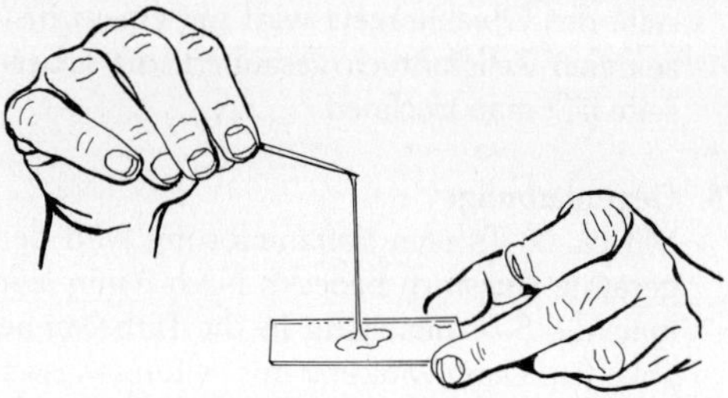

Abb. 84.1: Schnellverfahren zur Gram-Differenzierung mit dem KOH-Test. Fadenbildung bei Gram-negativem Bakterium.

satz zu Gram-positiven – unter den Bedingungen dieses Versuchs lysiert und setzen DNA frei. Vornehmlich aus dieser wird der Faden gebildet. Er enthält neben der DNA auch Proteine (Histone), die für die Viskosität verantwortlich sind.

3.5.6 Sichere Mikroskopie von Schimmelpilzen mit Hilfe von Petrislides

Petrislides sind besonders flache, fest verschließbare Einweg-Petrischalen (Höhe 6 mm, Innendurchmesser 47 mm, Fläche der Bodenplatte 52×75 mm). Sie sind eigentlich zur Keimzahlbestimmung gedacht, wenn unbekannte Mikroorganismen auf Nährkartonscheiben oder Membranfiltern im Innern der Kammer zu Kolonien angezüchtet werden. Aufgrund der Bauweise der Kammern lassen sich verschlossene Pilzkulturen sicher mikroskopieren. Sporen, die gefährliche Lungeninfektionen auslösen könnten, können so nicht eingeatmet werden (Staib et. al 1979). Auch ist bei diesem Verfahren die Mikroskopie von Sporenträgern in der Seitenansicht möglich. Die Bestelladresse der Fa. *Millipore* findet sich im *Anhang*, 3.38.

Petrislide-Kulturen halten sich unter geeigneten Bedingungen mehrere Wochen, so daß die Liefermenge (100 Stück) für einige Jahre ausreichen kann.

Geräte

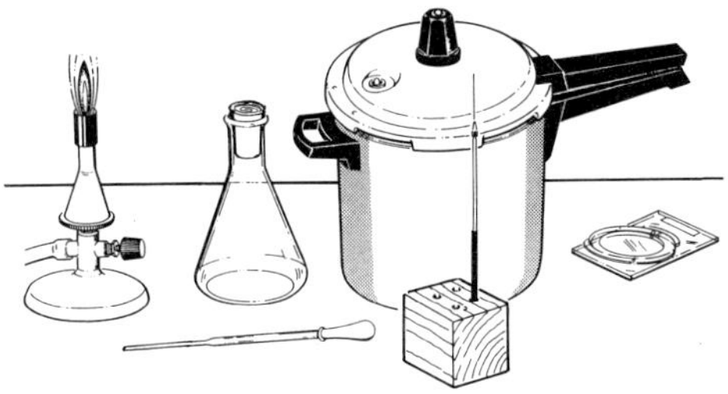

1 Autoklav bzw. Dampfdruck- oder Schnellkochtopf
1 Bunsenbrenner
1 Erlenmeyerkolben (300 ml), Weithals, mit Stopfen
1 Impfnadel, im Holzblock
1 Mikroskop
2 Petrislides
1 Tropfpipette, steril, mit Gummihütchen

Verbrauchsmaterial, Chemikalien, Lebewesen

Malzagar-Nährboden (s. *Anhang*, 2.6)
2 (oder mehrere) Reinkulturen von der DSM, z. B. *Penicillium roqueforti* (DSM 1079)

Zeitbedarf

Autoklavieren der Medien:	45 min
Befüllen und Beimpfen der Petrislides:	15 min

Durchführung

1. Der Nährboden wird in einem mit Stopfen verschlossenen Erlenmeyerkolben im Schnellkochtopf gemäß 3.1.2 autoklaviert.
2. Der Stopfen wird vom Erlenmeyerkolben entfernt (Abflammen des Gefäßrandes!). 5 ml sterilisierter Nährboden werden in eine sterile Tropfpipette aufgezogen. Die Petrislide-Kammer wird zwischen Daumen und Zeigefinger der linken Hand aufrecht gehalten. Dabei wird der Deckel gerade soweit schräg aufgeklappt, daß am seitlichen Rand des Bodens das Einfülloch freigelegt wird. Mit der rechten Hand wird die Spitze der Pipette durch das Loch in das Innere der Kammer bis in die Kammermitte eingeführt. Dabei darf die Spitze die äußeren Teile der Kammer nicht berühren. Etwa 3 ml Nährboden werden vorsichtig in die senkrecht gehaltene Kammer pipettiert, ohne daß der obere Kammerteil mit Nährboden beschmiert wird.
3. Die Pipette wird aus der Kammer gezogen und der Kammerdeckel wieder angedrückt. Beim Festwerden des Agars wird darauf geachtet, daß die Kammer unverändert senkrecht steht. Die Tropfpipette wird erneut aufgezogen und weitere Kammern werden vorbereitet. Zwischendurch sollte die Spitze der Pipette kurz durch eine Brennerflamme gezogen werden.
4. Wenn nach etwa 30 min der Agar im Innern der Kammern erstarrt ist, werden die Kam-

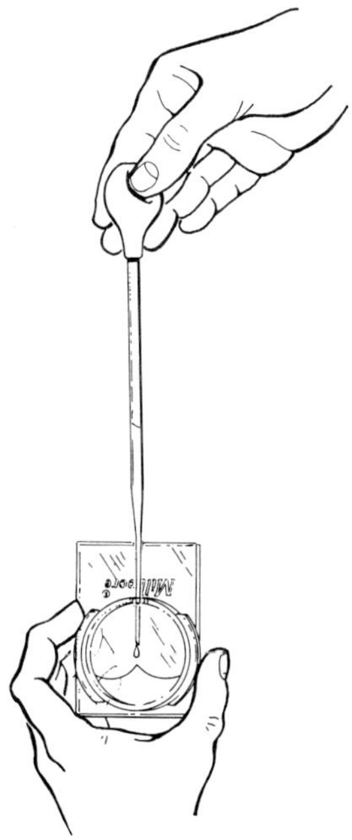

Abb. 85.1: Befüllen eines Petrislides mit Nährboden

mern mit Sporen verschiedener Pilze beimpft. Dazu wird eine Impfnadel jeweils durch Ausglühen im Brenner sterilisiert und nach dem Abkühlen an die Sporenträger einer Schimmelpilz-Reinkultur gehalten.

5. Durch das Loch im Petrislide wird die Nadel eingeführt, bis ihre Spitze die anhaftenden Sporen durch Berührung auf die Agaroberfläche überträgt.
6. Anschließend wird die Kammer wieder verschlossen und aufrecht stehend ungefähr 1 Woche bei Raumtemperatur inkubiert.
7. Die Petrislides werden nach dem Auswachsen der Kulturen flach auf den Objekttisch des Mikroskops gelegt und mit einem der beiden kleinen Objektive (10-fach bzw. 40-fach) mikroskopiert.

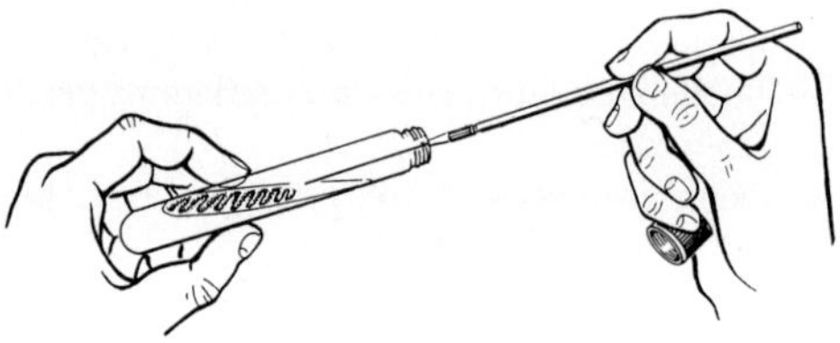

Abb. 86.1: Entnahme von Pilzsporen aus einer Reinkultur

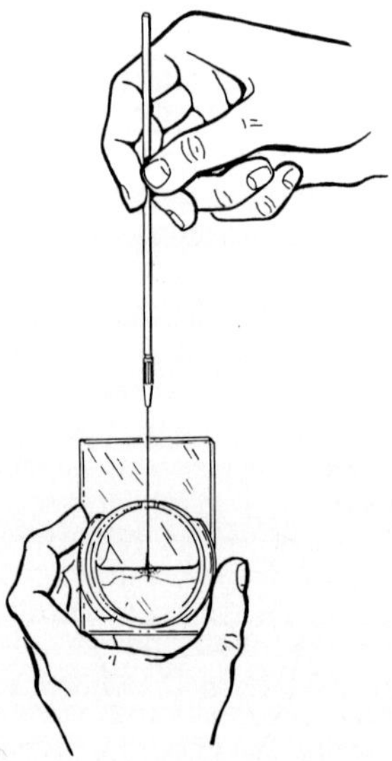

Abb. 86.2: Beimpfen des Nährbodens mit Pilzsporen

Erläuterungen und Hinweise

Zu 1.:
Malzagar ist das geeignete Medium für die Anzucht der meisten Pilze. Die Petrislides brauchen nicht sterilisiert zu werden, da sie wie Einwegpetrischalen keimfrei geliefert werden.

Zu 2.:
Die Pipettenspitze darf beim Befüllen der Petrislides mit Nährboden deren Außenrand nicht berühren, weil es sonst zu Kontaminationen kommen kann, so daß die Anzucht einer Reinkultur nicht möglich ist.

Zu 7.:
In der Seitenansicht sind die einzelnen Sporenträger auch im Durchlicht gut zu erkennen. In dem etwa 5 mm breiten »Wald« der Sporenträger kann man mit Hilfe der Feineinstellung optisch »spazierengehen«. Deutlich lassen sich beispielsweise Unterschiede der zum Teil noch unreifen Sporenträger am Kolonierand und der in der Mitte befindlichen reifen erkennen. Das Hyphengeflecht im Nähragar läßt sich bis zu den feinsten Ausläufern untersuchen. Die Petrislide-Kulturen können mehrere Wochen aufbewahrt werden, und zwar in einem dunklen Schrank bei

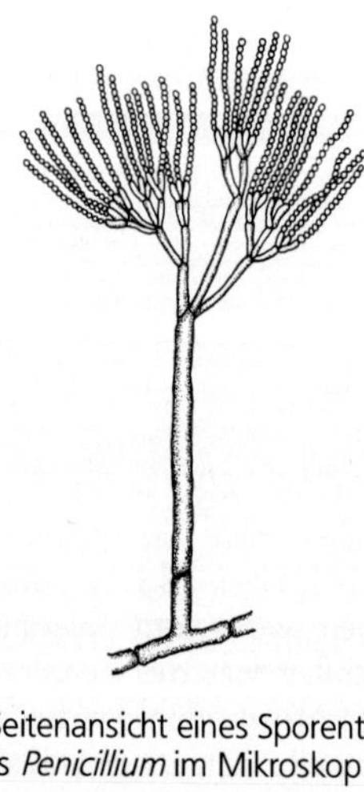

Abb. 86.3: Seitenansicht eines Sporenträgers des Pinselschimmels *Penicillium* im Mikroskop

Raumtemperatur. Von einer Lagerung im Kühlschrank wird abgeraten, da die kalten Kammern bei einer anschließenden Erwärmung leicht beschlagen. Bei Raumtemperatur trocknen die Kulturen kaum aus, außerdem stellen die Pilze das Wachstum aufgrund Nährstoffmangels etwa 2 Wochen nach dem Beimpfen ein.

Fragen und Schwierigkeiten

1. Warum dürfen verschimmelte Früchte oder verschimmeltes Brot nicht offen mikroskopiert werden?
   → *Die entsprechenden Schimmelpilze gehören nicht selten zur Gattung Aspergillus; ihre Sporen können beim Einatmen für die Lunge gefährlich sein. Aspergillus flavus produziert außerdem das Gift Aflatoxin.*

3.6 Lebendkeimzahlbestimmung

3.6.1 Erstellen einer Verdünnungsreihe

Eine Keimzahlbestimmung bei Flüssigkeiten ist durch Auftragen unverdünnter Proben auf Agarplatten meist nicht möglich. Denn die Keimzahl ist normalerweise so hoch, daß keine zählbaren Einzelkolonien heranwachsen, sondern sich ein zusammenhängender Mikrobenrasen bildet. Man verdünnt deshalb die zu untersuchenden Flüssigkeiten in mehreren Stufen, um den Gehalt an vermehrungsfähigen Keimen zu reduzieren.

Die erste der im folgenden angegebenen Methoden wird in der Mikrobiologie verwendet. Für die Schule eignet sich auch das weiter unten beschriebene Verfahren. Dieses ist allerdings weniger genau, erfordert aber einen viel geringeren Aufwand an Glasgeräten und Zeit. Außerdem lassen sich dabei die Reagenzgläser kräftiger schütteln, weil sie kaum 1 ml Flüssigkeit enthalten. Das ist zweckmäßig, weil Mikroorganismen auch kleinste Klumpen Zellaggregate bilden können, was die gute Durchmischung behindert. Bei Bakterien gilt dies zwar vor allem für ältere Kulturen, die in der Schule nicht eingesetzt werden sollen, bei der käuflichen Bäckerhefe aber gilt dies generell. Es muß also auf gute Durchmischung geachtet werden, um diese Fehlerquelle beim Verdünnen möglichst auszuschließen.

Es empfiehlt sich, das Mischen mit 1 ml Farbstofflösung und 9 ml Wasser zu üben, sofern die erste beschriebene Methode verwendet wird.

Verdünnungsreihe (laborübliches Verfahren)

Geräte

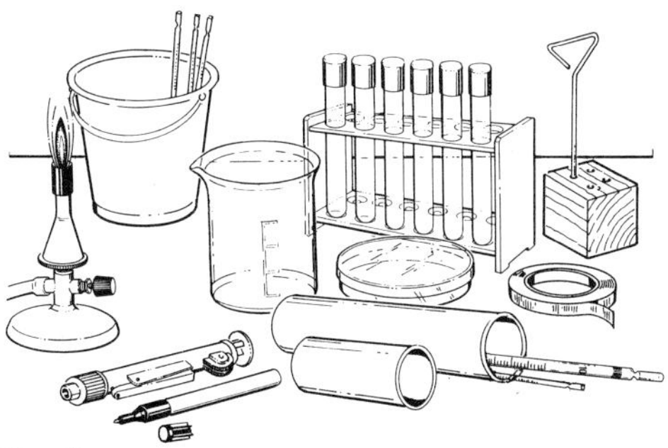

Pro Gruppe:

1 Becherglas (400 ml)
1 Bunsenbrenner
1 Drigalskispatel im Impfblock
16 Einwegpetrischalen
1 Entsorgungseimer für die Pipetten
1 Filzstift, wasserfest
1 Kolbenpipettierhilfe für die 1 ml-Meßpipetten
1 Kolbenpipettierhilfe für die 10 ml-Meßpipette Parafilm oder Klebeband
7 Pipetten (1 ml), steril
1 Pipette (10 ml), steril
6 Reagenzgläser (steril)
1 Reagenzglasständer
1 Uhrglas

Verbrauchsmaterial, Chemikalien, Lebewesen

Leitungswasser, steril
Ethanol, 70% (ca. 50 ml), oder Brennspiritus, 94%, (verdünnt)

Nähragar für 16 Platten (400 ml) gemäß *Anhang*, 2.8
Übernachtkultur eines Mikroorganismus, z. B. *Saccharomyces cerevisiae* (DSM 70449)

Zeitbedarf

1 bis 8: 90 min

Durchführung

1. Sechs sterile Reagenzgläser werden mit jeweils einer der folgenden Aufschriften versehen:
   10^{-1}, 10^{-2}, 10^{-3}, 10^{-4}, 10^{-5}, 10^{-6}.
2. Die Unterseiten von je zwei Agarplatten werden mit folgenden Aufschriften versehen:
   K, 10^{0}, 10^{-1}, 10^{-2}, 10^{-3}, 10^{-4}, 10^{-5}, 10^{-6}.
3. In das Becherglas werden ca. 50 ml Ethanol eingefüllt. Er wird mit einem Uhrglas abgedeckt. Davon entfernt wird ein Brenner entzündet.
4. In alle sechs Reagenzgläser werden je 9 ml steriles Leitungswasser einpipettiert.
5. In das Reagenzglas mit der Aufschrift »10^{-1}« wird 1 ml Stammsuspension (Übernachtkultur) gegeben und anschließend durch Schütteln und Hin- und Herrollen des verschlossenen Reagenzglases zwischen den Handflächen gemischt.
6. Aus dem Reagenzglas mit der Aufschrift »10^{-1}« wird 1 ml der verdünnten Suspension in das Reagenzglas mit der Aufschrift »10^{-2}« übergeführt, anschließend wird wieder sorgfältig gemischt.
7. In gleicher Weise wird verfahren, bis alle sechs Reagenzläser mit je 1 ml Suspension der vorausgehenden Verdünnungsstufe zusätzlich zu den 9 ml Wasser befüllt sind. Für jede Suspensionszugabe wird eine frische Pipette verwendet (Abb. 89.1).
8. Als Kontrolle wird 0,1 ml steriles Wasser auf die beiden Platten mit der Aufschrift »K« gegeben. Nun wird der Drigalskispatel durch Abflammen sterilisiert. Hierzu nimmt man den Spatel aus dem Impfblock, taucht ihn in das Becherglas mit Ethanol und läßt ihn gut abtropfen. Der noch anhaftende Alkohol wird dann am Brenner entzündet und unter ständigem Drehen des Spatels vollständig verbrannt. Der Spatel wird zunächst auf der sterilen Oberfläche des Nährbodens am Rand aufgedrückt und dadurch abgekühlt. Dann wird die aufgetropfte Flüssigkeit mit dem Drigalskispatel gleichmäßig über die Oberfläche der Platten verteilt (Abb. 88.1). Der Drigalskispatel wird anschließend in das Becherglas mit Alkohol zurückgestellt.
9. In gleicher Weise werden die beiden Platten mit der Aufschrift »10^{-6}« mit 0,1 ml Flüssigkeit aus dem mit »10^{-6}« gekennzeichneten Reagenzglas beimpft. Entsprechend wird mit den übrigen Platten verfahren, die in der Reihe zunehmender Konzentrationen beimpft werden. Auf diese Weise kann man mit einer 0,1 ml-Pipette auskommen. Die Platten mit der Aufschrift »10^{0}« werden als letzte mit der unverdünnten Stammlösung (Übernachtkultur) beimpft.
10. Die Petrischalen werden mit Parafilm oder Tesakrepp verklebt.
11. Die Platten werden ein bis zwei Tage bei 30°C bebrütet.
12. Die Kolonien werden gezählt, sobald sie gut zu erkennen sind. Es werden dazu Platten

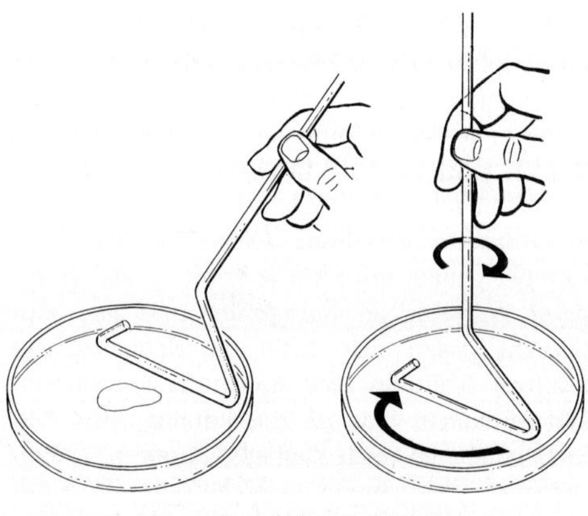

Abb. 88.1: Gebrauch eines Drigalskispatels: Abkühlen (links)und Verteilen (rechts).

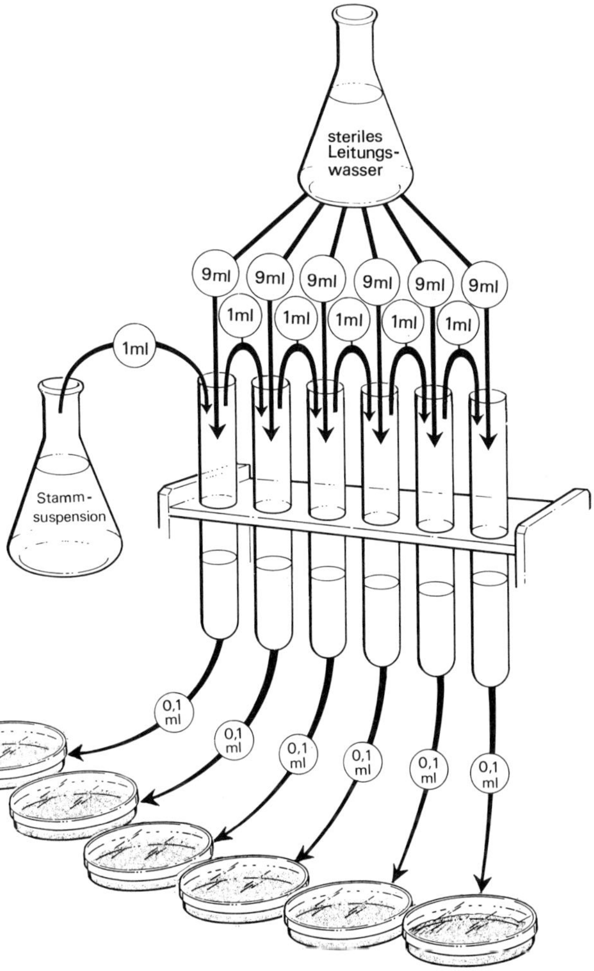

Abb. 89.1: Pipettierschema für das Erstellen einer Verdünnungsreihe (laborübliches Verfahren). Statt 9 ml Verdünnungslösung kann man auch 4,5 ml vorlegen. Dann werden jeweils nur 0,5 ml Suspension ein- bzw. überpipettiert.

ausgewählt, die zwischen 20 und 200 Kolonien enthalten. Aus den Ergebnissen der gleichbehandelten Platten wird der Mittelwert berechnet.

13. Die Kolonienzahl wird durch den Verdünnungsfaktor dividiert. Als Ergebnis erhält man die Zahl der vermehrungsfähigen Keime in 1 ml Stammlösung. Diese Zahl wird auch als Lebendkeimzahl bezeichnet.

Erläuterungen und Hinweise

Zu 1.:
Nachlässig ausgeführte Beschriftungen sind eine häufige Fehlerursache. Es sollen keine Symbole verwendet werden, die eine Entschlüsselungstabelle erforderlich machen. Sollten den Schülern Potenzen mit negativen Exponenten nicht geläu-

fig sein, werden zur Beschriftung Bruchzahlen verwendet.

Zu 2.:
Beschriftet wird die Unterseite der Petrischalen, da die Deckel vertauscht werden können.

Zu 3.:
Ethanol ist leicht entflammbar! Ist der Alkohol doch einmal in Brand geraten, so kann man die Flamme ersticken, indem man das Gefäß mit einer Glasplatte oder mit Alufolie abdeckt.

Zu 5.:
Manche Mikroorganismenarten wachsen nicht, wenn die Verdünnungsreihe mit Wasser erstellt wird (weil die Ionenzusammensetzung von Leitungswasser stören kann). In solchen Fällen werden anstelle des Leitungswassers eine 10^{-3}-molare Magnesiumsulfatlösung oder RINGERlösung (s. *Anhang*, 1.11) verwendet.

Zu 8.:
Es darf kein brennender Alkohol heruntertropfen. Auch ist es wichtig, den Spatel stets abwärts geneigt zu halten, sonst besteht Verbrennungsgefahr durch am Griff zur Hand hinunterlaufenden, brennenden Alkohol.

Zu 11.:
Ist auf den Platten mit der Aufschrift »K« eine nennenswerte Kolonienzahl gewachsen, so waren das verwendete Wasser oder Geräte nicht steril und das Versuchsergebnis ist unbrauchbar. Mehr als zehn Keime pro Platte sollten auch im Schülerexperiment nicht toleriert werden.

Zu 12.:
Bei Platten mit weniger als 50 Kolonien wirken sich zufällige Schwankungen zu stark auf das Ergebnis aus, bei mehr als 200 Kolonien wird das Zählen schwierig; ferner sind in diesem Fall einzelne Kolonien ineinandergewachsen.

Zu 13.:
Beispiel: Auf den Platten mit der Aufschrift 10^{-4} werden 84 bzw. 98 Kolonien gezählt (Abb. 90.1). Der Mittelwert beträgt

$$\mathbf{x = \frac{91}{0{,}1}\,\frac{Keime}{ml} = 910\,\frac{Keime}{ml}}$$

So viele Keime befinden sich also in 1 ml der aufpipettierten Lösung bzw. in 10^{-4} ml der

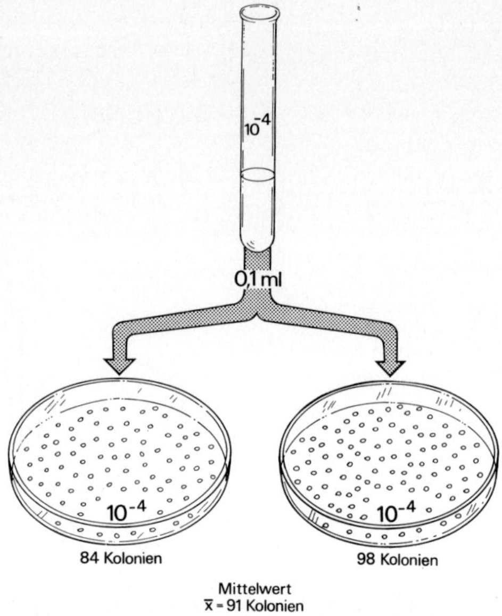

Abb. 90.1: Berechnung des Titers in einer Flüssigkeitskultur

Stammlösung. 1 ml Übernachtkultur enthält 10^4 mal mehr Keime:

$$\mathbf{910 \times 10^4\,\frac{Keime}{ml} = 9\,100\,000\,\frac{Keime}{ml} =}$$

$$\mathbf{9{,}1 \times 10^6\,\frac{Keime}{ml}}$$

Diese Keimzahl ergibt sich bei Verwendung von Hefe. Setzt man Bakterien ein, so erhält man ca. 10^8 bis 10^9 Zellen pro ml.

Verdünnungsreihe (vereinfachte Methode für die Schule)

Die oben angegebene Methode entspricht dem Standard mikrobiologischer Labore und sollte verwendet werden, wenn die Fähigkeit zum Umgang mit Glasgeräten als Vorbereitung für ein Studium oder eine berufliche Tätigkeit ein wichtiges Ziel des Unterrichts ist. Kommt es jedoch in erster Linie auf das Ergebnis des Versuchs an und sind dabei Zugeständnisse an die Genauigkeit möglich, so läßt sich das Verfahren vereinfachen, wobei viele Glasgeräte und sehr viel Zeit eingespart werden kann. Ferner vermindern sich die Durchmischungsprobleme beträchtlich, da dieser Versuch nur mit jeweils 10 Tropfen Flüssigkeit, also kaum 1 ml, durchgeführt wird. Um den Zeitbedarf für diesen Versuch möglichst gering zu halten, wird pro Schüler oder Schülergruppe nur eine Verdünnungsreihe erstellt. Bei der Schlußauswertung werden die Ergebnisse gemittelt.

Geräte

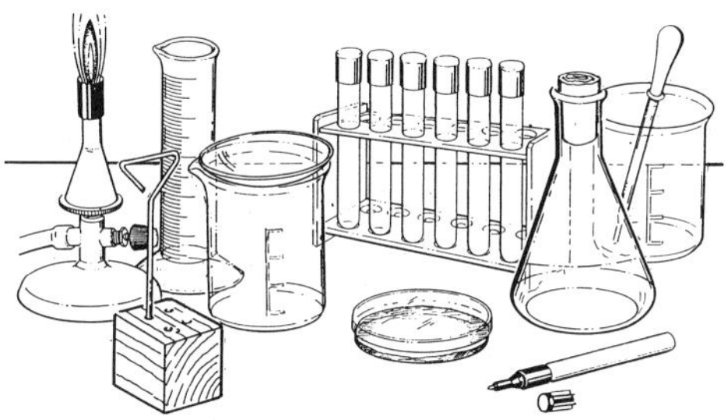

1 Becherglas (400 ml)
1 Bunsenbrenner
1 Drigalskispatel, im Holzblock
1 Erlenmeyerkolben, mit Stopfen
1 Filzstift, wasserfest
1 Meßzylinder (10 ml)
8 Nähragarplatten (s. *Anhang*, 2.8)
6 Reagenzgläser, steril
1 Tropfpipette, steril, mit Gummihütchen
1 Uhrglas

Verbrauchsmaterial, Chemikalien, Lebewesen

Leitungswasser, steril
Ethanol (ca. 50 ml), vergällt
Übernachtkultur, z.B. von *Bacillus megaterium* (DSM 32) oder von Bäckerhefe (*Saccharomyces cerevisiae*, DSM 70449).

Zeitbedarf

1. bis 8.: 45 min

Durchführung

1. Sechs Reagenzgläser werden mit jeweils einer der folgenden Aufschriften versehen: 10^{-1}, 10^{-2}, 10^{-3}, 10^{-4}, 10^{-5}, 10^{-6}.
2. Die Unterseiten je einer Nähragarplatte wird mit K, 10^{0}, 10^{-1}, 10^{-2}, 10^{-3}, 10^{-4}, 10^{-5}, 10^{-6} beschriftet.
3. In das Becherglas wird ca. 50 ml Ethanol eingefüllt; es wird mit dem Uhrglas abgedeckt. **Vorsicht:** Ethanol ist leicht entzündlich. Ist der Alkohol doch einmal in Brand geraten, so kann man die Flamme ersticken, indem man das Gefäß mit dem Uhrglas abdeckt.
4. In jedes der sterilen Reagenzgläser werden 9 Tropfen steriles Leitungswasser gegeben.
5. Danach wird ein Tropfen steriles Wasser auf die Platte mit der Aufschrift »K« gegeben und mit dem vorher abgeflammten Drigalskispatel gleichmäßig über die Oberfläche der Platte verteilt (s. *Laborübliches Verfahren*, Durchführung, Punkt 8).
6. In das Reagenzglas mit der Aufschrift »10^{-1}« gibt man einen Tropfen der Übernachtkultur und vermischt sorgfältig, indem man das verschlossene Reagenzglas zwischen den Handflächen schüttelt und hin- und herrollt. Einen Tropfen gibt man ferner auf die Petrischale mit der Aufschrift »10^{0}« und breitet diesen, wie unter 5. beschrieben, mit dem erneut abgeflammten Drigalskispatel aus. Anschließend wird die Pipette im sterilen Wasser abgespült.
7. Aus dem Reagenzglas mit der Aufschrift »10^{-1}« wird ein Tropfen auf der Petrischale mit der Aufschrift »10^{-1}« ausgespatelt. Ein weiterer Tropfen wird in das Reagenzglas mit der Aufschrift »10^{-2}« übergeführt, dann wird ebenfalls sorgfältig vermischt.
8. In gleicher Weise wird verfahren, bis alle sechs Reagenzgläser mit je 1 Tropfen zunehmend verdünnter Suspension und 9 Tropfen Wasser gefüllt und alle acht Petrischalen entsprechend ihrer Aufschrift beimpft worden sind.
9. Die Platten werden ein bis zwei Tage bei 30°C bebrütet.

10. Die Kolonien werden gezählt, sobald sie gut zu erkennen sind. Es wird zu diesem Zweck diejenige Platte ausgezählt, die 50 bis 200 Kolonien enthält.
11. Es wird die Keimzahl pro ml Übernachtkultur bestimmt. Dafür muß man wissen, wieviele ml ein Tropfen enthält. Um dies zu ermitteln, gibt man soviele Tropfen (n) in den Meßzylinder, daß ein Volumen von 2 ml erreicht wird. Das Volumen eines Tropfens (V) ergibt sich dann gemäß
V = 2 ml : n

Erläuterungen und Hinweise

Die zu diesem Versuch erforderlichen Anmerkungen sind weitgehend mit denen des vorausgegangenen Abschnitts identisch, so daß hier nur die Abweichungen erläutert werden müssen.

Zu 5.:
Es ist wichtig, mit der Kontrolle zu beginnen, weil das sterile Wasser anschließend zum Spülen benötigt und daher kontaminiert wird.

Zu 11.:
Dieses Verfahren ist möglich, weil das Volumen eines Tropfens, der aus ein und derselben Pipette fällt, weitgehend konstant ist, sofern sich die Zähigkeit der verwendeten Flüssigkeit nicht ändert.

Beispiel: Um ein Volumen von 2 ml zu erzielen, wurden 32 Tropfen benötigt. Das Volumen eines Tropfens ist dann
V = 2 ml : 32 = 0,06 ml

Hat man einen Satz gleichartiger Tropfpipetten zur Verfügung, so kann man, um Zeit zu sparen, das Tropfenvolumen von einem Schüler, der schnell mit der Verdünnungsreihe fertig ist, bestimmen lassen. Die anderen Gruppen übernehmen das Ergebnis. Die Zahl der ausgezählten Kolonien wird durch den Verdünnungsfaktor dividiert. Das Ergebnis gibt die Zahl der vermehrungsfähigen Keime (N) in einem Tropfen der Stammlösung an. Dividiert man diese Zahl noch durch das Tropfenvolumen V, so erhält man die Zahl der vermehrungsfähigen Keime in 1 ml Stammlösung.

Beispiel: Auf der Platte mit der Aufschrift »10^{-4}« werden 186 Kolonien gezählt. Das Volumen eines Tropfens beträgt 0,06 ml. Die Zahl der Keime wird durch den Verdünnungsfaktor dividiert:

$$N = \frac{\textbf{186 Keime}}{\mathbf{10^{-4}}}$$
$$= \mathbf{1{,}86 \cdot 10^{6}} \text{ Keime}$$

Der erhaltene Wert wird durch das Tropfenvolumen (V) dividiert:

$$\mathbf{N/ml} = \frac{\mathbf{1{,}86 \cdot 10^{6}}\ \textbf{Keime}}{\textbf{0,06 ml}}$$
$$= \mathbf{3{,}1 \cdot 10^{7}}\ \textbf{Keime/ml}$$

Die Ausgangslösung enthielt 31.000.000 Keime pro ml.

3.6.2 Keimzahlbestimmung in Rohmilch und Vollmilch

Bei der Pasteurisierung der Rohmilch (40 sec langes Erhitzen auf etwa 72°C) wird eine große Zahl von Bakterien abgetötet, wodurch die Milch haltbar wird. Zu diesen zählen auch die Milchsäurebakterien. Endosporenbildende Bakterien (z.B. *Bacillus*-Arten) und einige Schimmelpilzsporen bleiben dabei allerdings vermehrungsfähig.

Pasteurisierte Vollmilch wird daher nicht nach wenigen Tagen sauer wie frische Rohmilch, die relativ viele Milchsäurebakterien enthält, sondern bekommt nach längerer Zeit aufgrund der sich vermehrenden Sporenbildner einen schlechten, bitteren Geschmack. Die Milch hat einen »Stich«.

Das im folgenden beschriebene Verfahren dient dazu, die unterschiedlichen Keimtypen »Milchsäurebakterien« und »Mikroorganismen«, die nicht in der Lage sind, Milchsäure zu bilden, in der Rohmilch und Vollmilch nachzuweisen. Die Verdünnungsreihe wird nach dem einfachen Verfahren (s.o.) erstellt, es kann allerdings auch nach dem laborüblichen Verfahren vorgegangen werden.

Geräte

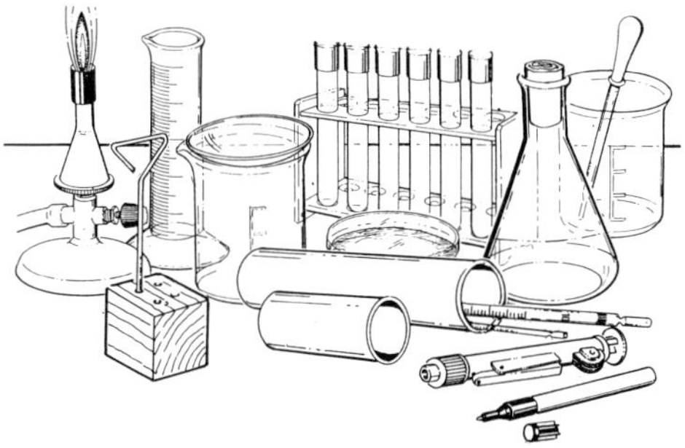

1 Becherglas (400 ml)
1 Bunsenbrenner
1 Drigalskispatel, im Holzblock
2 Erlenmeyerkolben, steril, mit Stopfen (für die Milchproben)
1 Erlenmeyerkolben, mit Stopfen (für Ringerlösung)
1 Filzstift, wasserfest
1 Meßzylinder (10 ml)
15 Petrischalen
1 Pipette, 10 ml, steril
1 Pipette, 1 ml, steril
Pipettierhilfen
6 Reagenzgläser, steril
4 Reagenzgläser, steril
1 Tropfpipette, steril, mit Gummihütchen
1 Uhrglas

Verbrauchsmaterial, Chemikalien, Lebewesen

Aqua dest.
Rohmilch, frisch vom Bauern oder Bioladen, ungekühlt
Vollmilch, abgepackt, (evtl. H-Milch)
Chinablau-Laktose-Agar (500 ml) (*Merck* 2348)
Ethanol
1 Ringertablette (*Merck* 15525)

Zeitbedarf

Ansetzen und Autoklavieren der Lösungen: 60 min
Ausstreichen der Milchkulturen: 30 min
Wartezeit: 24 h

Vorbereitung

Es werden 100 ml Ringerlösung und 500 ml Chinablau-Laktose-Agar angesetzt und autoklaviert (s. *Anhang*, 1.11, 2.2). Der Nährboden wird in Petrischalen gegossen (etwa 20 bis 25 ml pro Schale, es werden mindestens 14 Platten benötigt). In die 12 Reagenzgläser werden für die Verdünnungsreihe jeweils 9 ml Ringerlösung unter sterilen Bedingungen vorgelegt (10 ml-Pipette, Kolbenpipettierhilfe).

Durchführung

1. Die Verdünnungsreihen für Vollmilch und Rohmilch können nach beiden unter 3.6.1 beschriebenen einfachen Verfahren erstellt werden. Als Medium zum Verdünnen wird jedoch kein Leitungswasser, sondern sterile Ringerlösung vorgelegt. Als Stammsuspension dient die jeweilige Milchprobe.
2. Es werden zwei sterile Reagenzglasreihen vorbereitet, eine für Vollmilch (mit »V« beschriftet), eine für Rohmilch (mit »R« beschriftet).
3. Nach dem Ausplattieren werden alle Platten 24 h bei 30°C inkubiert (Ergebnis: s. Abb. 142.1).

Fragen und Schwierigkeiten

1. Weshalb ist es notwendig, beim Verdünnen der Keime, also in Richtung niedrigerer Konzentration der Keime, die Pipette zu wechseln, während beim Auftragen in umgekehrter Richtung, zur höheren Konzentration fortschreitend, ein Wechsel nicht nötig ist?
→*In der Pipette bleibt immer ein Tropfen zurück. Er enthält jeweils Keime aus der gerade pipettierten Verdünnungsstufe. In Richtung niedrigerer Konzentrationen ist der Mikrobengehalt im Tropfen so hoch, daß es zu einer Verfälschung der Ergebnisse kommt. In umge-*

kehrter Richtung fällt die relativ niedrige Konzentration des Tropfen praktisch nicht ins Gewicht.

2. Warum erscheinen Milchsäurebakterien auf dem Chinablau-Laktose-Agar blau, während coliforme Keime weißlich bleiben?
→*Der Nährboden enthält Laktose als Nahrungsquelle für die Mikroorganismen, deren Abbau zu Milchsäure vom pH-Indikator Chinablau durch einen Farbumschlag von farblos nach blau angezeigt wird* (s. Abb. 142.1).

Erläuterungen und Hinweise

Der Nährboden der sterilen Chinablau-Laktose-Platten hat einen leichten Blauton. Beimpfte Platten weisen um die Kolonie von Milchsäurebakterien kornblumenblaue Zonen auf. Häufig sind nur die Kolonien selbst kornblumenblau gefärbt.

3.7 Wachstumsmessung an lebenden Kulturen

Die Änderung in der Konzentration der Mikroorganismen in einem flüssigen Medium kann auf dreierlei Weise bestimmt werden:

a) Direkt, durch Auszählen der einzelnen Zellen der wachsenden Population unter dem Mikroskop in bestimmten Zeitabschnitten. Diese Methode erfordert allerdings einen Klassensatz Zählkammern.
b) Indirekt, indem man in bestimmten Abständen Platten mit bakterienhaltiger Suspension der wachsenden Population beimpft, die nach dem Bebrüten entstehenden Kolonien zählt und daraus die jeweilige Konzentration der Mikroorganismen berechnet (s. *Verdünnungsreihe, 3.1.6)*.
c) Durch Trübungsmessungen an einer wachsenden Population.

Wachstumskurven der Mikroorganismen nimmt man in der Schule zweckmäßigerweise mit Hilfe eines Photometers auf. Dabei wird die Lichtstreuung einer wachsenden Population in regelmäßigen Abständen (s. 3.7.1) oder kontinuierlich (s. 3.7.2) gemessen.

Bei der Messung wird Licht, das in eine Bakteriensuspension eingestrahlt wird, an der Grenzfläche zwischen Bakterienwand und umgebendem Wasser gestreut. Die Streuung fällt um so stärker aus, je mehr Bakterien in der Suspension enthalten sind. Der Zusammenhang zwischen der Konzentration der Bakterien und der mit dem Photometer meßbaren, scheinbaren Extinktion ist für nicht zu hohe Konzentrationen annähernd linear. (Der Begriff Extinktion wird für lichtabsorbierende Lösungen verwendet. Im vorliegenden Fall ist die Streuung der lichtvermindernde Vorgang und nicht eine Absorption, daher spricht man von scheinbarer Extinktion).

In Abb. 94.1 ist eine Wachstumskurve von *Vibrio natriegens* dargestellt. Sie beschreibt die Änderung der Konzentration im Laufe der Zeit, macht aber keine Angaben über absolute Konzentrationswerte. Im Zusammenhang mit dem Wachstum einer Population aus Mikroorganismen sind solche Zahlenangaben in der Schule normalerweise auch entbehrlich. Eine entsprechende Eichung der Wachstumskurve erfordert überdies einen hohen apparativen und organisa-

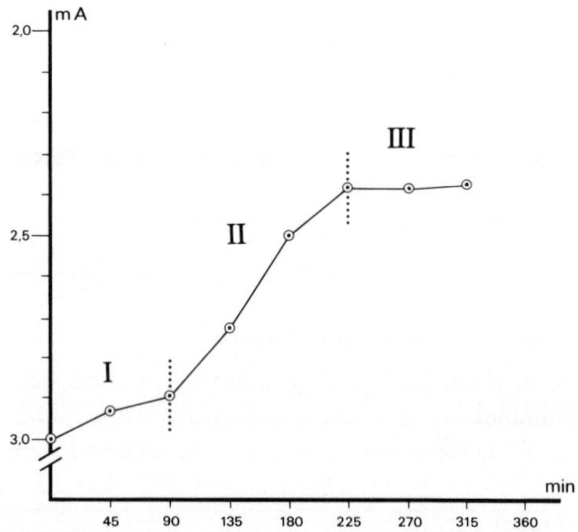

Abb. 94.1: Zunahme der optischen Dichte der wachsenden Population eines Bakterienstammes (schematisch; je nach Versuchsdauer ist mit einem entsprechenden Ergebnis zu rechnen).

torischen Aufwand, der allenfalls in Arbeitsgemeinschaften zu bewältigen ist.

I: lag-Phase
Mikroorganismen, die aus einer Übernachtkultur kommen, die inzwischen nährstoffarm und reich an Stoffwechselprodukten ist, stellen ihren Stoffwechsel verzögert auf das nun reiche Nährstoffangebot der frischen Lösung um (engl. *lag:* Verzögerung). Die Syntheseraten von Proteinen, Ribonucleinsäuren und Desoxyribonucleinsäuren sind noch verschieden, so daß die Zellen langsam wachsen und sich nur selten teilen.

II: log-Phase
In dieser Vermehrungsphase wächst die Population exponentiell. Bei jedem Vermehrungsschritt werden aus einer lebenden Zelle zwei neue Individuen. Wird das Wachstum der Population *log*arithmisch gegen die Zeit aufgetragen, verläuft die Kurve linear steigend. Aus ihrer Steigung läßt sich die Generationszeit direkt ablesen. Daher spricht man auch von einer log-Phase des Wachstums (s. Erläuterungen und Hinweise, zu 7. sowie Abb. 98.1).

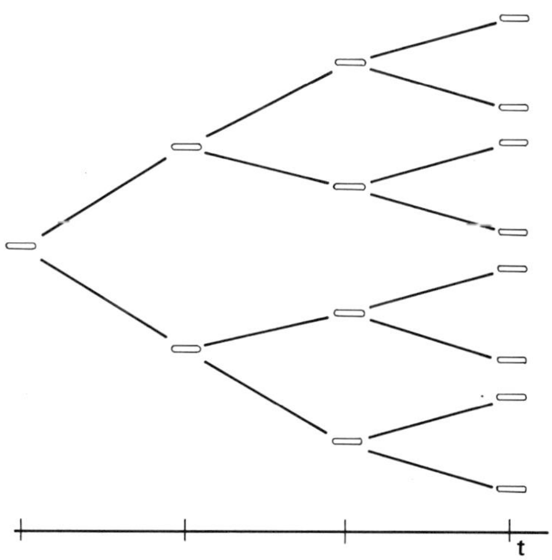

Abb. 95.1: Schematische Darstellung des Wachstums einer Bakterien- oder Hefepopulation. Sterbefälle sind nicht berücksichtigt. Die Populationsdichte verdoppelt sich in bestimmten Zeitabständen (s. Erläuterungen und Hinweise, zu 7.

III: stationäre Phase
Die Wachstumsrate ist gleich der Sterberate, so daß die Zahl der Zellen insgesamt konstant bleibt.

IV: Absterbephase
Es sterben mehr Zellen ab, als neue entstehen.

3.7.1 Trübungsmessung in regelmäßigen Abständen

Grundsätzlich läßt sich mit jedem Mikroorganismus – geeignete Nährlösung vorausgesetzt – eine Wachstumskurve erstellen. In dieser Versuchsanleitung werden Kulturen von *Bacillus megaterium*, *Saccharomyces cerevisiae* (Backhefe) oder *Vibrio natriegens* vorgeschlagen. Letztgenannter Mikroorganismus ist besonders geeignet, da ein bestimmter Stamm mit 10 bis 15 min die kürzeste bisher bekannte Generationszeit besitzen (MÜLLENGER/GILL 1973).

Im Unterricht läßt sich mit *Vibrio natriegens* innerhalb einer einzigen Doppelstunde eine Wachstumskurve erstellen, besonders wenn man zwei unterschiedlich »alte« Kulturen verwendet, eine frisch angeimpfte und eine, die 1,5 h alt ist.

Die Absterbephase kann photometrisch nicht erfaßt werden. Es lohnt sich, die einzelnen Extinktionswerte mit den entsprechenden Lebendkeimzahlen der Kultur zu eichen. Durch Ausplattieren verdünnter Proben der Kultur zu verschiedenen Zeitpunkten und darauf folgender Berechnung der Konzentrationswerte erfolgt die Eichung (s. 3.6.1).

Geräte

1 Becherglas (400 ml)
1 Bunsenbrenner
1 Erlenmeyerkolben zum Abstellen des Glasstabes in Ethanol
1 Glasstab
1 Lichtquelle, die möglichst gerichtetes Licht abgibt, z. B. Diaprojektor oder Kaltlichtquelle
1 Photometer (z. B. Selbstbaugerät, 2.4.6)

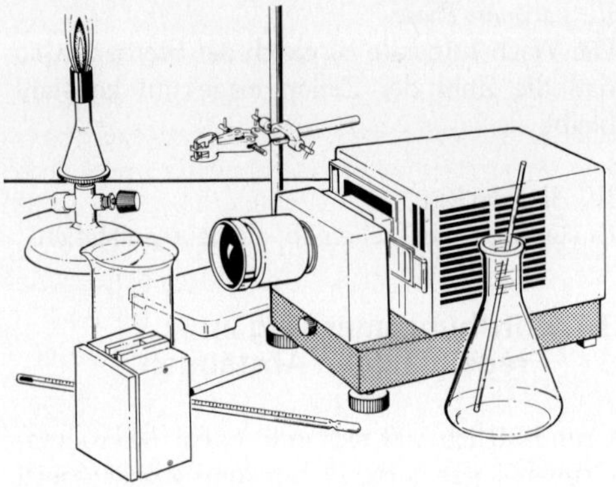

Stativmaterial
1 Thermometer

Verbrauchsmaterial, Chemikalien, Lebewesen

Alufolie

Ethanol
Hirn-Herz-Bouillon (falls *Vibrio natriegens* verwendet wird) (s. *Anhang*, 2.3)
Malzbouillon (falls Bäckerhefe verwendet wird) (s. *Anhang*, 2.7)
Nährbouillon (falls *Bacillus megaterium* verwendet wird) (s. *Anhang*, 2.9)
Übernachtkultur der zu untersuchenden Bakterien, z.B. *Bacillus megaterium* (DSM 32), *Vibrio natriegens* (DSM 759) oder von Bäckerhefe (*Saccharomyces cerevisiae*, DSM 70449)

Zeitbedarf

Ansetzen des Versuchs: 45 min
Für jede Messung in 15minütigem Abstand: 8 min

Durchführung

1. Am Vorabend des Versuchs wird die Übernachtkultur gemäß 2 angesetzt. Arbeitet man mit Hefe, so verwendet man eine frisch bereitete Suspension von 1 g Hefe in 100 ml Malzbouillon.
2. Die Meßanlage wird entsprechend Abb. 96.1 (ohne den Schreiber) aufgebaut.
3. In das Becherglas werden 300 ml Bouillon mit einer Temperatur von 35°C gegeben. Nun schaltet man die Lichtquelle ein und regelt die Spannung so, daß das Amperemeter einen Strom von 3 mA anzeigt.

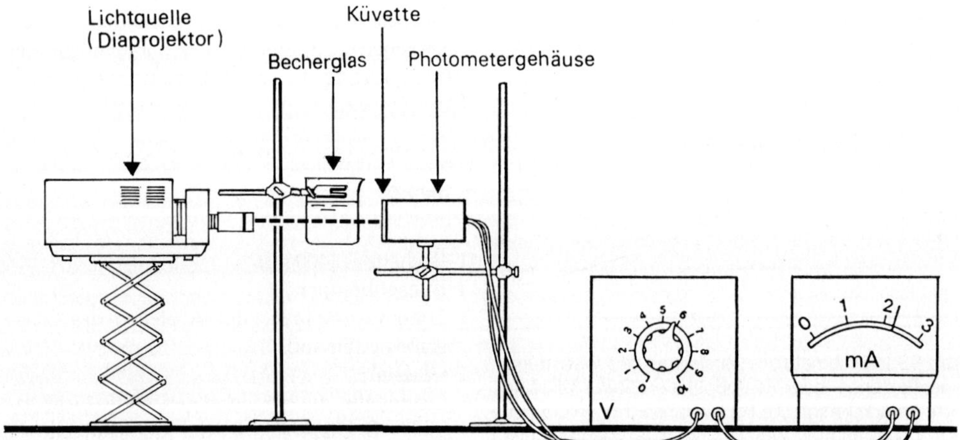

Abb. 96.1: Versuchsaufbau der Meßanlage

4. Zu der Bouillon gibt man so viel von der einzusetzenden Übernachtkultur, daß das Amperemeter noch eine Stromstärke von 2,7 mA anzeigt. Während der Zugabe muß gründlich umgerührt werden. Danach deckt man das Becherglas mit Alufolie ab, um einer Kontamination aus der Luft vorzubeugen. Abschließend wird die Spannung so weit erhöht, daß das Amperemeter wieder einen Strom von 3 mA anzeigt, den Ausgangswert der nun folgenden Meßreihe. Diese Einstellung des Spannungsreglers darf während des gesamten Versuchs nicht mehr verändert werden.
5. Alle 15 min wird ein Meßwert genommen. Hierzu wird die Suspension sorgfältig mit dem in Ethanol getauchten und abgeflammten Glasstab aufgerührt, Lichtquelle und Spannungsquelle des Photometers bleiben eingeschaltet.
6. Ebenfalls alle 15 min, am besten im Anschluß an eine Messung, wird die Temperatur der Suspension neu eingestellt. Das Thermometer zeigt eine Temperatur unter 30°C an. Man erwärmt mit dem Bunsenbrenner das Becherglas vorsichtig und unter Rühren, bis die Suspension wieder eine Temperatur von 35°C erreicht hat. Danach wird das Becherglas mit Alufolie abgedeckt.
7. Die Meßergebnisse werden in ein Stromstärke-Zeit-Diagramm eingetragen. Man verwendet dazu halblogarithmisches Papier, die Extinktionswerte werden logarithmisch aufgetragen.

Erläuterungen und Hinweise

Zu 2.:
Beim Aufbau der Meßanlage muß darauf geachtet werden, daß unter dem Becherglas genug Platz für den Bunsenbrenner bleibt. Die optische Achse – also die Gerade, die durch den Mittelpunkt der Lichtaustrittsfläche und den Mittelpunkt der Meßzelle bestimmt ist – soll durch die Mitte der Flüssigkeitssäule gehen. Das Becherglas darf während des Versuchs nicht aus seiner Halterung gelöst werden, etwa um es in einen Brutschrank oder auf einen Rührer zu stellen. Das Glas ist nämlich nicht schlierenfrei, auch ist die optische Dichte an allen Stellen der Glaswand verschieden. Handelsübliche Küvetten mit einer Breite von 1 cm, können nicht empfohlen werden, weil der Weg des Lichts durch die Suspension hier viel zu kurz wäre; die Änderung der Bakteriendichte könnte kaum gemessen werden. Optimal wäre eine Küvette mit einer Breite von mindestens 5 cm. Diese sind allerdings sehr teuer.

Man muß auch mit einer ausreichend hohen Flüssigkeitssäule messen, um die Gefahr auszuschließen, daß das Meßergebnis durch Totalreflexion an der Oberfläche der Flüssigkeit oder am Boden des Glases verfälscht wird.

Zu 3.:
Bei einer Zimmertemperatur von 20°C sinkt die Temperatur eines gefüllten 400 ml-Becherglases innerhalb von 30 min von 35°C auf 25°C. Die Durchschnittstemperatur beträgt also etwa 30°C.

Zu 4.:
Man erhält auf diese Weise annähernd reproduzierbare Kurvenverläufe. Bei *Bacillus megaterium* als Untersuchungsobjekt wird im Laufe eines Vormittags die stationäre Phase erreicht, bei Bäckerhefe in einem Tag, bei *Vibrio natriegens* innerhalb von 1,5 h. Weniger zweckmäßig ist es, zu Beginn des Versuches ein bestimmtes Volumen Übernachtkultur einzusetzen, da jede Übernachtkultur verschieden konzentriert sein kann. Gibt man dagegen stets so viel Übernachtkultur zu, bis eine Stromstärke von 2,7 mA angezeigt wird, so schafft man jeweils vergleichbare Ausgangsbedingungen.

Zu 7:
Bestimmung der Generationszeit
Verschiedene Bakterienarten unterscheiden sich in der Generationszeit. Diese läßt sich anhand der Wachstumskurve graphisch bestimmen (Nevers et al. 1991). Man benötigt dazu halblogarithmisches Papier, da sich Bakterien exponentiell vermehren. Denn in jeder Generation verdoppelt sich die Zahl der Individuen, voraus-

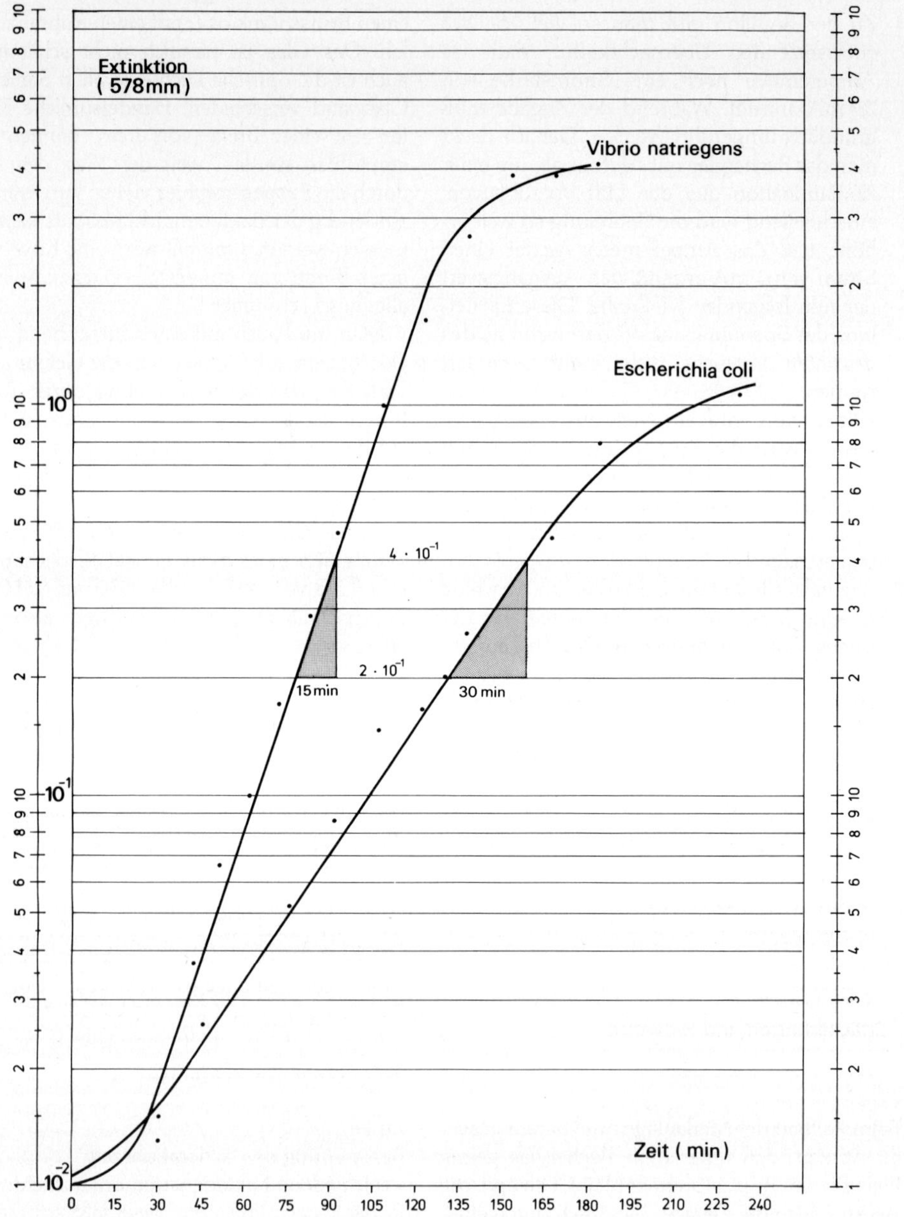

Abb. 98.1: Wachstumskurven von *Vibrio natriegens* und *Escherichia coli* (Ausschnitt). Bestimmung der Generationszeit (schematisch, s. Text). Trägt man das Populationswachstum logarithmisch zur Zeit auf, so ergibt sich eine Gerade. Bei der durch die Kurve links charakterisierten Population erfolgt die Verdopplung der Individuenzahl alle 15 min, bei der durch die Kurve rechts charakterisierten dagegen alle 30 min.

Zeit (min)	Zahl der Teilungen	Zahl der Organismen	Logarithmus zur Basis 2 (lg) der Zahl der Organismen	Logarithmus zur Basis 10 (log) der Zahl der Organismen
0	0	$1=2^0=10^0$	0	0,000
20	1	$2=2^1=10^{0,301}$	1	0,301
40	2	$4=2^2=10^{0,602}$	2	0,602
60	3	$8=2^3=10^{0,903}$	3	0,903
80	4	$16=2^4=10^{1,204}$	4	1,204
100	5	$32=2^5=10^{1,505}$	5	1,505
120	6	$64=2^6=10^{1,806}$	6	1,806
140	7	$128=2^7=10^{2,107}$	7	2,107
160	8	$256=2^8=10^{2,408}$	8	2,408
180	9	$512=2^9=10^{2,709}$	9	2,709
200	10	$1024=2^{10}=10^{3,010}$	10	3,010
.	.	.	.	.
.	.	.	.	.
.	.	.	.	.
2640	132	$2132=10^{39,732}$	132	39,732

Tab. 99.1: Exponentielles Wachstum einer Bakterienpopulation ausgehend von einem einzigen Bakterium und bei einer Generationszeit von 20 min (nach *Nevers* et al. 1991), verändert. Die Angaben zur Populationsgröße nach 132 Generationen sind Spekulation: Da 10^{12} Bakterien ungefähr 1 g wiegen, brächten $10^{39,732}$ ($\approx 5 \cdot 10^{39}$) Bakterien etwa die Masse der ganzen Erde, das sind $5,973 \cdot 10^{27}$ g, auf die Waage (nach *Linder*, S. 75, *Bayrhuber/Kull* 1989).

gesetzt keines von ihnen geht zugrunde (Tab. 99.1). Aber auch dann, wenn laufend ein Teil der Bakterien stirbt, wächst die Population exponentiell, wenngleich mit einem etwas geringeren Zuwachs.

3.7.2 Kontinuierliche Trübungsmessung

Geräte

1 Amperemeter (Bereich 3 mA)
1 Blaufilter (*Schott* BG 1)
1 Bunsenbrenner
1 große Glasküvette (6,5×6,0×2,0 cm) mit Abdeckung
1 Lichtquelle, die möglichst gerichtetes Licht abgibt, z. B. Kaltlichtquelle
1 Magnetrührer
2 Pipetten (je 5 ml), steril, mit Kolbenpipettierhilfe
2 Reagenzgläser mit Kappe, steril, für die Übernachtkultur

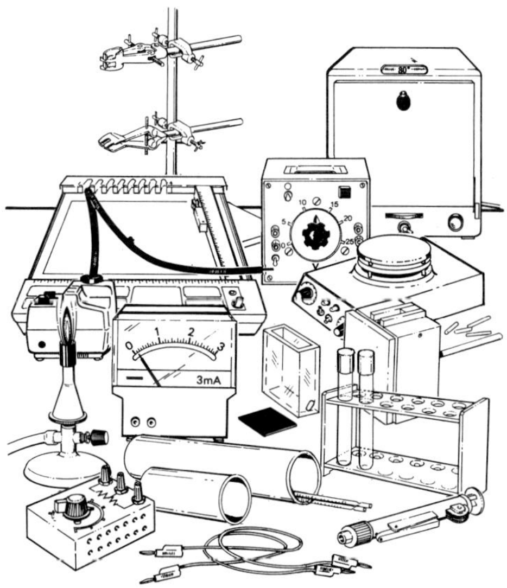

1 Rührstäbchen, das sich in der Küvette noch drehen kann
1 Selbstbau-Photometer
1 Spannungsquelle (ca. 6 V Gleichspannung)
Stativmaterial mit Klemmen und Muffen

1 y-/t-Schreiber bzw. entsprechende Hard- und Software
6 Verbindungskabel mit Bananenstecker
1 Widerstand, regelbar (0 bis 100 Ω)

Im folgenden wird ein Verfahren beschrieben, bei dem die Wachstumskurve einer Kultur von *Vibrio natriegens* mittels Schreiber kontinuierlich aufgezeichnet wird. Auch in diesem Falle ist eine Eichung zu empfehlen (s. 3.7.1).

Verbrauchsmaterial, Chemikalien, Lebewesen

Hirn-Herz-Bouillon (s. *Anhang*, 2.3)
NaCl
Vibrio natriegens (DSM 759)

Zeitbedarf

Ansetzen des Versuchs:	45 min
Aufzeichnung der Kurve:	2 x 45 min

Vorbereitung

1. Es werden 100 ml 3,7%ige Hirn-Herz-Bouillon mit 2% NaCl-Zusatz autoklaviert.
2. In zwei Reagenzgläser wird je 5 ml Bouillon unter sterilen Bedingungen einpipettiert und mit *Vibrio natriegens* als Übernachtkultur beimpft. Inkubiert wird bei 35°C.
3. Die Versuchsapparatur wird entsprechend Abb. 101.1 oben aufgebaut, der Fotowiderstand des Photometers und der Schreiber werden gemäß Schaltplan vernetzt.
4. Die Küvette wird samt Rührstäbchen mit 70%igem Alkohol ausgespült und im Trokkenschrank bei 60°C getrocknet.

Durchführung

1. In die getrocknete Küvette werden ca. 80 ml Bouillon unter sterilen Bedingungen eingefüllt. Der Magnetrührer wird eingeschaltet.
2. Aus derjenigen Übernachtkultur, die die stärkste Trübung aufweist, werden unter sterilen Bedingungen 0,4 ml in die gefüllte Küvette gegeben.
3. Die Spannung wird so eingestellt, daß das Amperemeter 3 mA (Vollausschlag) anzeigt, wenn der Lichtstrahl durch das Blaufilter und die Küvette mit der frisch angeimpften Nährlösung auf den Photowiderstand trifft.
4. Der Schreiber wird so abgestimmt, daß bei Vollausschlag des Amperemeters der Schreibstift unten steht und bei etwa 0,5 mA möglichst weit oben. Die Papiervorschubgeschwindigkeit sollte etwa 3 min/cm betragen.
5. Der Schreiber wird gestartet.

Erläuterungen und Hinweise

Zu 2.:
Die Stärke der Trübung gibt einen Hinweis darauf, wie gut die angeimpfte Kultur wächst.

Zu 3.:
Während des Wachstums nimmt der Widerstand im Stromkreis zu, weil weniger Licht auf den Fotowiderstand auftrifft (Streuung und Absorption des Lichtes an Bakterienzellen) und die Stromstärke deswegen allmählich abnimmt. Zwischen Lichtquelle und Küvette wird ein Blaufilter angebracht, um das Absorptionsmaximum der Kultur annähernd zu erreichen. Auf diese Weise werden Konzentrationsänderungen optimal erfaßt, also auch kleine Änderungen registriert.

Fehlerbetrachtung: Beim Fotowiderstand besteht keine lineare Beziehung zwischen der Veränderung der Stromstärke und der Beleuchtungsstärke. Außerdem ist das der Photometrie zugrunde liegende *Lambert-Beersche* Gesetz nicht erfüllt, da durch Lichtbrechung an den Bakterien Streulicht auftritt, am Ende des Bakterienwachstums die zu messende Suspension nicht stark verdünnt ist und überdies kein monochromatisches Licht verwendet wird. Aus den gemessenen Stromstärken bzw. Schreiberausschlägen lassen sich die tatsächlichen Konzentrationen (bezogen auf die Konzentration der Übernacht-

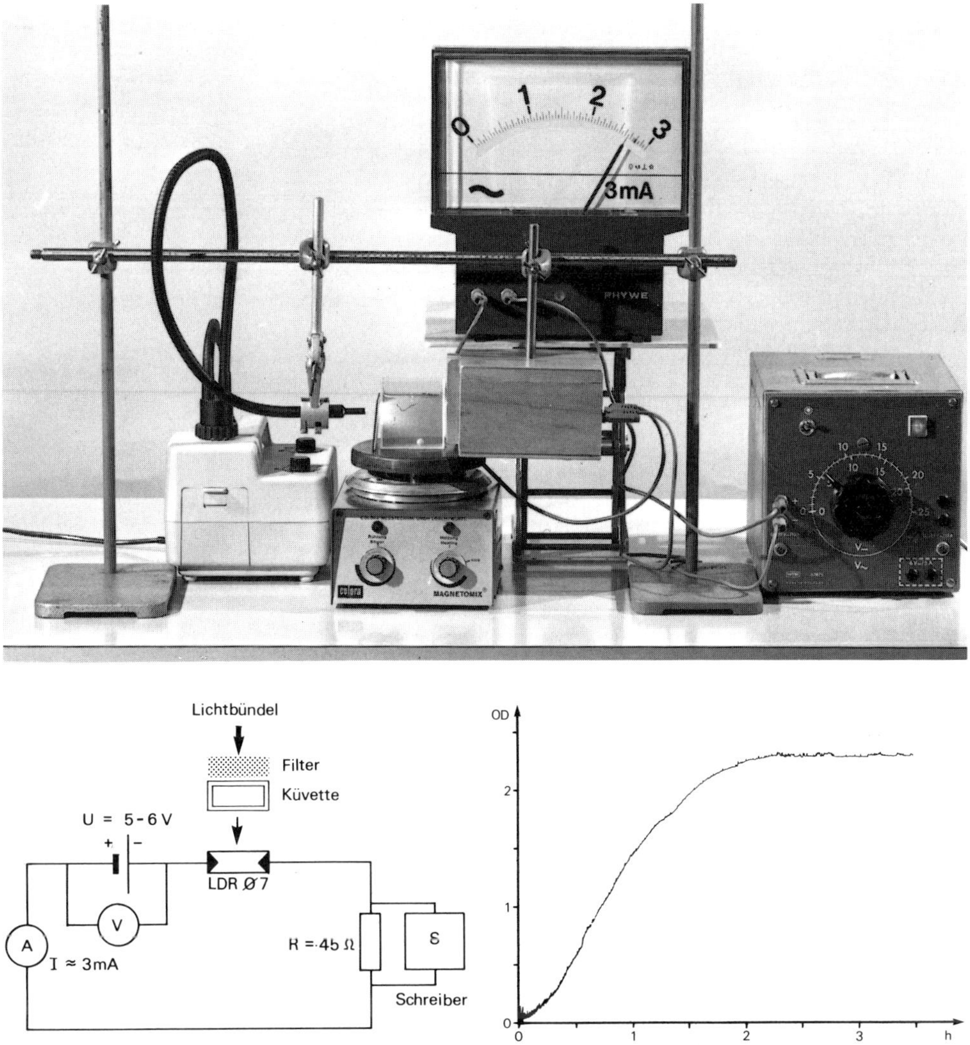

Abb. 101.1: Versuchsaufbau ohne Schreiber (oben), Schaltplan und Wachstumskurve (unten)

kultur) daher nur mit Hilfe einer vorher erstellten Eichkurve ermitteln.

Zu 4.:
Damit der Schreibstift bei etwa 0,5 mA möglichst weit oben steht, muß eventuell die Schreiberempfindlichkeit verändert werden. Möglicherweise müssen auch die Stecker an den Schreibereingängen umgepolt werden.

Zu 5.:
Nach etwa 90 min ist die Wachstumskurve von der lag-Phase über die log-Phase bis zum Erreichen der stationären Phase erstellt.

3.8 Wachstumshemmung bei Mikroorganismen

3.8.1 Testen der Antibiotika (Plättchentest)

Viele Pilz- und Bakterienarten geben Antibiotika an ihre Umgebung ab. Dies sind Stoffe mit bakterizider (abtötender) oder bakteriostatischer (das Wachstum und die Vermehrung hemmender) Wirkung, die den Mikroorganismen als Mittel des zwischenartlichen Konkurrenzkampfes dienen. Ihre Einsatzmöglichkeit in der Medizin zur Bekämpfung bakteriell bedingter Infektionskrankheiten beim Menschen wurde 1928 von ALEXANDER FLEMING erkannt (s. Band 2, *Nutzung von Enzymen in der Biotechnik,* 1.4.2). Seit 1940 kann Penicillin im industriellen Maßstab gewonnen werden. Inzwischen sind viele weitere Antibiotika entdeckt worden, z. B. das im folgenden Versuch verwendete Streptomycin. Ihre Wirksamkeit kann mit Hilfe sogenannter Plättchentests untersucht werden (nach SCHREMPF 1985).

Man beobachtet, daß auf allen Kontrollplatten ein gleichmäßiger Rasen aus Bakterien oder Hefen wächst. Um die antibiotikumhaltigen Plättchen bildet sich eine kreisförmige bakterienfreie Zone. Die Hefe wird durch Streptomycin nicht beeinflußt. Zur Verwendung von Antibiotika für Experimente in der Schule siehe Band 3, *Mikroorganismen im Unterricht.*

Geräte

1 Aktenlocher, ersatzweise Schere
Aluminiumfolie
Becherglas
1 großes Becherglas als Wasserbad
1 kleines Becherglas
1 Brenner
Brutschrank
Filterpapier
1 Filzschreiber, wasserfest
Korken
Nadeln (z. B. Steck- oder Präpariernadeln)
Petrischalen
Pinzette
1 Waage (Analysenwaage)

Verbrauchsmaterial, Chemikalien, Lebewesen

Ethanol
Nähragar oder Malzagar (s. *Anhang,* 2.6, 2.8)
Streptomycin
Übernachtkultur, z. B. von *Bacillus megaterium* oder *Bacillus subtilis* evtl. Hefesuspension (1 g Hefe pro 100 ml Wasser)

Zeitbedarf

Zubereitung der Nährböden:	60 min
Herstellung der Plättchen:	15 min
Durchführung:	30 min

Vorbereitung

1. Gemäß *Anhang,* 2.8 wird Nähragar angesetzt. Bakteriennährboden muß auf jeden Fall zubereitet werden, Malzagar nur dann, wenn gezeigt werden soll, daß Antibiotika gegen Hefe unwirksam sind.
2. Die Nährböden werden nach der in Abschnitt 1.2.2 angegebenen Methode sterilisiert, anschließend in einem Wasserbad auf 40°C abgekühlt und bei dieser Temperatur gehalten.
3. Zum noch flüssigen Nährboden gibt man 1 ml Übernachtkultur bzw. Hefesuspension

pro 200 ml Nährboden, verschließt den Erlenmeyerkolben und schwenkt gut um.
4. Den auf diese Weise beimpften Nährboden gießt man in Petrischalen und läßt ihn erstarren.
5. Aus einem Blatt Filterpapier werden mit Hilfe eines Aktenlochers oder einer Schere Plättchen mit einem Durchmesser von 5 mm hergestellt. Je zwei dieser Plättchen werden auf eine Nadel gespießt.
6. Man sterilisert die Plättchen, indem man die Nadeln über Nacht in Ethanol (70%) legt, oder indem man sie auf einen Korken steckt und in einem mit Alufolie verschlossenen Becherglas 3 h lang bei 135°C im Trockenschrank beläßt. Auch 10minütiges Bestrahlen mit ultraviolettem Licht ist wirksam.

Durchführung

1. Es wird eine Lösung des Antibiotikums in sterilem Wasser hergestellt. Hat man den reinen Wirkstoff zur Verfügung, so sollte die Konzentration ca. 50 mg/ml betragen.
2. Die sterilen Plättchen werden in die Lösung des Antibiotikums oder in dessen Verdünnungsstufen getaucht und getrocknet. Dies geschieht am besten in einem Trockenschrank bei 100°C. Wenigstens ein Plättchen taucht man in antibiotikumfreies, steriles Wasser. Es dient als Kontrolle.
3. Die getrockneten Antibiotika-Plättchen legt man auf eine beimpfte, vorher beschriftete Agarplatte, dazu mindestens ein Kontrollplättchen. Hierzu benutzt man eine vorher abgeflammte Pinzette. Das Abflammen ist in Abschnitt 3.1.2 beschrieben. Als weitere Kontrolle dient eine Agarplatte ohne Plättchen.
4. Die verschlossenen Petrischalen werden zwei Tage lang bei 30°C bebrütet.

Erläuterungen und Hinweise

Zu Vorbereitung:

Zu 1.:
Penicillin stört den Aufbau der bakteriellen Zellwand, indem es die Quervernetzung der Mureinbausteine der Zellwand während des Zellwachstums verhindert. Letztendlich platzen die Zellen. Penicillin wirkt bevorzugt auf Gram-positive Mikroorganismen, weil deren Zellwand im wesentlichen aus Murein besteht und nicht mit einer Lipoprotein-Schutzschicht umgeben ist wie die vieler Gram-negativer Bakterien.

Die Wirkung des Streptomycins beruht auf einer Hemmung der Proteinbiosynthese der Bakterien am Ribosom. Der Angriffspunkt sind die 70 S-Ribosomen (s. *Einführung*), an denen der Vorgang der Verknüpfung von Aminosäuren gestört wird. Da Streptomycin nicht auf 80 S-Ribosomen wirkt, bleiben Eukaryonten nahezu

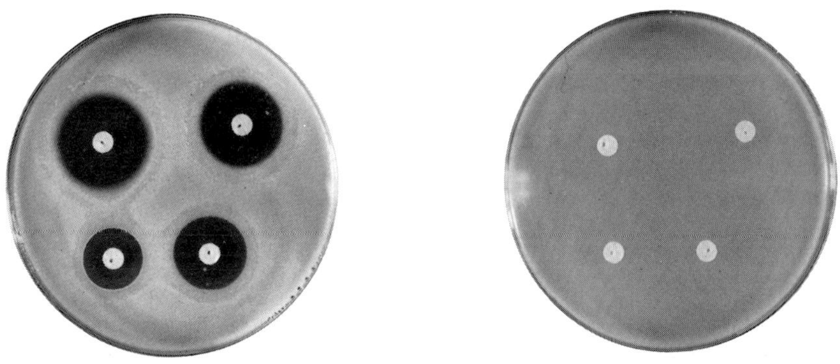

Abb. 103.1: Vergleich der Streptomycin-Sensitivität bei Mikroorganismen. Links: *Bacillus subtilis*, rechts: *Saccharomyces cerevisiae*

unbeschadet. Organellen (Mitochondrien und Chloroplasten) hingegen können mitunter gestört werden, so daß einzelne Eukaryontenzellen (z. B. Hefezellen) mit deutlich reduzierter Organellenzahl wachsen.

Zu 2./3.:
Das Wasserbad ist erforderlich, weil man den Agar nicht bei einer Temperatur, die die Mikroorganismen schädigen würde, beimpfen kann. Läßt man den Agar nach dem Beimpfen und während man die Platten gießt, weiter abkühlen, so wird er zu schnell fest.

Zu Durchführung:

Zu 1.:
Antibiotika aus der Apotheke dürfen wegen der Gefahr der Entstehung resistenter Keime nicht im Unterricht verwendet werden. Eine Ausnahme bildet nur das Streptomycin. Es ist deshalb geeignet, weil die bakteriellen Gene, die für Streptomycinresistenz durch Veränderung des 70 S-Ribosoms codieren, auf dem Bakterien*chromosom* liegen und nicht auf Plasmiden vorkommen. Diese Streptomycinresistenz kann daher nicht ohne weiteres übertragen werden (Näheres s. Band 3, *Mikroorganismen im Unterricht*).

Zu 2.:
Würde man die Plättchen in nassem Zustand auf den Agar legen, würden die Wirkstoffe unkontrolliert diffundieren.

Zu 3.:
Die Kontrolle mit Plättchen zeigt, daß das Filterpapier selbst keine das Bakterienwachstum hemmenden Stoffe enthält. Die Kontrolle ohne Plättchen zeigt, daß auf einer unbehandelten Platte ein völlig gleichmäßiger Bakterienrasen entsteht.

Zu 4.:
Die Antibiotika diffundieren langsam in den Agar ein. Der Durchmesser des Hemmhofes (Zone, in der keine Bakterien wachsen) ist ein Maß für die Konzentration des Wirkstoffes. Vergleicht man zwei verschiedene Wirkstofflösungen gleicher Konzentration, so ist der Durchmesser der Hemmhöfe ein Maß für die Sensitivität des verwendeten Bakteriums.

Fragen und Schwierigkeiten

1. Warum hat Penicillin auf den Menschen selbst in einer Konzentration, die 1000 mal größer ist als die bakterizide Dosis, keine tödliche Wirkung?
   →*Es gibt beim Menschen keine Bausubstanz wie das Murein der bakteriellen Zellwand, und nur auf diese wirkt Penicillin.*
2. Kann man einen Menschen lebenslänglich frei von bakteriellen Infektionskrankheiten halten, indem man ihm täglich eine Portion eines Antibiotikums verabreicht?
   →*Nein. Eine einzelne, spontan mutierte Zelle eines Krankheitserregers, die gegen das Antibiotikum resistent ist, wird sich vermehren. So entstehen durch länger andauernden Einsatz eines Antibiotikums resistente Stämme.*

3.8.2 Nachweis der Antibiotikumproduktion eines Streptomyceten

Wegen des Auftretens von Resistenzen ist der Mensch auf den Einsatz immer neuer Antibiotika angewiesen. Er verschafft sie sich z. B. durch die chemische Veränderung schon vorhandener Antibiotika oder durch das Aufspüren solcher Mikroorganismen, die bisher noch nicht verwendete Antibiotika produzieren (s. Band 2, *Nutzung von Enzymen in der Biotechnik*, 1.4.2). Antibiotika-Produzenten sind in der Natur ziemlich häufig, sie treten auch regelmäßig bei dem im Kapitel *Umweltbiotechnik* (Band 2) vorgeschlagenen Screening-Versuch in Erscheinung.

Im folgenden wird ein Versuch mit dem Stamm *Streptomyces griseus* beschrieben, dessen Fähigkeit zur Produktion des Antibiotikums Streptomycin bekannt ist (nach Schrempf 1985). Nur solche Testorganismen, die nicht gegen Streptomycin sensitiv sind, können zusammen mit *Streptomyces griseus* auf ein- und demselben Nährboden wachsen. Zur Streptomycinverwendung und zur Übertragung der Streptomycinresistenz s. 3.8.1, *Erläuterungen und Hinweise.*

Geräte

1 Autoklav
1 Brutschrank, evtl. Selbstbaugerät (s. *Mikrobiologische Grundlagen*, 2.4.1)
1 Bunsenbrenner
8 Einwegpetrischalen
2 Erlenmeyerkolben (300 ml), steril, mit Stopfen
1 Impföse, im Holzblock
1 Kolbenpipettierhilfe
1 pH-Meter
5 Pipetten (je 5 ml), steril
6 Reagenzgläser, steril, mit Stopfen
1 Reagenzglasständer

Verbrauchsmaterial, Chemikalien, Lebewesen

Aqua dest.

Komplettbouillon (50 ml) für Übernachtkulturen (s. *Anhang*, 2.5)
Komplettagar (200 ml) (s. *Anhang*, 2.4)

Bacillus mycoides	(DSM 2048)
Candida utilis	(DSM 2361)
Escherichia coli K-12	(DSM 498)
Micrococcus luteus	(DSM 20030)
Pseudomonas fluorescens	(DSM 50090)
Streptomyces griseus	(DSM 40236)

Zeitbedarf

Ansetzen und Autoklavieren der Lösungen:	45 min
Ausstreichen der Streptomyces-Kulturen:	15 min
Wartezeit:	24 h
Ausstreichen der Kulturen der Testorganismen:	15 min

Vorbereitung

Die Nährmedien werden angesetzt (s. *Anhang*, 2.4, 2.5) und autoklaviert. Der Nährboden wird in acht Petrischalen gegossen (etwa 20 bis 25 ml pro Schale). Die Kultur von *Streptomyces griseus* wird nach Herstellervorschrift mit 1 ml steriler Nährlösung resuspendiert und in ein Reagenzglas, in das vorher 5 ml sterile Nährlösung eingefüllt wurde, überpipettiert. Der Ansatz wird 24 h im Brutschrank bei 30° C angezogen (Übernachtkultur). Übernachtkulturen der Testorganismen *Candida utilis, Micrococcus luteus, Pseudomonas fluorescens, Bacillus mycoides* und *Escherichia coli* K-12 werden erst später angesetzt (s. Durchführung, Punkt 3), und zwar genauso wie die Übernachtkultur von *Streptomyces.*

Durchführung

1. Die Nährböden in den acht Petrischalen werden mit der Übernachtkultur von *Streptomyces griseus* beimpft. Dazu wird eine ausgeglühte und erkaltete Impföse in die Kultur getaucht. Anschließend werden die anhaftenden Keime als senkrechte Linie auf dem Nährboden ausgestrichen, und zwar möglichst weit links, so daß der rechte Teil der Nährbodenoberfläche steril bleibt. Die Impföse wird wieder ausgeglüht.

2. Vier der Platten werden zwei Tage bei 30°C bebrütet, die vier anderen drei Tage bei 30°C.
3. In der Zwischenzeit (nach 24 h Bebrütung) werden Übernachtkulturen der Testorganismen *(Candida utilis, Micrococcus luteus, Pseudomonas fluorescens, Bacillus mycoides, Escherichia coli* K-12*)* angesetzt.
4. Nach Ablauf der Bebrütungszeit werden die Nährböden bei vier Petrischalen, auf denen eine wachsende *Streptomyces*-Kulturen sichtbar ist, wie unter Punkt 1 mit den Testorganismen beimpft. Allerdings werden nun mit der Impföse waagerechte Striche auf dem freien Teil des Bodens (rechts) gezogen. Die Striche laufen senkrecht auf die *Streptomyces*-Kultur zu und enden *kurz* vor deren Kolonierand. Die Übernachtkulturen werden im Kühlschrank aufbewahrt.
5. Die Platten werden zwei Tage bei 30°C bebrütet, danach einen Tag lang in den Kühlschrank gestellt.
6. In der Zwischenzeit (nach 24 h Bebrütung) werden auch die Nährböden der restlichen vier Petrischalen, auf denen die *Streptomyces*-Kulturen jetzt noch stärker gewachsen sind, wie unter Punkt 4 mit den Testorganismen beimpft.
7. Auch diese Platten werden zwei Tage bei 30°C bebrütet.
8. Die ersten und die letzten vier Platten werden verglichen und ausgewertet (s. Abb. 142.2).

Fragen und Schwierigkeiten

1. Weshalb wachsen einige Testorganismen in der Nähe der *Streptomyces*-Kultur, andere nicht?
→Streptomyces griseus produziert ein Antibiotikum, Streptomycin, das in den Nährboden diffundiert. Einige Organismen (Bacillus subtilis, E. coli, Micrococcus luteus) sind sensitiv, d.h. sie werden bei einer bestimmten Antibiotikumkonzentration abgetötet, andere (Pseudomonas fluorescens) sind resistent. Hefen (Candida utilis) können von Streptomycin nicht direkt angegriffen werden, da sie Eukaryonten sind. Die Wirkung von Steptomycin auf die Ribosomen von Mitochondrien ist umstritten.
2. Warum ist der Abstand zwischen sensitiven Testorganismen und *Streptomyces*-Kultur bei älteren *Streptomyces*-Kulturen größer?
→Die Antibiotikumproduktion nimmt bei älteren Kulturen zu.

Erläuterungen und Hinweise

Zu 2.:
Die Streptomycinproduktion beginnt zwischen dem zweiten und dritten Tag. Deshalb wird mit unterschiedlicher Bebrütungsdauer inkubiert.. Man arbeitet jeweils mit vier Platten parallel, um auf jeden Fall ein klares Ergebnis zu bekommen (s. Abb. 142.2).

Zu 4.:
Es ist wichtig, die *Streptomyces*-Kolonie nicht mit der Impföse zu berühren, da die Gefahr besteht, daß Sporen verschleppt werden, die die Platten sekundär kontaminieren.

Zu 5.:
Zur Vergleichbarkeit der unterschiedlich alten *Streptomyces*-Kulturen wird die früher angesetzte Kultur einen Tag lang im Wachstum gehemmt (Kühlschrank!).

3.8.3 Wirkung bakteriostatischer Substanzen

Wird ein 50-Pfennigstück auf einen Nährboden gelegt, der gleichmäßig mit *Bacillus mycoides* beimpft ist, wächst ein Bakterienrasen heran, der einen Hemmhof um das Geldstück zeigt. Das Geldstück besteht aus Neusilber, einer Legierung aus Kupfer, Nickel und Zink. Die entsprechenden Metallionen hemmen in geeigneter Konzentration die Zellen von *B. mycoides* im Wachstum. Im Durchlicht wird erkennbar: Der Rand des Hofes ist dichter bewachsen als der übrige Bakterienrasen. In geringen Konzentrationen regen die Metallionen also das Wachstum an (nach Pawsey 1974).

Direkt um das Geldstück herum bildet sich häufig ein Saum aus Mikroorganismen. Sie

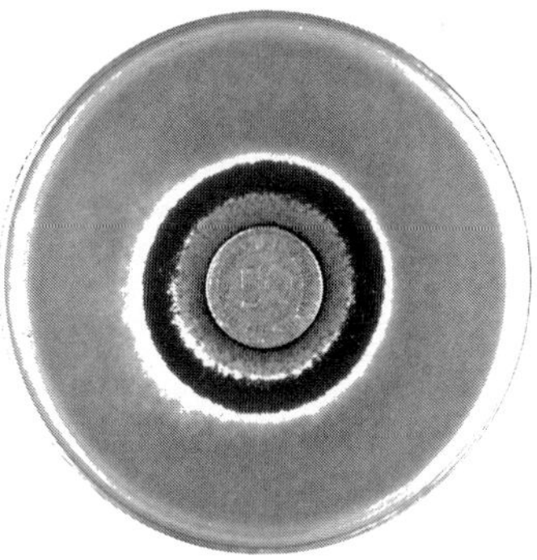

Abb. 107.1: Hemmung bzw. Förderung mikrobiellen Wachstums. (Schwermetallionen aus einer Münze, s. Text).

stammen von der Münze und werden von deren Schwermetallionen offensichtlich nicht gehemmt (s. Abb. 107.1).

Geräte

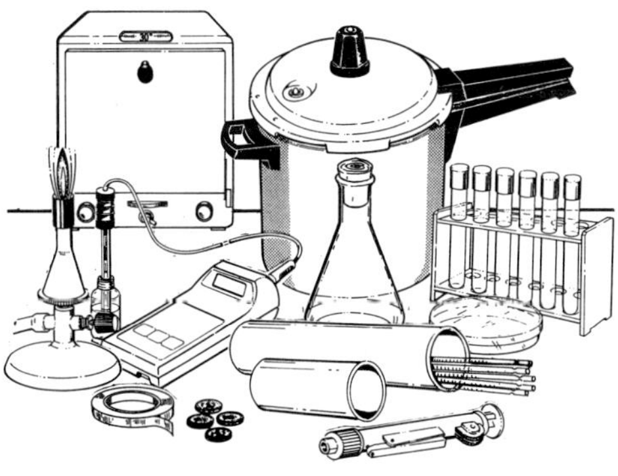

1 Autoklav oder Schnellkochtopf
1 Brutschrank, evtl. Selbstbau (s. *Mikrobiologische Grundlagen,* 2.4.1)
1 Bunsenbrenner
4 Einwegpetrischalen
1 Erlenmeyerkolben (300 ml), steril, mit Stopfen
1 Kolbenpipettierhilfe
Parafilm oder Klebeband zum Abkleben der Petrischalen
1 pH-Meter
5 Pipetten (5 ml), steril
6 Reagenzgläser, steril, mit Stopfen
1 Reagenzglasständer

Verbrauchsmaterial, Chemikalien, Lebewesen

Aqua dest.
4 Markstücke oder 50-Pfennig-Stücke

Komplettbouillon (10 ml) (s. *Anhang,* 2.5)
Komplettagar (100 ml) (s. *Anhang,* 2.4)

Bacillus mycoides (DSM 02048)

Zeitbedarf

Ansetzen und Autoklavieren der Nährmedien:	45 min
Ansetzen der Übernachtkultur und Gießen der Platten:	15 min
Bebrüten der Platten:	48 h

Vorbereitung

Im Erlenmeyerkolben werden 100 ml Nährlösung (Komplettbouillon) angesetzt (s. *Anhang,* 2.5) und autoklaviert. Die Kultur *aus Bacillus mycoides* wird mit 1 ml steriler Nährlösung resuspendiert und in ein Reagenzglas, in das vorher 5 ml sterile Nährlösung eingefüllt wurde, überpipettiert. Der Ansatz wird 24 h im Brutschrank bei 30°C angezogen (Übernachtkultur).

Durchführung

1. Der Nährboden im Erlenmeyerkolben wird nach dem Autoklavieren unter fließendem Wasser auf ca. 45°C abgekühlt. Diese Temperatur ist etwa erreicht, wenn der warme Erlenmeyerkolben ohne unangenehme Empfindung an den Handrücken gehalten werden kann (Handrückentest).

2. Die angewachsene Übernachtkultur wird hinzugegeben, und es wird gut umgeschwenkt.
3. Der beimpfte Nährboden wird auf vier Petrischalen aufgeteilt.
4. Noch vor dem Erstarren des Agars wird in die Mitte der Petrischale auf die Nährbodenoberfläche ein Geldstück gelegt.
5. Die Petrischalen werden verschlossen und mit Parafilm oder Klebeband zugeklebt.

Erläuterungen und Hinweise

Zu 2.:
Der Nährboden darf nicht zu heiß sein, damit die Bakterien der Übernachtkultur nicht absterben.

Zu 4.:
Der Agar darf nicht ausgehärtet sein, damit genügend Feuchtigkeit vorhanden ist für die Bildung von Metall-Ionen. Wird die Münze auf erstarrten Agar gelegt, bildet sich kein Hemmhof.

Zu 5.:
Die Petrischalen müssen vor versehentlichem Öffnen geschützt sein und deshalb zugeklebt werden. Die Keime, die sich an der Münze befinden und möglicherweise auf dem Nährboden heranwachsen, sind unbekannt. Jedes Risiko, das von Wildstämmen ausgehen kann, wird auf diese Weise vermieden.

Biotechnik der Nahrungs- und Genußmittelproduktion

1 Einführung

Abb. 110.1: Schon im Mittelalter wurden Lebkuchen aus einer Art Sauerteig hergestellt. Alle Zutaten wurden zu einem Teig verarbeitet, der anschließend mehrere Monate lagerte. In dieser Zeit bildeten sich durch Gärung Geschmacksstoffe und Säuerungsprodukte. Der Teig wurde vor dem Backen mit Gewürzen und Pottasche versehen. Letztere diente zusammen mit der im Teig enthaltenen Milchsäure der Gasbildung (Kohlenstoffdioxidbildung aus angesäuertem Natriumcarbonat) (s. 2.3).

Der gezielte Einsatz von Mikroorganismen bei der modernen industriellen Produktion von Nahrungs- oder Genußmitteln fußt auf einer Jahrtausende alten Tradition. Allerdings war unseren Vorfahren nicht bewußt, daß sie bei der Herstellung von Brot, Sauerkraut, Joghurt oder Wein das Wirken von Bakterien oder Hefen ausnutzten. Erst im Jahre 1857 durchschaute Louis Pasteur die Rolle der Bakterien als Verursacher der Milchsäuregärung und die der Hefe bei der alkoholischen Gärung.

Seither werden Stoffwechselleistungen bei Mikroorganismen, die die Fermentation von Lebensmitteln durchführen, im einzelnen untersucht. Zur Fermentation rechnet man heute allerdings nicht nur die anaerob ablaufenden Vorgänge der alkoholischen Gärung und der Milchsäuregärung, wie dies Pasteur noch getan hat, sondern zählt beispielsweise auch die Essigsäure-»Gärung« und die Veredlung von Käse durch Schimmelpilze dazu, die beide unter aeroben Bedingungen ablaufen.

Im Unterschied zur klassischen Fermentationstechnik, die spontan einsetzende Gärungsprozesse nutzt, werden heute mehr und mehr Reinkulturen definierter Mikrobenstämme als Starter verwendet. Der Einsatz von Starterkulturen soll dazu beitragen,
- hochwertige Produkte bei gleichbleibender Qualität zu erzeugen,
- große Rohstoffmengen umzusetzen,
- die Produktionskosten niedrig zu halten.

Derartige Kulturen werden von biotechnischen Spezialfirmen an die Lebensmittelhersteller geliefert. Somit wird die Lebensmittelfermentationstechnik, aus der die moderne Biotechnik hervorging, in ihrer weiteren Entwicklung von verschiedenen Teilbereichen der Biotechnik mit beeinflußt. Dies zeigt bei der Lebensmittelherstellung auch die Verwendung von Zusatzstoffen, die in gesonderten Verfahren mit Hilfe von Mikroorganismen erzeugt werden.

Eine Übersicht über wichtige Lebensmittel, die unter Verwendung von Mikroorganismen hergestellt werden, gibt Tab. 111.1. Einige Produktionsprozesse (in der Tabelle mit * gekennzeichnet) werden im folgenden als Schulversuch beschrieben. Fermentierte Lebensmittel sind für die Versorgung der Bevölkerung mit Nahrungsmitteln von erheblicher Bedeutung. Sie stellen etwa ein Viertel des Lebensmittelangebotes dar (Holzapfel/Hammes 1989).

Im Jahre 1857 untersuchte Louis Pasteur eine gräulich-schleimige Substanz, die sich am Boden einer Kanne, in der Milch sauer geworden war, abgesetzt hatte. Unter dem Mikroskop entdeckte er darin eine Unmenge stäbchenförmiger Bakterien. Pasteur begann daraufhin, mit dem Schleim zu experimentieren, indem er eine winzige Menge davon in eine Zuckerlösung gab. Nicht lange danach hatten sich die Bakterien in der Lösung gewaltig vermehrt, auch enthielt diese die gleiche Säure, wie sie in saurer Milch

Produkte	*Anwendung* (Beispiele)	*Mikroorganismen als Produzenten* (Beispiele)
Fruchtsäuren Citronensäure*	Erfrischungsgetränke Milchprodukte Erfrischungsgetränke Desserts, Gelees	*Aspergillus niger* *Penicillium notatum*
Aminosäuren L-Glutaminsäure L-Cystein	Lebensmittel (Geschmacksverstärker) Backwaren (Antioxidans)	*Corynebacterium glutamicum* *Aerobacter aerogenes* (Biotransformation, s. *Enzymtechnik*, Band 2)
Aromastoffe Käsearoma Essigsäure*	Knabberartikel Sauergemüse	*Penicillium roqueforti* *Acetobacter aceti*
Geliermittel Alginat Xanthan Gum*	Speiseeis, Instantpudding Pudding, Cremes, Soßen, Duschgele	*Azotobacter vinelandi* *Xanthomonas campestris*

Tab. 111.1: Beispiele für Produkte der Biotechnik, die bei der Erzeugung von Lebensmitteln eingesetzt werden. (Quelle: *Holzapfel/Hammes* 1989, ergänzt; *: Produktionsprozesse als Schulversuch beschrieben).

Lebensmittel	*Menge*	*Wert* (Mrd. DM)
Sauerkraut und anderes Sauergemüse	111.100 t	0,13
Brot und Backwaren aus Brotteig (ohne Kleingebäck)	1.238.500 t	2,6
Dauerbackwaren (z. B. Salzstangen)	413.000 t	2,5
Käse (einschließlich Sauermilchquark)	885.200 t	45,6
Joghurt	654.600 t	1,4
Rohwurst	245.700 t	2,4
Bier	89,3 Mio hl	10,4
Wein	2,8 Mio hl	0,96
Essig (bezogen auf Säuregehalt von 10%)	123,1 t	0,12

Tab. 111.2: Menge und Wert wichtiger Lebens- und Genußmittel, die im Jahre 1986 in der Bundesrepublik Deutschland durch Fermentation erzeugt wurden. (Quelle: *Ministerium für Ernährung, Landwirtschaft und Forsten des Landes NRW* (Hrsg.) 1988; nach *Holzapfel/Hammes* 1989).

vorhanden ist. Ein Tropfen der sauer gewordenen Zuckerlösung genügte, um frische Zuckerlösung in der gleichen Weise zu verändern.

Pasteur interpretierte seine Ergebnisse folgendermaßen: Die stäbchenförmigen Bakterien vergären Zucker spezifisch zu Milchsäure, in Zuckerlösung genauso wie üblicherweise in Milch.

Im gleichen Jahr beschrieb er außerdem die alkoholische Gärung als spezifische Stoffwechseltätigkeit der Hefe. Mit den beiden Arbeiten machte er deutlich, daß verschiedenartige Mikroorganismen auch unterschiedliche Leistungen aufweisen (nach Icase 1988).

Pasteur bewies auch, daß in der Luft vorhandene Hefekeime Fruchtsäfte zum Gären bringen. Er goß den Saft in Glaskolben, deren Hals er auszog und in der Form eines Schwanenhalses bog. Das Ende des Glasrohres blieb offen, so daß die Flüssigkeit im Kolben gekocht und damit sterilisiert werden konnte. Beim langsamen Abkühlen strömte zwar Luft in den Kolben, der darin enthaltene Staub samt Mikroorganismen

Abb. 112.1: *Louis Pasteur* (1822 bis 1895) in seinem Labor

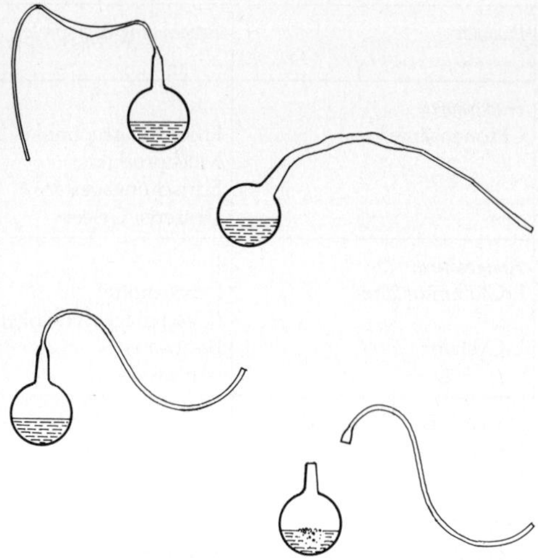

Abb. 112.2: Von *Pasteur* verwendete Glaskolben. Solange die nach außen offenen »Schwanenhälse« unbeschädigt bleiben, entwickeln sich in den sterilen Nährlösungen keine Mikroorganismen; sprengt man den Hals ab, setzt Gärung ein (nach *Wartenberg* 1989, S. 6).

setzte sich jedoch in der Biegung des Glasrohres ab, so daß der Fruchtsaft nicht verunreinigt wurde; er blieb jahrelang steril. Nur wenn PASTEUR den Hals des Kolbens absprengte, begann der Saft zu gären. Die Aufbewahrung sterilisierter Lebensmittel unter Luftabschluß ist heute eine gängige Art der Konservierung.

1.1 Emmentaler Käse

Käse und andere Milchprodukte, wie z.B. Joghurt und Sauerrahmbutter, werden unter Mitwirkung von Mikroorganismen hergestellt. Die Bearbeitung der Milch beginnt normalerweise mit der Milchsäuregärung. Der Mensch nutzt das spontane Sauerwerden der Milch schon seit Jahrtausenden zur Herstellung der Nahrungsmittel. Heute weiß man, daß dieser Vorgang durch Milchsäurebakterien verursacht wird, die natürlicherweise z.B. am Kuheuter vorkommen und beim Melken in die Milch gelangen.

Sie vergären Milchzucker (Lactose), dabei entsteht Milchsäure. Mit sinkendem pH-Wert fällt immer mehr Casein aus, der Hauptbestandteil der Milcheiweiße. Es hat die geringste Löslichkeit bei pH 4,6 (isoelektrischer Punkt des Caseins).

a) Herstellung:

Als Rohmaterial zur Herstellung von Emmentaler Käse dienen Kuhmilch, Ziegenmilch und Schafsmilch. Die Erzeugung des Emmentalers erfolgt in modernen Käsereibetrieben im Prinzip in gleicher Weise wie in den Sennhütten des Emmentals im vorigen Jahrhundert. Während der Senn früher pro Käselaib etwa 1.000 l Milch verarbeitete, werden bei der großtechnischen Herstellung bis zu 12.000 l Milch pro Käsewanne umgesetzt (PRÄVE et al. 1987[3]). Die rohe Abendmilch, die ja am selben Tag nicht mehr verarbeitet werden kann, wird auf 12°C abgekühlt und am folgenden Tag mit frischer, unpasteurisierter Morgenmilch vermischt. Starterkulturen aus Laktokokken (*Lactococcus lactis ssp. ther-*

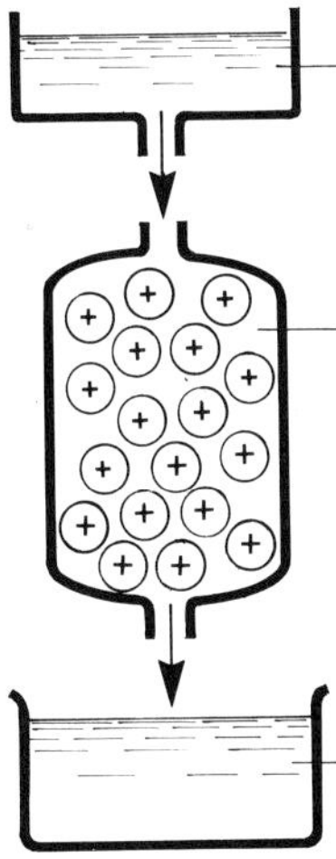

Abb. 113.1: Schema der Gewinnung reinen Chymosins (nach *Pszczola* 1989; näheres s. Text).

mophilus), Laktobazillen (*Lactobacillus helveticus*) und Propionsäurebakterien werden zugegeben.

Die Milchsäurebakterien dienen der Vorreife, bei der im wesentlichen die Umwandlung von Milchzucker (Lactose) in Milchsäure erfolgt, und zwar in der Milch oder später innerhalb des Bruchs, dem gefällten Casein. Die Propionsäurebakterien entfalten ihre Wirkung während der Hauptreifung, bei der sie Milchsäure in Propionsäure und Kohlenstoffdioxid umsetzen. Propionsäure gibt dem Emmentaler sein typisches Aroma, Kohlenstoffdioxidblasen bilden die Löcher im Käse.

Auf die Zugabe von Starterkulturen folgt die Dicklegung der Milch mit Hilfe von Labferment (s. auch c), die etwa eine halbe Stunde erfordert. Das anschließende Zerschneiden des Bruchs dauert eine dreiviertel Stunde. Es fördert den Austritt der Molke. Dem dient auch das anschließende Erwärmen auf 53°C im Laufe von 30 bis 40 min (Brennen) unter Rühren und weiteres Rühren über 30 bis 60 min hin. Danach setzt sich der Bruch ab. Er wird entnommen, in Formen gefüllt und darin gepreßt, so daß der größte Teil der Molke abfließt. Während des Pressens, das über Nacht andauert, wird die Lactose vollständig zu Milchsäure vergoren. Damit ist die Vorreifung abgeschlossen. Die Käselaibe werden nun 2 bis 3 Tage lang in ein Salzbad gelegt. Darin wird ihnen weiteres Wasser entzogen. Das Salzen soll überdies das Wachstum von Fäulnisbakterien während der Hauptreifung verhindern. Nach dem Trocknen, das 10 bis 14 Tage dauert, beginnt die Hauptreifung. Der Käse wird in den folgenden 6 bis 8 Wochen in warmer Umgebung gelagert (22 bis 24°C). In dieser Zeit werden die wärmeliebenden Propionsäurebakterien aktiv. Im folgenden halben Jahr erfolgt die Ausreifung bei 12 bis 14°C. Die Laibe müssen regelmäßig gewaschen werden, um Schimmelpilze von der Oberfläche zu entfernen (nach Präve et al. 1987[3], S. 301 und Wartenberg 1989, S. 216f.).

Wie kommt es, daß es so viele Käsesorten gibt? Die Vorreifung erfolgt bei allen *Käsesorten* im Prinzip auf die gleiche Weise. Ein Weichkäse, wie z. B. Camembert, wird gebildet, wenn man aus dem Bruch verhältnismäßig wenig Molke auspreßt. Intensives Pressen liefert Hartkäsesorten wie Emmentaler oder Parmesan. Das besondere Aroma, der Geschmack und die Dichtigkeit der verschiedenen Käsesorten entstehen ebenfalls bei der Hauptreifung. Denn erst dabei erfolgen ein weiterer Abbau von Casein sowie eine Fettspaltung. Die speziellen Abbauprodukte (wie Aminosäuren und Peptide sowie Fettsäuren und Fett) geben den verschiedenen Käsesorten ihr typisches Gepräge.

Großkäsereien beziehen ihre Milch aus einem relativ großen Einzugsgebiet. Die Transportkosten für die Rückführung der Molke als Viehfutter von einer solchen Käserei auf die Höfe sind in der Regel zu hoch. Aus diesem Grund wird die Entsorgung der Molke zu einem Problem. Sie enthält Milchzucker und führt, wenn sie ins Abwasser abgelassen wird, zu einer Belastung der Gewässer. Deshalb ist es wichtig, sie weiter zu verwerten, z. B. zur Biomasseerzeugung oder zur Alkoholproduktion.

b) Tätigkeit der Milchsäurebakterien:

Die Milchsäurebakterien sind in der Lage, Milchzucker (Lactose) mit Hilfe des Enzyms

Lactase in α-Glucose und β-Galaktose zu spalten (s. *Nutzung von Enzymen in der Biotechnik,* 1.1, 1.2 und 2.5) und diese Einfachzucker weiter zu verwerten. Sie bilden dabei Milchsäure. Diese entsteht letztlich dadurch, daß mit dem Wasserstoff, der bei der Glykolyse gewonnen wird, Brenztraubensäure reduziert wird. Grundlagen der »Milchsäuregärung« sind im *Linder* (BAYRHUBER/KULL 1989, Abb. 137.1), beschrieben, verschiedene Formen (homofermentative, heterofermentative Milchsäuregärung) behandelt z.B. WARTENBERG (1989, S. 124 f).

c) Biotechnische Entwicklungen:

In Käsereien wird auch Labferment (Rennin) verwendet, ein Enzymgemisch, das aus dem Labmagen geschlachteter Kälber gewonnen wird. Es vermindert die Löslichkeit des Caseins, indem es ein kleines Stück von der Polypeptidkette abspaltet.

Labferment aus dem Kälbermagen enthält zwei Proteasen, 75 bis 95 % Chymosin und 5 bis 25 % Rinderpepsin. Käsehersteller sind an einem hohen Chymosinanteil interessiert, weil dieses Enzym speziell die Fällung bewirkt und das Casein im übrigen nur wenig angreift. Im Gegensatz dazu wirkt Pepsin stark eiweißspaltend, so daß die Ausbeute an Käse sinkt und dieser auch bitter schmecken kann, weil bei der Eiweißspaltung durch Pepsin Bitterpeptide entstehen. Je älter die Kälber werden, desto niedriger wird der Chymosingehalt des Labs, bei ausgewachsenen Rindern liegt er schließlich bei 30 bis 1 % (PSZCZOLA 1989).

Wegen der Steigerung der Käseproduktion und des weltweiten Rückgangs an Schlachtkälbern war es in den sechziger Jahren zu einem Mangel an Kälberlab gekommen. Man suchte nach anderen Quellen für das Enzym und brachte bereits am Ende des Jahrzehnts ein biotechnisch aus Mikroorganismen erzeugtes Labferment auf den Markt. Heute erfolgt mehr als die Hälfte der Käseproduktion auf der Welt unter Zuhilfenahme mikrobiell produzierten Labs. Man verwendet dazu unter anderem den Schimmelpilz *Mucor pusillus.* Dieses Lab spaltet Milcheiweiß allerdings unspezifisch. Weil dabei Bitterpeptide entstehen, kann der Käse einen bitteren Geschmack bekommen.

Im Ausland (z.B. in Großbritannien und Japan) arbeitet man heute an der gentechnischen Veränderung bestimmter Hefen und Bakterien, die man dazu bringen will, Chymosin zu produzieren. Einen anderen Weg der Chymosingewinnung schlug eine amerikanische Firma ein. Ihr ist es inzwischen gelungen, Chymosin von Pepsin im Ionenaustausch zu trennen. Bei pH 4,5 ist Chymosin nach außen hin elektrisch neutral, während Rinderpepsin eine negative Ladung aufweist. Stellt man Labmagensaft auf diesen pH-Wert ein und schickt ihn durch den Ionenaustauscher, wird Pepsin darin gegen Anionen ausgetauscht und gebunden, Chymosin läuft dagegen ungehindert durch. Dabei wird 100 %iges Chymosin gewonnen, auch kann beispielsweise Labmagensaft geschlachteter Kühe eingesetzt werden (s. PSZCZOLA 1989).

Auf diese Weise wird es nicht nur möglich, den Engpaß in der Versorgung der Käsereien mit Kälberlabferment zu überwinden, sondern auch, eine Qualitätssteigerung bei Käse zu erreichen.

d) Käseproduktion im vorigen Jahrhundert:

Der Tag bricht an, die Sach geht los, und wie!

Am folgenden Morgen, am Montag, ward die zweite Milch gebracht, und es sollte gekäset werden. Die zweite Milch wird, nachdem sie gewogen ist, gleich ins Kessi gegossen, die Abendmilch wird (wie bereits berührt worden) bis auf die Nidle dazugegossen, wenn man ganzfett käsen will. ....

Das Feuer brannte, die Milch erwarmete; als sie den gehörigen Grad erreicht hatte, stellte der Senn die Erhitzung ein, schüttete in drei Löffel aus drei verschiedenen Gefäßen eine wunderliche, wüste Flüßigkeit, eine Art Hexentrank, guckte scharf in dieselben, als ob er aus diesen wahrsagen wollte. Nachdem er geguckt und betrachtet, nahm er aus einem der Gefäße drei Maß heraus, goß sie in den Kessel; in demselben entstand ein wunderliches, seltsames Leben: es schied sich das Ungleiche vom Ungleichen, es suchte das Gleiche das Gleiche, das Beste sammelte sich oben, das Schlechte ward bedeckt und un-

Abb. 115.1: Käserei aus dem vorigen Jahrhundert

sichtbar, ungefähr wie die gelbe Nidle (= Sahne; Anm. d. Red.) über die blaue Milch sich legt. Das gefiel dem Senn, aber er wollte es doch nicht dulden. Er nahm einen hölzernen Säbel und hieb in die dicke Decke hinein die Kreuz und die Quer, schnitt unbarmherzig darin herum, bis das Ganze in lauter kleine Stücke zerhauen war, und als das geschehen, fuhr er mit dem nackten Arme in die zerbröckelte Masse hinein, als wolle er es auf immer hindern, daß das Gleiche mit dem Gleichen sich binde, wärmte aufs neue ein, doch sich hütend, auf das Äußerste es zu treiben, er fühlte genau am Arme den höchsten Wärmepunkt, welchen das Käsen ertragen mag, wenn der Käse nicht zähe und hart und zu viel Milch für ein Pfund Käs verwendet werden soll. Soll der Käs zart und schleißig werden, ein Zentner Käs aus weniger als drei Säumen und zwölf Zentner Milch hervorgehen, so darf der Wärmegrad kaum zweiundvierzig Grad Réaumur erreichen. Stundenlang rührt der Senn die Masse in ungefähr gleicher Wärme, bis er glaubt, sie sei sattsam verarbeitet, dann läßt er das Rühren sein, und alsbald tritt das Scheiden wieder ein. Ins Ungleiche kann man das Ungleiche rühren, aber wenn die Gewalt ein Ende hat, scheidet doch wieder das Ungleiche sich vom Ungleichen. Diesmal sinkt das Bessere, die Käsmasse, zu Boden, und obenauf schwimmt die dünne Flüßigkeit, Käsmilch genannt. Hat die Masse sich gelagert, wird unter ihr durch das Kästuch, eine Art von Beuteltuch, gezogen, aus dem Kessi gehoben, dann gepreßt, gewendet, neue trockene Tücher darum geschlagen, bis man ihn trocken und von aller Käsmilch befreit glaubt und dem armen Schelm endlich Ruhe gönnt, den Järb, eine hölzerne Rahme, darum legt, enger oder weiter, je nach der Größe der Masse, welche zugleich dem Käs die Form gibt …

Die Käsmilch wird an den meisten Orten nach dem Maße der Milchlieferung von den Anteilhabern zurückgenommen und nach Verstand und Umständen verbraucht: die Einen geben sie den Schweinen, die Andern den Leuten. Die einen versündigen sich, brauchen sie als gute Milch, kochen sogenannte Milchspeisen damit, Brei, zum Beispiel Mehl-, Reis-, Griesbrei usw., noch Andere verkaufen sie per Kreuzer die Maß armen Leuten. Käsmilch ist ein Ding, an welchem man interessante Erfah-

rungen machen kann. Es gibt Leute, welche behaupten, sie wirke äußerst schädlich auf den Besuch des Gottesdienstes, indem Keiner, dem sie beigebracht werde, eine Stunde in der Kirche auszuhalten vermöge.

Man sieht, die Käsbereitung gleicht in vielen Stücken dem Brotmachen. Bei beiden ist große Reinlichkeit notwendig, bei beiden eine Säure, welche scheidet. Bei dem Brot ist der Hebel der Sauerteig, bei dem Käsen der Kaselt, bereitet aus Kälbermagen, in Schotte eingelegt. Ist ein Kälbermagen im Geringsten ungesund, so scheidet er nicht, wie schlechter Sauerteig auch das Heben des Brotes hindert, daher das Probieren und im Vorrat Haben von mehreren Portionen. Es gibt Orte, wo man zweihundert Kälbermagen zerschneidet und untereinandermischt, damit das Ungesunde durch das Gesunde neutralisiert und unschädlich gemacht werde. Wärme ist an beiden Orten nötig, Kneten ebenfalls, nur dauert die Arbeit beim Käsen viel länger, ist schwerer, die Kunst größer, das Gelingen zufälliger. Und wie es Weiber gibt, welchen es nicht haben will, so gibt es Sennen, welche den Käs nicht zusammenbringen, und wie schlechtes Mehl verläuft und kein Brot geben will, so geht es auch mit schlechter Milch, sie bricht vor, macht, was sie will und nicht, was der Senn will.

(aus: Jeremias Gotthelf, *Erstausgabe 1850, Diogenes Taschenbuch 1978)*

1.2 Rohwurst und Pökelfleisch

Rohwürste, wie z.B. Salami oder Mettwurst, und Pökelfleisch reifen unter dem Einfluß von Mikroorganismen. Deren Gärungsprodukte tragen zur Konservierung, zum Geschmack und zum Aroma dieser Erzeugnisse bei. Pökelsalz, genauer das in ihm enthaltene Nitrit, bewirkt die charakteristische Rotfärbung der Rohwürste und des Pökelfleisches.

1.2.1 Rohwurst

a) Herstellung:

Als Rohmaterial zur Herstellung von Rohwurst dienen rohes Fleisch und roher Speck. Dem Brät (= Wurstmasse) werden heute Mikrokokken oder ein Gemisch aus Mikrokokken und Milchsäurebakterien als Starterkulturen zugesetzt, außerdem Zucker, Pökelsalz (wesentliche Bestandteile: Kochsalz, Natriumnitrit), Gewürze und Ascorbinsäure (Vitamin C). Nach dem Einfüllen des Brät in den Wurstdarm erfolgt die Reifung.

b) Tätigkeit der Mikroorganismen:

Milchsäurebakterien bauen das Glykogen des Muskelfleisches (»tierische Stärke«) enzymatisch ab und vergären den dabei entstehenden sowie den zugesetzten Zucker zu Milchsäure. Diese trägt zum Geschmack der Wurst bei und hat überdies eine konservierende Wirkung. Die Säure bewirkt schließlich das Koagulieren der löslichen Fleischproteine (isoelektrischer Punkt: pH 5,3). Dabei wird an hydrophile Gruppen gebundenes Wasser freigesetzt. Es verdunstet mit der Zeit, so daß die Wurstmasse austrocknet. Beim Koagulieren erlangen die Proteine eine gelartige Konsistenz, die zur Schnittfestigkeit der Rohwurst beiträgt.

Das im Pökelsalz enthaltene Nitrit zerfällt innerhalb der Wurstmasse in Stickstoffmonooxid und Nitrat, der Zerfall wird durch die Ascorbinsäure gefördert:

$$3\ NaNO_2 + 2\ H^+ \rightarrow 2\ NaNO + NaNO_3 + H_2O$$

Das Stickstoffmonooxid bindet an Myoglobin, dabei bildet sich Nitrosomyoglobin (= Pökelrot), das der Wurst die intensive rote Farbe gibt. Das Nitrat wird von den Streptokokken erneut zu Nitrit reduziert.

Da das neugebildete Stickstoffmonooxid aus dem chemischen Gleichgewicht laufend entfernt wird, zerfällt auch das von den Streptokokken neugebildete Nitrit immer wieder in Stickstoffmonooxid und Nitrat. Wegen der krebserregenden Wirkung der Nitrosamine, die sich im menschlichen Körper aus Nitrat und Aminen bilden, sollte die reife Wurst möglichst wenig Nitrit enthalten. Das Nitrit verhindert allerdings auch die Entwicklung pathogener Keime (z.B. von *Clostridium botulinum*; s. *Linder*, Bayrhuber/Kull 1989, S. 214).

Bei der Herstellung bestimmter Rohwurstarten läßt man Schimmelpilze auf der Wursthaut wachsen (s. Schimmelsalami). In der Bundesrepublik Deutschland setzt man dazu heutzutage Starterkulturen ein, die alle den Schimmelpilz *Penicillium nalgiorense* enthalten. Beim Wachstum eines »Spontanschimmels« kann es zu unerwünschtem Aroma und Aussehen kommen, auch ist dabei die Bildung von Giftstoffen (Mykotoxine) nicht ganz auszuschließen. Die Pilze geben Proteasen ab und beeinflussen Aussehen, Aroma und Geschmack der Wurst.

1.2.2 Pökelfleisch (roher Schinken)

a) Herstellung:

Als Rohmaterial für die Herstellung von Pökelfleisch bzw. rohem Schinken dient vor allem Fleisch von der Keule. Das Pökeln beginnt mit dem Salzen des rohen Fleisches. Dadurch wie auch durch die spätere Trocknung wird vor allen Dingen Haltbarkeit bewirkt. Man unterscheidet

- die *Trockensalzung*, bei der das Pökelsalz kräftig in das rohe Fleisch eingerieben wird,
- die *Trocken- und Naßpökelung*, wobei das Fleisch zunächst trocken gesalzen und schließlich in eine Pökelsalzlake eingelegt wird,
- die *Spritzpökelung*, bei der eine Lösung von Pökelsalz in die Fleischstücke eingespritzt wird und dann eine Trockensalzung erfolgt.

An das Salzen schließt sich eine Reife- und Trocknungsphase an, in bestimmten Fällen auch eine Räucherung.

b) Tätigkeit der Mikroorganismen:

In gebrauchten Pökellaken findet man ähnliche Mikrokokken- und Milchsäurebakterienarten wie in der reifenden Rohwurst, sie spielen aber bei der Reifung des Pökelfleisches eine geringere Rolle. Außerdem kommen in der Lake auch Bakterien der Gattung *Vibrio* vor (LÜCKE et al. 1989, S. 208). Allerdings ist weitgehend unklar, welche mikrobiologischen Vorgänge im einzelnen ablaufen. Auf jeden Fall wird durch den mikrobiellen Proteinabbau das Aroma mit beeinflußt, auch kann die Tätigkeit der Mikroorganismen Farbe und Haltbarkeit des Pökelfleisches verbessern. Normalerweise kommt es jedoch nicht zur Säuerung des Fleisches (LÜCKE et al. 1989, S. 204).

Bei der Pökelung spielen fleischeigene Enzyme eine wichtige Rolle. Ihre Abbauprodukte tragen wesentlich zur Aromabildung bei, Proteasen machen den rohen Schinken zart und mürbe. In jedem Fall kommt es wie in der Rohwurst zur Umrötung durch Bildung von Nitrosomyoglobin.

1.3 Brot

a) Herstellung:

Hefeteig: Er wird zur Herstellung von Backwaren aus Weizenmehl (z.B. Weißbrot, Semmeln, Kuchen) verwendet. Außer Mehl enthält er Wasser, Hefen der Art *Saccharomyces cerevisiae* und zum Teil Beimischungen von Zucker oder auch von mikrobiellen Amylasen.

Backen mit Hefeteig: Man kann die Hefe von vornherein mit dem gesamten Teig vermischen (»direkte Führung«) oder zunächst einen Vorteig gehen lassen, der nach einigen Stunden mit weiterem Mehl und Wasser vermengt wird, so daß man erst dann den Hauptteig fertigstellt (»indirekte Führung«).

Vorteile der direkten Führung: Arbeitsersparnis, schnellere Teigbereitung, geringere Gärverluste.

Vorteile der indirekten Führung: Besseres Quellen der Mehlbestandteile, größere Lockerung, Steigerung des Aromas durch Substanzen, die bei der Gärung im Vorteig entstehen (nach JAGNOW/DAWID 1985).

Sauerteig: Er dient zur Erzeugung von Brot aus Roggenmehl oder aus Mischungen von Roggen- und Weizenmehl. Roggenmehl quillt optimal erst bei saurer Reaktion (pH 4,3). Die Quellung ist erforderlich für die Bildung einer elastischen und bekömmlichen Kruste (SPICHER 1974, zit. nach PRÄVE et al. 1987[3], S. 280).

Backen mit Sauerteig: Bei der klassischen Sauerteigzubereitung wird in mehreren Stufen vorgegangen (s. Abb. 118.1). Durch unterschiedliche Einstellungen auf den einzelnen Stufen

Temperatur (°C)	*Backvorgänge*
35–50	Intensive Gärung und verstärkte Enzymtätigkeit
50	Absterben der Milchsäurebakterien und Hemmung der Hefegärung
55	Beginn der Stärkeverkleisterung
50–65	Starke Enzymtätigkeit, stärkerer Druck durch Ausdehnung der Gärgase und des Wasserdampfs (→Ofentrieb)
65–80	Eiweißgerinnung und Ende der Hefegärung
	Absterben der Hefen
	Verdunstung des Alkohols
80	Ende der Enzymtätigkeit
90	Beendigung der Stärkeverkleisterung
100	Starke Wasserdampfbildung
100–140	Dextrinbildung
140–150	Karamelbildung } Bildung der Kruste
150–200	Bildung von Röstprodukten } Bildung der Kruste
über 200	Kohlebildung; das Brot verbrennt

Tab. 118.1: Vorgänge beim Backen (nach *Böhlmann* 1985)

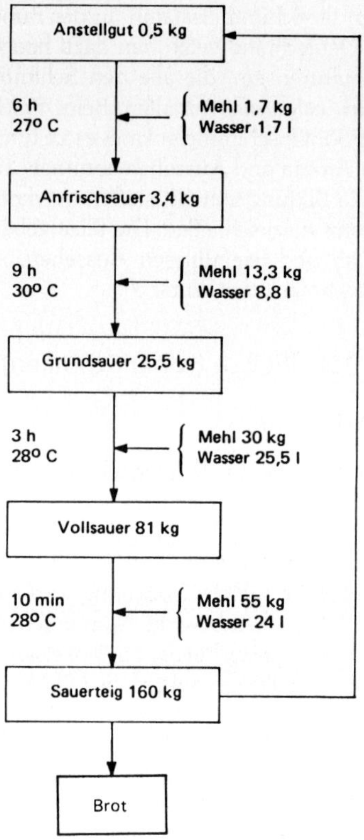

Abb. 118.1: Herstellung von Sauerteig aus einer Mischung von Roggenmehl (85%) und Weizenmehl (15%) in vier Stufen (nach *Müller* 1974, zit. nach *Präve* et al. 1987[3]).

(Wassergehalt, Temperatur) wird der Bäcker den spezifischen Ansprüchen der jeweils vorherrschenden Mikroorganismen gerecht (niedrigere Temperaturen fördern das Wachstum der Milchsäurebakterien, höhere – über 30°C – das der Hefen). Auch einstufige Schnellverfahren wurden entwickelt.

b) Tätigkeit der Mikroorganismen:

Hefeteig: Die Hefezellen vergären Zucker, die im Mehl enthalten sind. Dabei entstehen Alkohol, der beim Backen entweicht, und Kohlenstoffdioxid, das die Lockerung des Teiges bewirkt und, soweit nicht schon vorher entwichen, beim Backen ausgetrieben wird. Backhefe ist nicht in der Lage, Amylase zu bilden und damit die Stärke des Mehles abzubauen. Enthält das Mehl eine zu geringe Menge Amylase aus der Aleuronschicht des Korns, wird ihm (mikrobiell erzeugte) Amylase zugesetzt. Im Haushalt ist es bei vielen Hefeteigsorten auch üblich, dem Mehl Zucker zuzusetzen.

Sauerteig: In den ersten Stunden des mehrstufigen Verfahrens vermehren sich vor allem Hefen, die den Teig aufgrund ihrer CO_2-Produktion »gehen« lassen. Die von Milchsäurebakterien gebildete Milchsäure hemmt mit der Zeit das Wachstum der Hefen. Die Bakterien entwikkeln sich solange, bis ein pH-Wert von ca. 3,7 erreicht ist (nach Jagnow/ Dawid 1985).

Der Stärkeverkleisterung geht eine Wasseraufnahme der Stärkekörner (Quellung) voraus, die schließlich platzen. Die verkleisternde Stärke bildet gemeinsam mit dem gerinnenden Klebereiweiß des Mehls die elastische Hülle der sich im Teig entwickelnden Gasblasen, und damit die zusammenhängende poröse Krume des Brotes. Das Entquellen der Stärke beim Altbackenwerden mindert die Elastizität der Krume. Dieser Vorgang ist reversibel, es bedarf dazu aber der Erhitzung des Brotes.

1.4 Sauerkraut

a) Herstellung:

Als Rohmaterial für die Sauerkrautherstellung dient Weißkraut (Weißkohl). Nach Entfernung des Strunks Zerkleinern der Kohlköpfe in 1 bis 3 mm breite Streifen, Einbringen in den Fermentationsbehälter (früher Holzbottich, heute z.B. Betonwanne mit säurefester Innenbeschichtung), dabei Salzen und Einstampfen (früher teils durch Kinder mit nackten Füßen), Beschweren, so daß die sich entwickelnde Lake stets übersteht.

b) Tätigkeit der Mikroorganismen:

Zu Beginn herrschen in der Salzlake aerobe Bedingungen: Es wachsen gram-negative Bakterien, Hefen, Schimmelpilze, die an den Blättern haften.

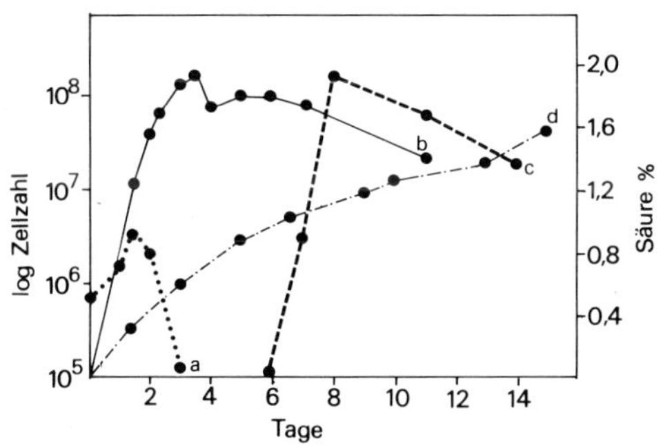

Abb. 119.1: Entwicklung von Mikroorganismen und Säureproduktion bei der Sauerkrautherstellung.
a) aerobe, b) säureempfindliche, c) relativ säureunempfindliche Mikroorganismen; d) Säuregehalt (aus *Präve* et al. 1987[3], S. 272, nach Daten von *Noel* et al. 1979).

Nach 1 bis 2 Tagen entstehen anaerobe Bedingungen. Dann entwickeln sich Milchsäurebakterien, zunächst *Leuconostoc mesenteroides*, das Milchsäure, Essigsäure, Kohlenstoffdioxid und Alkohol produziert (heterofermentative Milchsäuregärung; näheres hierzu s. Wartenberg 1989, S. 126).

Mit zunehmendem Säuregehalt überwiegen nach etwa 6 Tagen relativ säureunempfindliche Milchsäurebakterien, am Ende *Lactobacillus plantarum*, das nur Milchsäure erzeugt (homofermentative Milchsäuregärung; s. Wartenberg 1989) und bei einem Säuregehalt von 1,5 bis 2% schließlich selbst im Wachstum gehemmt wird.

1.5 Bier

a) Herstellung:

Als Rohmaterial für die Bierherstellung dienen Gerstenmalz, Wasser, Hopfen und Hefe (Ausnahmen s.c) *Biotechnische Entwicklungen*). Man unterscheidet das Mälzen, das Darren, das Maischen und das Gären. Beim *Mälzen* wird die Gerste zum Keimen gebracht. Dabei beginnen Enzyme, wirksam zu werden, die die Speicherstärke sowie die Proteine des Getreidekorns hydrolysieren (α- und β-Amylase, Proteasen). Unter *Darren* versteht man die Trocknung der gekeimten Gerste. Von der Art des Darrens hängt es ab, ob helle oder dunkle Biere entstehen. Das getrocknete Malz (Darrmalz) wird geschrotet, ihm wird schließlich Wasser als Lösungsmittel zugesetzt (*Maischen*), schließlich wird auf etwa 70°C erwärmt. Dabei werden Enzyme erneut aktiv, - und β-Amylase erreichen ihr Temperaturoptimum. Dem Extrakt des Malzes, der Würze, wird Hopfen beigemischt, dessen Bitterstoffe sich beim nachfolgenden Kochen lösen. Dabei werden durch die Hitze auch die Enzyme inaktiviert. Schließlich wird die Würze durch Zusatz von Bierhefe *vergoren*. Bei untergärigen Bieren (z.B. Pilsner, Münchner Bier) sinkt die Hefe am Ende zu Boden, bei obergärigen Bieren (z.B. Altbier, Weizenbier) schwimmt sie an der Oberfläche (eine ausführliche Beschreibung der Bierherstellung samt Unterrichtsvorschlägen liefert Böhlmann 1985).

b) Tätigkeit der Mikroorganismen:

Die aus Stärke freigesetzte Glucose wird nach der folgenden Summengleichung in Ethanol und Kohlenstoffdioxid umgesetzt:

$C_6H_{12}O_6 \longrightarrow 2\ C_2H_5OH + 2\ CO_2$

Der Abbau erfolgt unter anaeroben Bedingungen glykolytisch bis zur Brenztraubensäure. Dieser Zwischensubstanz des Stoffwechsels wird pro Molekül ein Molekül Kohlenstoffdioxid entzogen. Dabei entsteht Ethanal (Acetaldehyd), der schließlich durch NADH + H^+ zu Ethanol reduziert wird.

Hefen sind auch in der Lage, Zucker vollständig in CO_2und Wasser abzubauen. Dann ist allerdings Sauerstoff erforderlich. Eine ausreichende Vermehrung der Hefe, die zu Beginn in der Würze erfolgen muß, geschieht nur bei Sauerstoffzufuhr in den Gärtank.

c) Biotechnische Entwicklungen:

Die Biotechnik beschränkt sich nicht auf die Optimierung des Gärvorganges. Ein weiteres wichtiges Ziel ist beispielsweise die Vermeidung des kostenträchtigen Mälzens. Im herkömmlichen Verfahren läßt man dabei Gerste keimen, so daß im Getreidekorn Enzyme aktiv werden. Bereits heute läßt sich das Mälzen durch Zusatz von Amylasen in den Gärfermenter umgehen. Man gewinnt diese Enzyme nicht aus Getreide, sondern aus Bakterien, die natürlicherweise als Destruenten stärkehaltige Abfallstoffe zersetzen, indem sie Amylase ausscheiden. In der Bundesrepublik Deutschland ist die Verwendung von Amylasen zur Bierherstellung verboten. Das gleiche gilt für den Einsatz anderer Enzyme, z.B. Proteasen, die Trübstoffe aus Protein abbauen.

Nach dem deutschen Reinheitsgebot, das in Bayern schon seit 1516 gilt und im Jahre 1909 in Deutschland allgemein verbindlich wurde, dürfen zum Bierbrauen ausschließlich vier Grundstoffe verwendet werden: Gerste, Wasser, Hopfen und Hefe. Eine Ausnahme gilt für obergäriges Bier, es darf aus Weizen hergestellt werden, auch können ihm – außerhalb Baden-Württembergs und Bayerns – Zucker oder aus Zucker hergestellter Farbstoff zugesetzt werden. Ausländische Brauereien können dagegen Enzyme zusetzen und deshalb wirtschaftlicher produzieren.

Auch eine gentechnische Veränderung der Bierhefe ist bereits gelungen. Allerdings läßt der Geschmack des Bieres, das mit ihr erzeugt wird, noch sehr zu wünschen übrig. Das fremde Gen entstammt einer Hefe (*Saccharomyces diasticus*), die bisher vom Menschen nicht genutzt worden war. Sein Produkt bewirkt Spaltung von Dextrinen, also von Polysacchariden, die beim Abbau der Stärke durch -Amylase entstehen und von der Bierhefe natürlicherweise nicht abgebaut werden können. Deshalb sind *Saccharomyces diasticus* sowie die Bierhefen, denen das genannte Gen übertragen wurde, in der Lage, Dextrine zu Alkohol zu vergären. Diese Substanzen, die in der Industrie zur Herstellung von Klebstoffen oder Appreturen verwendet werden, machen im Bier etwa ein Viertel der Kohlenstoffhydrate aus.

Bei der Diätbiererzeugung muß vor allem der Anteil an Kohlenstoffhydraten vermindert werden. Die gentechnisch veränderte Hefe beseitigt die Dextrine im Gärbottich, indem sie sie in Alkohol umwandelt und so zur Erhöhung der Wirtschaftlichkeit beim Brauvorgang beiträgt. Allerdings hat man auch durch klassische Züchtungsmethoden bestimmte Hefestämme erzeugt, mit denen man neuartige Biersorten herstellen kann (Holzapfel/Hammes 1989, S. 56). Der Einsatz gentechnischer Methoden ist auf diesem Gebiet also nicht zwingend notwendig.

1.6 Essig

a) Herstellung:

Als Rohmaterial für die Essigherstellung dienen alkoholhaltige Flüssigkeiten, z.B. Wein oder Obstwein. Jahrtausende lang erfolgte sie im Haushalt. Zunächst wurden zuckerhaltige Säfte vergoren. Diese ließ man dann an der Luft offen stehen, so daß sich daraus Essig bildete.

Auch die moderne industrielle Essigherstel-

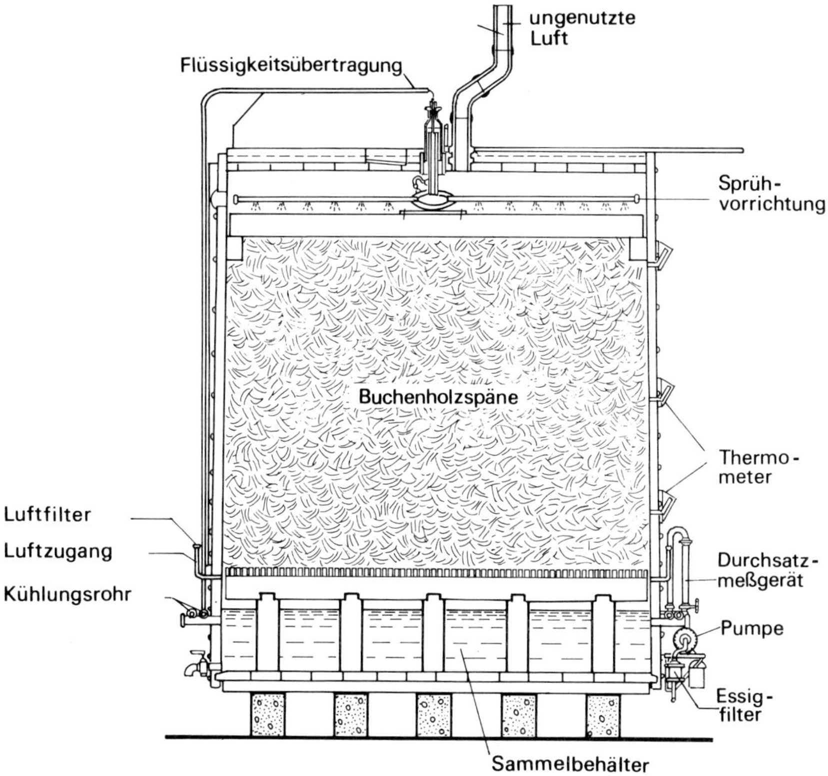

Abb. 121.1: Frings-Generator zur Essigherstellung (nach *Rehm* 1980)

lung erfolgt im Prinzip immer noch nach diesem Muster. Sie entstand im 14. Jahrhundert in Orleans. Das Orleans-Verfahren liefert auch heute noch die qualitativ hochwertigsten Essigsorten.

Eine Mischung von Wein und Weinessig wird dabei in flache Bottiche gegeben, und zwar in einer geringen Schichtdicke (25 cm). Auf der Oberfläche bildet sich eine Kahmhaut aus Essigsäurebakterien, die täglich pro m^2 etwa einen halben Liter reinen Alkohol oxidieren. Den erforderlichen Sauerstoff entnehmen sie der Umgebungsluft. Die geringe Tiefe der Flüssigkeit ergibt ein günstiges Verhältnis zwischen Sauerstoff aufnehmender Oberfläche und Volumen.

Bevor der Alkoholgehalt soweit abgenommen hat, daß die Bakterien beginnen, die Essigsäure selbst als Nahrungsquelle zu nutzen, wird der Essig abgelassen. Dies erfolgt von unten, damit die Kahmhaut heil bleibt, die dann erneut mit Wein unterschichtet wird.

Das diskontinuierliche Orleans-Verfahren wurde zu den kontinuierlichen Generator-Verfahren (siehe Frings-Generator, Abb. 121.1) weiterentwickelt. Dabei beschickt man einen Fermenter mit Spänen aus Buchenholz. Werden diese mit Wein benetzt, wachsen auf ihnen Essigsäurebakterien. Beim Durchsickern von Wein, der an der Oberfläche dieses Tropfkörpers versprüht wird, bildet sich Essig, der unten abfließt. Die Bakterien werden nicht weggespült, sie befinden sich also auf dem Holz in einem »immobilisierten« Zustand. Zu ihrer Sauerstoffversorgung wird von unten her mechanisch belüftet.

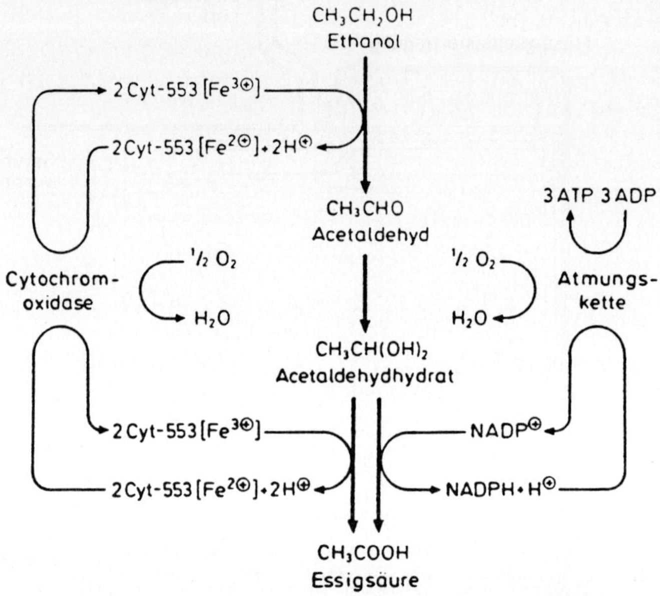

Abb. 122.1: Bildung von Essigsäure aus Ethanol im Stoffwechsel von Essigsäurebakterien. Nur der Weg über $NADP^+$ bedeutet eine nennenswerte Energieausbeute (aus *Wartenberg* 1989, S. 156).

Es existieren noch weitere Verfahren der Speiseessigherstellung, auf die hier nicht eingegangen wird (s. beispielsweise JAGNOW/DAWID 1985, S. 28f.). Die in der pharmazeutischen und der chemischen Industrie benötigte Essigsäure wird großenteils durch chemische Synthese hergestellt, sie darf nicht als Speiseessig verwendet werden.

b) Tätigkeit der Mikroorganismen:

Bei der Essigsäurefermentation wird Ethylalkohol gemäß der folgenden Summenformel in Essigsäure umgesetzt:

$$H_3C\text{-}CH_2OH + O_2 \longrightarrow H_3C\text{-}COOH + H_2O$$

Tatsächlich wird der Alkohol zunächst zu Acetaldehyd oxidiert, wobei die dem Alkohol entzogenen Elektronen auf ein Cytochrom übertragen werden. Auch der Aldehyd kann weiter durch Cytochrom zu Essigsäure oxidiert werden. Die Bakterien haben aber auch die Möglichkeit, $NADP^+$ als Oxidationsmittel zu nutzen. Das dabei entstehende $NADPH + H^+$ geht in die Atmungskette ein (s. Abb. 122.1). Die Beteiligung der Atmungskette bei der Essigbildung (»Essigsäuregärung«) macht deutlich, daß es sich dabei um einen Atmungsvorgang handelt, bei dem das Substrat allerdings unvollständig abgebaut wird. Eine Gärung im eigentlichen Sinne liegt nicht vor.

Hinsichtlich der Fähigkeit, Essigsäure selbst als Nahrungsquelle zu nutzen, unterscheidet man zwei Gruppen von Essigsäurebakterien. Die »Unteroxidierer« (Gattung *Gluconobacter*) sind dazu nicht in der Lage, die »Überoxidierer« (Gattung *Acetobacter*) bauen Essigsäure weiter zu Kohlenstoffdioxid und Wasser ab, und zwar insbesondere dann, wenn der Alkohol in der Nährlösung knapp wird (näheres s. JAGNOW/DAWID 1985).

1.7 Mikroorganismen als Nahrungs- oder Futtermittel

Mikroorganismen können dem Menschen auch als Nahrung dienen oder an Tiere verfüttert werden. Sie stellen ergiebige Proteinquellen dar. Einzellerprotein (single cell protein = SCP) wird in England von der Firma ICI hergestellt. Dabei werden Bakterien vermehrt, die Methanol als Kohlenstoffquelle nutzen (*Methylophilus methylotrophus*). Das Methanol wird aus in der Nordsee gewonnenem Erdgas hergestellt. Die Bakterien werden getrocknet und unter der Handelsbezeichnung *Pruteen* als Tierfutter für die Hähnchen- und die Kälbermast verkauft. Dieses ist allerdings relativ teuer und heute, z.B. gegenüber Futtermitteln, die aus Sojabohnen hergestellt werden, nicht konkurrenzfähig. Demgemäß eignet sich das Verfahren auch (noch?) nicht für die Bekämpfung des Hungers in Entwicklungsländern.

Außer der geringen Wirtschaftlichkeit spricht auch die Aufwendigkeit des Herstellungsverfahrens gegen die Produktion von SCP in der Dritten Welt. Beispielsweise ist der Bioreaktor der Firma ICI, der für die Herstellung von Einzellerprotein errichtet wurde, 60 m hoch und faßt 2,1 Millionen Liter. Er kann nur durch eine diffizile Technik in Gang gehalten werden. Möglicherweise lohnt sich die SCP-Produktion aber in Erdöl produzierenden Ländern wie Saudi-Arabien, das 90% der benötigten Lebensmittel einführt. Dort wird intensiv an der Züchtung von Einzellern auf Erdölbasis gearbeitet. In der Bundesrepublik Deutschland hat die SCP-Forschung nur eine geringe Bedeutung (nach CONZELMANN 1986, S. 99).

Eine wichtige Rolle könnten Algen bei der Proteinproduktion spielen, besonders in warmen Entwicklungsländern. Algen treiben Photosynthese, nutzen also das Kohlenstoffdioxid der Luft als Kohlenstoffquelle, die nötige Energie liefert das Sonnenlicht, anorganischer Stickstoff muß zugesetzt werden. So wird in mehreren Ländern, z.B. in Israel, die Alge *Spirulina* gezogen. Sie stammt ursprünglich aus Mexiko, wo sie von Indianern seit alters aus Seen gesammelt und nach dem Trocknen verzehrt wird.

2 Versuche

2.1 Herstellung von Joghurt und Sauerkraut im Sachunterricht der Grundschule

Die Herstellung von Joghurt und Sauerkraut gehört zu den traditionellen Verfahren der Biotechnik und beruht in beiden Fällen auf einer Milchsäuregärung.

Der Joghurt wurde ursprünglich vor allem von den Völkern des Balkans, der Türkei und Kleinasiens als wichtiges Nahrungsmittel geschätzt. Zur Joghurtherstellung wird Milch homogenisiert, pasteurisiert oder gekocht, auf 45 bis 42°C abgekühlt und mit einer Joghurt-Kultur versetzt. Nach 2 bis 4 h, wenn die Milch durch Säuerung geronnen und fest geworden ist, wird auf 6 bis 5°C abgekühlt, um eine Übersäuerung zu verhindern.

Die Ansäuerung der Milch geschieht durch das Wachstum der thermophilen Milchsäurebakterien *Lactococcus lactis ssp. thermophilus* und *Lactobacillus bulgaricus*. Näheres zur Erzeugung von Sauerkraut s. 1.4.

Joghurt und Sauerkraut lassen sich bereits mit Kindern der 4. Klasse im Sachunterricht herstellen, in dem zugleich ein basales Verständnis für das Mitwirken der Bakterien bei der Entstehung dieser Nahrungsmittel vermittelt werden kann. Da bisher zur Behandlung der Mikroorganismen auf dieser Klassenstufe praktisch keine Erfahrungen vorliegen, wird im folgenden nicht nur eine Beschreibung des eigentlichen Herstellungsprozesses gegeben, sondern auch der Unterrichtsverlauf einschließlich der Fragen und Reaktionen der Kinder dargestellt (aus BAYRHUBER et al. 1990).

Mit der Herstellung von Joghurt und Sauerkraut lernen die Schüler zwei traditionelle Verfahren der Biotechnik kennen. Sie erfahren, daß in beiden Fällen Bakterien dafür sorgen, daß die Milch dick wird und das Sauerkraut nicht verdirbt. Diese Inhalte können vermittelt werden, ohne die Schüler zu überfordern. Wie die Säure im einzelnen entsteht, daß sie das Produkt eines Gärungsprozesses ist, wird nicht erläutert. Darauf einzugehen, wie Milchsäurebakterien Zukker in Milchsäure abbauen und dadurch Energie gewinnen, würde das Verständnis der Kinder in der Tat übersteigen. Sie können aber begreifen, daß Milch nicht von selbst dick und Sauerkraut nicht von alleine sauer wird und daß beides auf die Tätigkeit sehr kleiner Lebewesen zurückgeht, die man Bakterien nennt.

Auch brauchen die Schüler nicht zu erfahren, daß in beiden Fällen Milchsäurebakterien tätig sind. Die Bezeichnung »Milchsäurebakterien« wird nur für die Bakterien im Joghurt, nicht für die im Sauerkraut verwendet. Letztere heißen für die Schüler »Sauerkrautbakterien«. Die Verwendung des wissenschaftlichen Namens erschien im ersten Fall vernünftig, weil im Joghurt die Bakterien die Milch sauer machen. Im zweiten Fall wurde darauf verzichtet, weil zu erwarten war, daß sich die Schüler gefragt hätten, ob denn im Sauerkraut Milch enthalten sei. Die Problematik hätte von der Zielsetzung des Unterrichts unnötig abgelenkt.

Schüler dieses Alters haben außerhalb des Unterrichts schon oft von Bakterien gehört, sprechen diesen Organismen aber Eigenschaften höherer Lebewesen zu. Wenn die Rede auf Bakterien kommt, brennen den Kindern viele Fragen auf der Zunge. Vorstellungen und Fragen der Schüler spielen deshalb eine wichtige Rolle in diesem Unterricht. Es sollte versucht werden, den Kindern eine ihrer Entwicklungsstufe gemäße Vorstellung über Bakterien zu vermitteln. Dabei werden auch affektive Ziele angestrebt: In der Regel haben Kinder dieses Alters eine einseitige, negative Einstellung gegenüber Bakterien, die sie praktisch durchweg als Krankheitserreger betrachten. Um eine differenzierte Einstellung zu bewirken, sollten die Schüler erfahren, daß es nicht nur schädliche, sondern auch nützliche Bakterien gibt, aber auch solche, die weder nützlich noch schädlich sind.

Die in diesem Unterricht hergestellten Nahrungsmittel kennen die Schüler aus dem Alltag. Sie haben deshalb das Bedürfnis, zu kosten, was sie selbst hergestellt haben. Das sollen sie auch tun. Dabei spielen Geschmacks- und Geruchsempfindungen eine besondere Rolle. Es zeigt sich, daß die Geschmäcke der Schüler verschieden sind und daß z.B. der Geruch nach saurer Milch nicht von allen als Wohlgeruch empfunden wird. Dennoch verderben unangenehme Sinnesempfindungen den Schülern nicht den Spaß an der Sache: auch wenn etwas grauslich riecht, so riecht es doch schön grauslich. Es war von vornherein nicht auszuschließen, daß Kinder sich vor Joghurt und Sauerkraut ekeln, wenn sie lernen, daß in diesen Nahrungsmitteln Bakterien vorhanden sind. Diese Befürchtung wurde nicht bestätigt: daß manchen Kindern unser Joghurt nicht schmeckte, hatte andere Gründe, die auch in aller Klarheit geäußert wurden (s. 2.1.1., Joghurt-Kostprobe). Das Sauerkraut mochten praktisch alle.

2.1.1 Herstellung von Joghurt

Geräte

1 Brutschrank oder Warmhaltebox aus Styropor mit Deckel
(Maße: 20 (H) × 35 (L) × 30 (B) cm; Dicke des Styropors: 10 cm)
Haushaltsfolie
1 Herdplatte
1 Kochlöffel oder 1 Schneebesen
1 Kochtopf
Tassen oder Gläser in Klassenstärke
Teelöffel in Klassenstärke
1 Thermometer (Skala bis 100°C)

Verbrauchsmaterial, Chemikalien, Lebewesen

3 l Milch
3 Becher Vollmilchjoghurt

Zeitbedarf

3 Schulstunden

Durchführung

1. Zuerst wird die Milch auf 72°C erhitzt. Durch das Erhitzen werden einige schädliche Bakterien in der Milch abgetötet.
2. Die Milch wird auf 45°C abgekühlt.
3. Dann wird ein Klacks (Teelöffel) Joghurt in einen Becher gefüllt,
4. die abgekühlte Milch dazugegeben und
5. alles verrührt.
6. Der Becher wird mit einer Folie verschlossen.
7. Die Milch-Joghurt-Mischung wird in eine Wärmebox gestellt.
8. Nach einigen Stunden ist die Milch dick geworden. Der Joghurt ist fertig, er schmeckt säuerlich.

Erläuterungen und Hinweise

Zu 1.:
Pro Kind werden 100 ml Vollmilch erhitzt. Es empfiehlt sich, die Milch in mehreren Portionen von je 1 l zu erhitzen, weil das Abkühlen sonst zu lange dauert.

Zu 2.:
Man benötigt 3 Becher Vollmilchjoghurt für eine Klasse.

Zu 7/8.:
Unseren Schülerinnen und Schülern schmeckte der Joghurt, der nebenher in einer handelsüblichen »Joghurt-Maschine« erzeugt wurde (3 h, Dauertemperatur 42°C) am Ende doch besser als der Joghurt aus der Wärmebox (über Nacht, Anfangstemperatur 45°C). Der zuerst genannte wies eine höhere Konsistenz und größere Milde auf. Dies lag wohl vor allem daran, daß über Nacht mehr Milchsäure produziert wurde, so daß dieser Joghurt relativ sauer schmeckte.

Erfahrungsbericht aus dem Unterricht

Aus Milch wird Joghurt

1. Tag (Doppelstunde)
Am Vortag erhielten die Kinder den Auftrag, einen Becher und einen Löffel in die Schule mitzubringen, so war der Unterricht am Beginn der Stunde von leisem Geklapper untermalt. Von den Gesichtern war die Spannung auf das, was sich nun wohl ereignen würde, und die Hoffnung auf irgend etwas Leckeres zum Essen abzulesen. Heute soll also Joghurt hergestellt werden. Was man dazu braucht?

»Früchte, Zucker, Sahne«. »Ach ja, auch Milch«. Von der Lehrerin erfahren die Schüler, daß auch Bakterien benötigt werden. Die Kinder zeigen sich erstaunt, einer ist sogar schockiert: »Ich esse keine Bakterien«.

Was sie über Bakterien wissen? »Wenn man die runterschluckt, wird man krank«. »Wenn man krank ist und einen anhustet, kriegt der auch Husten«. Es wurde erwartet, der Begriff »Bakterien« sei bei den Kindern negativ besetzt. Sie kennen »Karius und Baktus« als üble Gesellen und sind bisher zu einer Vorsichtshaltung gegenüber Bakterien erzogen worden. Einer allerdings weiß schon: »Es gibt gute und schlechte Bakterien«.

Die Klasse einigt sich schließlich auf die Unterscheidung in »nützliche« und »schädliche« Bakterien. Sie weiß, daß Bakterien winzig klein sind und daß man diese Lebewesen nur mit Hilfe eines Mikroskops zu Gesicht bekommen kann. Von der Lehrerin erfahren die Kinder außerdem, daß Bakterien überall vorkommen und daß die Bakterien, die man zur Herstellung von Joghurt braucht, »Milchsäurebakterien« heißen (»Joghurt schmeckt säuerlich«!). Weiterhin hören sie, daß Bakterien weder Tierchen noch Pflänzchen sind und daß man Milchsäurebakterien im Joghurt gefahrlos mitessen kann. Nach dieser etwa 25minütigen Einführung beginnt der praktische Teil. Die einzelnen Arbeitsschritte werden an der Tafel festgehalten und nach und nach ins Arbeitsheft übertragen.

Einige Kinder können sich die Notwendigkeit des Erhitzens der Milch schon erklären: »Der Joghurt wird haltbarer«. – »Sonst wird er schlecht«. Auch haben viele eine Vorstellung von der Temperatur von 72 °C. »Man kann den Finger schon reinstecken, muß ihn aber gleich wieder rausziehen, sonst verbrennt man sich«. Daß die Milch auch noch abgekühlt werden muß, geht allen auf die Nerven: »Das dauert!« – »Das ist ja langweilig«. Nach dem Abkühlen wird Joghurt zur Milch gegeben.

In der folgenden Stunde werden endlich die Becher gefüllt. Nach dem Umrühren lecken die Kinder ihre Löffel unwillkürlich ab. Die Milch-Joghurt-Mischung schmeckt gräßlich. Die Kinder erhalten den Hinweis, daß sie die abgeleckten Löffel nicht wieder in die Mischung stecken dürfen, weil sonst wieder schädliche Bakterien hineingelangen können. Die Lehrerin erklärt die Funktion der Wärmebox: Die 10 cm dicken Styroporwände lassen nur wenig Wärme durch. Die Milch bleibt lange warm. Milchsäurebakterien machen Joghurt am schnellsten aus warmer Milch von 42°C. Der Rest der Zeit dient der Festigung des Wissens über Bakterien.

Das Wesentliche wird an der Tafel zusammengefaßt:

Bakterien sind winzige, mit bloßem Auge nicht sichtbare Lebewesen. Einige können Krankheiten verursachen und sind deshalb schädlich. Andere sind dagegen sehr nützlich, z. B. für die Bereitung von Joghurt und Sauerkraut. Die meisten Bakterien sind den Menschen weder nützlich noch schädlich.

Ergänzung am folgenden Tag:
Aus etwas Milch machen sie Säure. Die Säure macht den Rest der Milch dick und gibt dem Joghurt den sauren Geschmack.

Als Hausaufgabe sollen die Kinder die Geräte malen, die für die Joghurtherstellung gebraucht wurden (Abb. 126.1), und sich überlegen, wieviele Bakterien wohl in einer Reihe nebeneinander auf der Kante eines Blattes Papier Platz finden. Dazu wurde den Schülern erläutert, daß die Strecke, auf der die Bakterien Platz finden sollen, der Dicke des Blattes entspricht. Sie sollen sich vorstellen, daß sich die Bakterien »bei der Hand nehmen« und eine Kette bilden. Am

Abb. 126.1: Kinderzeichnung zur Joghurtherstellung

Schmunzeln war zu erkennen, daß die Kinder die scherzhafte Seite dieses Bildes durchaus erfaßt hatten.

Joghurt-Kostprobe

2. Tag (eine Stunde)
Vor dem Unterricht lüftet die Lehrerin schon mal den Deckel der Wärmebox. Der angenehme Duft reifen Joghurts strömt heraus. Auch die Kinder sollen in Gruppen schnüffeln dürfen. Die Reaktion der Kinder ist ernüchternd: »Iiih, das riecht nach saurer Milch«. Ein Schüler bittet, auf die Toilette gehen zu dürfen. Die übrigen äußern ihren Abscheu jedoch mit lachenden Gesichtern; die Munterkeit der Kinder hält die folgenden Stunden über an. Nachdem die Becher ausgeteilt sind, wird die Geduld der Kinder auf die Probe gestellt. Die Lehrerin erlaubt ihnen nicht, den Joghurt inzwischen auszulöffeln. Der Joghurt soll zunächst mit den Augen untersucht werden. Schließlich sollen die Schüler sich heute auch noch überlegen, wieso es dazu kam, daß aus Milch Joghurt wurde. Diesen Deutungsversuchen sollte genaues Beobachten vorangehen.

Was also beobachten die Kinder?

»Es ist dick, aber noch ein bißchen flüssig.« – »Es hat geschwitzt.« (Deutung). – »Oben ist eine Fettschicht.« (Deutung). – »Wie Wackelpudding.«

Wie kann man das erklären?

»Die Milch ist dicker geworden.« (Beobachtung). – »Die Milchsäurebakterien sind größer geworden.«

Die Frage soll später noch einmal aufgegriffen werden. Nun dürfen die Kinder ihren Joghurt erst einmal schmecken. Die Hoffnung, daß alle »lecker« rufen, ist nur sehr schwach. Mit Recht, denn allmählich setzt sich die Meinung durch: »Schmeckt nach gar nichts, außer sauer!«. Auf die Nachfrage der Lehrerin hin stellt sich heraus, daß die Kinder in der Regel Joghurt essen, der Früchte oder Zucker enthält. Der ihnen hier vorgesetzte schmeckt einigen gar nicht, am Ende ist aber doch die Hälfte der Becher leer (Abb. 127.1). Einige Schüler müssen sogar davon abgehalten werden, das aufzuessen, was die anderen übrig ließen. Zur Begründung weist die Lehrerin auf die Gefahr hin, daß Darmbakterien durch zu viele Milchsäurebakterien verdrängt werden und man dann Durchfall bekommen

Abb. 127.1: Kinderreaktionen beim Probieren von Joghurt: »Schmeckt nach gar nichts, außer sauer!«

kann. Diese Erläuterungen rufen praktisch keine erkennbaren emotionalen Reaktionen hervor. Sie werden mit Interesse zur Kenntnis genommen. Insgesamt wird deutlich, daß der Geschmack der Schüler stark durch den Zucker- und Fettgehalt ihrer normalen Nahrung mitgeprägt ist.

Nach dem Kosten wird nochmals die Frage aufgeworfen, warum die Milch dick wird. In einem Demonstrationsversuch wird in ein Glas Milch Zitronensaft gepreßt. Das Dickwerden der Milch wird ursächlich auf den Zitronensaft zurückgeführt. Wie diese Säure, so macht auch die von den Milchsäurebakterien erzeugte Säure die Milch dick. Der Tafeltext wird entsprechend ergänzt. Am Ende der Stunde beobachten die Schüler, daß die Milch mit Zitronensaft, die zunächst nur Ausflockungen gezeigt hat, nun aussieht wie Joghurt.

2.1.2 Herstellung von Sauerkraut

Geräte

1 Einweckglas, 2 l, mit Gummiring, Deckel und Spange
1 Holzzylinder, Höhe 4 bis 5 cm, oder 1 Eierbecher
1 großer Kochtopf
1 Küchenbrett
1 Küchenmesser
1 Schüssel, Durchmesser 30 cm

Verbrauchsmaterial, Chemikalien, Lebewesen

1 großer Weißkohlkopf
Salz, 20 bis 40 g

Zeitbedarf

2 Schulstunden

Durchführung

1. Ein Weißkohlkopf wird auf einem Schneidebrett in Streifen geschnitten.
2. Der geschnittene Kohl wird zusammen mit dem Salz in die Schüssel gegeben.
3. Kohl und Salz werden gut vermischt.
4. Der gesalzene Kohl wird in das Weckglas gefüllt.
5. Mit der Faust wird der Kohl gut zusammengepreßt.
6. Ein Holzzylinder wird auf den Kohl gepreßt, der Deckel aufgelegt (Gummiring einlegen) und das Einweckglas mit der Spange verschlossen.
7. Das Glas wird auf einen tiefen Teller gestellt. So muß der Kohl ungefähr 2 Wochen stehen bleiben, bis daraus Sauerkraut geworden ist

Erläuterungen und Hinweise

Zu 2:
2 bis 2,5 g Salz pro 100 g Blatteile ist optimal (nach Präve 1987[3], S. 272.

Zu 4.:
Ein großer Kohlkopf von etwa 30 cm Durchmesser findet in einem 2 l-Glas beinahe vollständig Platz.

Zu 5.:
Durch das Pressen mit der Faust wird die Freisetzung von Saft unterstützt. Am Ende steht etwa 1 cm Flüssigkeit über.

Zu 7.:
Das gefüllte und verschlossene Glas wird auf den Schrank gestellt, und zwar mit einem Teller als Unterlage, weil nach einigen Tagen etwas Flüssigkeit aus dem Weckglas überlaufen kann.

Abb. 129.1: Kinder beim Weißkohlschneiden

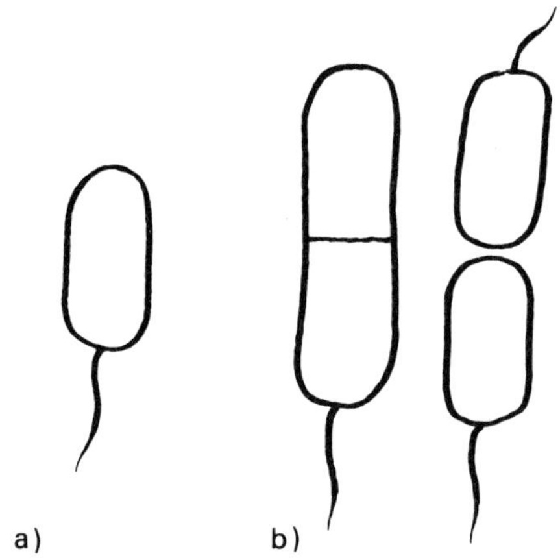

Abb. 129.2: Schematische Darstellung des Teilungsvorganges bei Bakterien

In gut vierzehn Tagen wird es zum ersten Mal geöffnet, um zu prüfen, ob aus dem Kohl schon Sauerkraut geworden ist.

Erfahrungsbericht aus dem Unterricht

Bakterien stellen auch Sauerkraut her

1. Tag (eine Stunde)
Es soll Sauerkraut hergestellt werden. »Lecker«! Die meisten Schüler freuen sich schon darauf, es später zu kosten. Während einige Kinder die Blätter eines Kohlkopfes (ohne Strunk) klein schneiden, befaßt sich der Rest der Klasse allgemein mit Bakterien. Es dürfen und sollen Fragen gestellt werden.

»Wie sehen die aus«? Umrißskizzen werden aufgemalt und Fortsätze dazu gezeichnet, die »wie Schiffsschrauben« wirken (s. Abb. 129.2).

»Wie schnell sind die Bakterien?« Die Angabe: »Einige cm in der Stunde« regt zum Vergleich mit der eigenen (hohen) Geschwindigkeit auf dem Fahrrad an. »Was essen die?« – »Z. B. Milch.« – »Wie essen die?« Jetzt wird's kompliziert. Anhand einer Umrißskizze wird erläutert: »Sie haben keinen Mund, sie lassen z.B. ein bißchen Milch durch ihre ganze Oberfläche eindringen.«

Hinter vorgehaltener Hand fragt ein Kind leise: »Pinkeln die in die Milch?« Und weil die Befragte zögert, kommt von anderer Seite nicht weniger gespannt und verlegen Unterstützung. »Machen die Pipi?« Die Umrißskizze wird wieder zur Hilfe genommen. Fazit: »Bakterien bilden keinen Urin. Milchsäurebakterien erzeugen Milchsäure, die sie über die ganze Oberfläche abgeben«.

»Haben Bakterien ein Haus, wo sie reingehen und wohnen?« – »Nein, die Milchsäurebakterien schwimmen frei in der Milch herum.« – »Legen die Bakterien Eier?« Es wird schematisch dargestellt, wie aus einem Bakterium durch Teilung zwei werden (s. Abb. 129.2). »Wie groß sind die eigentlich?« Nun wird auf die Hausaufgabe eingegangen, bei der die Kinder abschätzen sollten, wieviele Bakterien auf der Kante eines Blattes Papier Platz haben. Die meisten Schätzwerte liegen zwischen 100 und 1.000 Stück und sind zufälligerweise richtig. Zum Teil liegen die Werte um Größenordnungen höher. »Wie groß sind sie nun wirklich?« – »Wenn ihr 1 mm in 10 gleiche Teile teilt, dann ist jeder Teil so dick wie ein Blatt Papier. Wenn es nun ein Messer gäbe, mit dem man das Blatt Papier in weitere hundert gleiche Teile spalten könnte, dann wäre jeder von ihnen etwa so dick wie ein ziemlich großes Bakterium.« Der Versuch, eine Vorstellung vom Unvorstellbaren zu vermitteln, ruft bei den Kindern Staunen hervor, die Antwort befriedigte sie. Die Schüler scheinen mehr als nur eine Illusion vom Verstehen bekommen zu haben.

Inzwischen ist der Kohl geschnippelt. Die Kinder, die das besorgt haben, hatten sich schon seit einer ganzen Weile zur Frage- und Antwortrunde der übrigen gesellt. Nun wird weiter praktisch gearbeitet. Der geschnittene Kohl wird gesalzen (»Salz zieht den Saft heraus.«). Salz und Blatteile werden in der Schüssel mit der Hand vermischt. Abschließend wird die Mischung nach und nach in ein Weckglas gedrückt.

Beiläufig haben die Kinder erfahren, daß Sauerkrautbakterien aus Kohl Sauerkraut machen.

An der Tafel wird festgehalten:

Sauerkrautbakterien machen aus wenig Kohl Säure. Die Säure gibt den sauren Geschmack; außerdem schützt sie das Sauerkraut vor dem Verderben, z.B. vor dem Verschimmeln.

Als Hausaufgabe sollen die Schüler die Arbeiten zum Herstellen des Sauerkrauts beschreiben und die benötigten Materialien und Geräte zeichnen (s. Abb. 130.1).

Sauerkraut – Kostprobe

2. Tag (eine Stunde)
Gut zwei Wochen nach dem Unterricht brachten die Kinder Teller und Gabel mit, um das Sauerkraut zu kosten. Die Begeisterung war dabei noch größer als beim Essen des Joghurts. Zwei Drittel der Kinder holten sich einen »Nachschlag«, nur drei mochten das Sauerkraut nicht essen. Viele nahmen sich vor, zu Hause selbst Sauerkraut herzustellen (und taten das dann auch).

So kann man also bei Viertklässlern das Interesse an uralten Biotechniken wecken und einen Teil der Kinder motivieren, wenigstens eine von ihnen selbst auszuprobieren.

2.2 Hefe läßt den Teig gehen – Experimente und mikroskopische Übungen in der Orientierungsstufe

Backhefe gehört zur formenreichsten Klasse der Pilze, den Ascomyceten. Mit ihr lassen sich viele Übungen machen, die an mikrobiologische Arbeitstechniken heranführen.

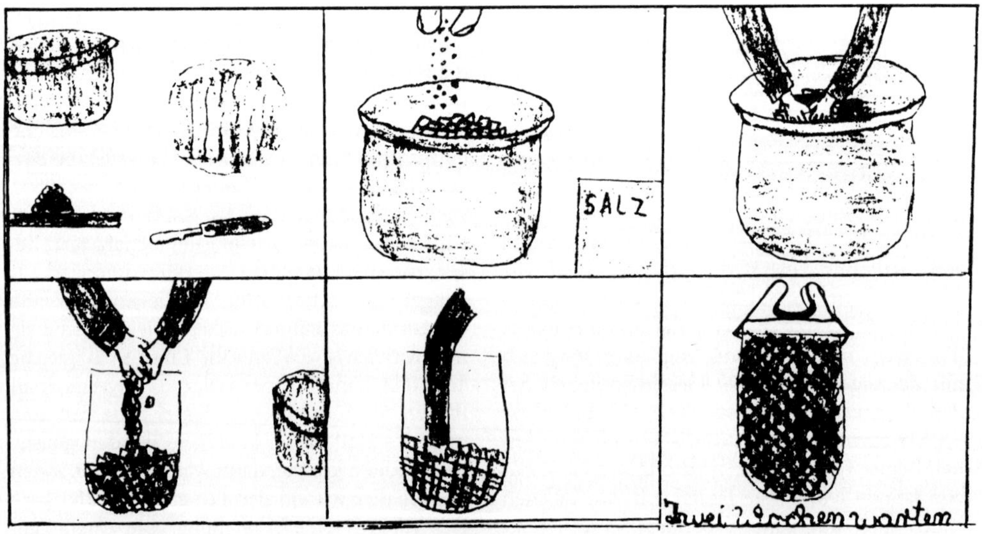

Abb. 130.1: Kinderzeichnung zur Sauerkrautherstellung

Der lateinische Name *Saccharomyces cerevisiae* (zu deutsch etwa: Zuckerpilz für das Bier) weist auf eine ihrer traditionellen Verwendungsmöglichkeiten hin, das Bierbrauen, bei dem ja Zukker abgebaut wird und Ethylalkohol entsteht. Bei alkoholischer Gärung der Backhefe können verschiedene Zuckerarten zu Ethanol und Kohlenstoffdioxid umgesetzt werden. Dazu gehören Haushaltszucker (Saccharose), Malzzucker (Maltose), Traubenzucker (Glucose) und Fruchtzucker (Fructose). Reine Stärke (Amylose) vermag Backhefe allerdings nicht zu vergären, da ihr die notwendige Enzymausstattung fehlt. Dennoch wird auch das »Gehen« (Aufgehen, Aufblähen) ungezuckerten Mehlteigs durch die alkoholische Gärung der Backhefe bewirkt. Das erforderliche Substrat entsteht durch Abbau von Stärke zu Glucose mit Hilfe von Amylase, die, bereits vom Getreidekorn gebildet, im Mehl enthalten ist. Wird dem Mehl Zucker zugesetzt, wirkt dieser als »Starter«, d.h. die Kohlenstoffdioxidbildung beginnt früher, sie ist überdies auch stärker.

Hefezellen besitzen keine Wimpern oder Geißeln und zeigen daher auch keine Eigenbewegung. Bewegungen im lichtmikroskopischen Nativpräparat beruhen auf der Wärmeströmung im Flüssigkeitstropfen. Die verhältnismäßig geringe Größe der Zellen, etwa 5×7 μm, erschwert die lichtoptische Untersuchung ihrer Feinstruktur. Deutlich erkennbar sind im Schulmikroskop bei 500facher Vergrößerung elliptische, fast kugelförmige Körperchen, die im Innern jeweils eine relativ große, blasenähnliche Vakuole besitzen. Bei dunkel erscheinenden, punktförmigen Gebilden handelt es sich um Zellorganellen, wie z.B. Zellkern oder Mitochondrien. Diese lassen sich aber ohne Zuhilfenahme bestimmter Färbemethoden nicht bestimmen.

Hefezellen können sich sexuell und vegetativ vermehren. Bei der Sprossung einer Hefezelle (vegetative Vermehrung) wandert ein Tochterkern mit einigen Organellen in den »Sproß«, der gewöhnlich an einem Pol der Hefezelle entsteht. Die Cytoplasmaverbindung wird durch Ablagerung von Zellwandmaterial geschlossen, während sich der »Sproß« vergrößert. Schließlich trennt sich dieser von der Elternzelle. An der Anheftungsstelle bleibt eine Narbe zurück. Bei Berücksichtigung der durchschnittlichen Ober-

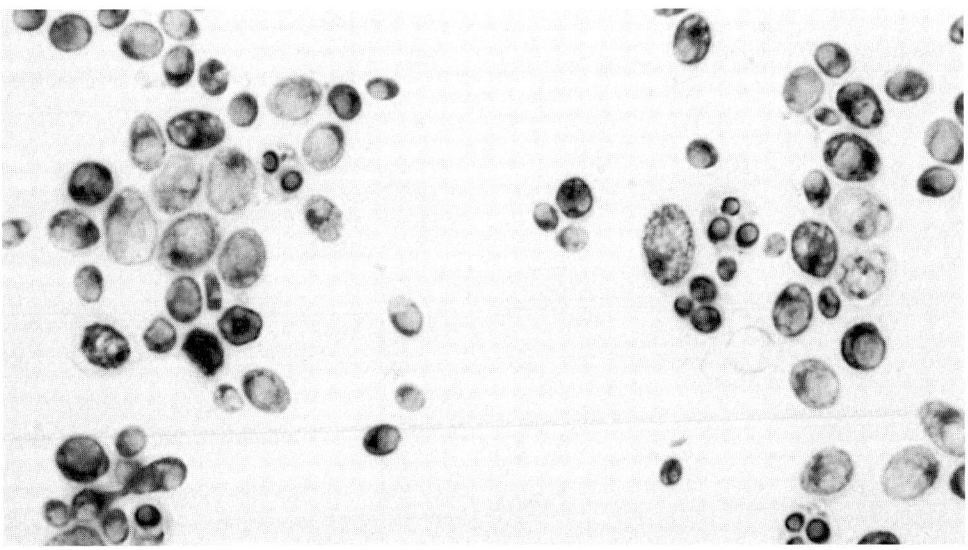

Abb. 131.1: Rasterelektronenmikroskopische Aufnahme sprossender Hefezellen

flächengröße einer Hefezelle sind maximal 100 Narben denkbar: Eine solche Zelle ist also nicht unsterblich! Der Teilungsvorgang und damit die Generationszeit einer Hefezelle dauern unter Idealbedingungen 3 bis 5 h.

Viele biotechnische Produkte und Verfahren sind auf die angewandte Mikrobiologie zurückzuführen, die sich natürliche Leistungen von Mikroorganismen zunutze macht – beispielsweise in einem Fermenter. Durch die originale Begegnung mit Hefezellen und deren Leistungen kann schon in der Orientierungsstufe ein Grundstein für eine kritische Auseinandersetzung mit Chancen und Risiken der Biotechnik gelegt werden.

Die Versuche 2.2.1 bis 2.2.5 stellen eine kleine Unterrichtseinheit für die Orientierungsstufe dar. Die folgende Beschreibung enthält Erfahrungsberichte aus dem Unterricht.

2.2.1 Hefeteig geht

Der Versuch wird in arbeitsgleicher Gruppenarbeit von je drei Schülern durchgeführt. Sie sollen lernen, daß das »Gehen« des Teigs auf der Tätigkeit der Mikroorganismen beruht.

Geräte (für 10 Gruppen)

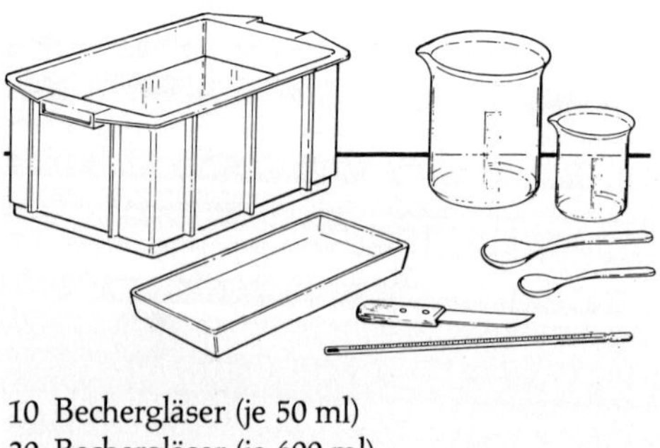

10 Bechergläser (je 50 ml)
20 Bechergläser (je 600 ml)
10 Eßlöffel zum Abmessen des Mehls und des Wassers
2 Küchenmesser
1 Kunststoffschale mit 60°C warmem Wasser
10 flache Kunststoffschalen
10 Teelöffel zum Abmessen des Zuckers
10 Thermometer

Verbrauchsmaterial, Chemikalien, Lebewesen (für 10 Gruppen)

Weizenauszugsmehl (Type 405, 4×10 gehäufte Eßlöffel)
Zucker oder Saccharose p.a. (4×10 gehäufte Teelöffel)
2 Würfel Bäckerhefe

Zeitbedarf

1 Schulstunde

Durchführung

1. Die Schüler werden aufgefordert, ein Stück Hefe, etwa 2 cm^3, und einen Eßlöffel warmen Wassers mit einem Glasstab in einem kleinen Becherglas zu verrühren, anschließend zwei Eßlöffel Mehl und einen Teelöffel Zucker zuzugeben und daraus in der Kunststoffschale einen Teigkloß zu formen.
2. Ein zweiter Teigkloß soll statt mit einer Hefeaufschwemmung nur mit Wasser zubereitet werden.
3. Anschließend werden beide Teigklöße zur gleichen Zeit in die mit warmem Wasser gefüllten großen Bechergläser gelegt.
4. Die Schüler beobachten die Teigklöße.

Erläuterungen und Hinweise

Zu 4:
Der Hefekloß wird immer größer und steigt schließlich nach 2 bis 15 min, je nach Festigkeit des Kloßes, an die Wasseroberfläche, wird dann immer blasiger und löst sich schließlich auf. Der andere Kloß bleibt beinahe unverändert am Glasboden liegen (Abb. 133.1).

Am Ende der lebhaften Stunde zeigen sich beim Aufräumen erste mikrobiologische Entsorgungsprobleme: »Wohin damit?« »Sollen wir den ganzen Teig wegwerfen?« Ein Schüler wirft seinen Kloß ungefragt in den Papierkorb, er fällt schmierig an der Innenwand herab. Am besten werden die Teigreste auf einem Komposthaufen entsorgt!

Die Besprechung der Ergebnisse erfolgt zu Beginn der folgenden Stunde (s. 2.2.2, Einleitung).

2.2.2 Hefe wird mikroskopiert

Der Lehrer läßt zu Beginn die Ergebnisse der letzten Stunde zusammentragen. Für die Schüler »wächst« Hefe, »quillt auf«, »geht hoch«. Tobias weiß es ganz genau: »Da sind Pilze drin, und wenn man Hefe in Zuckerwasser tut, entsteht CO_2.« Der Lehrer fordert: »Wir müssen uns an die Beobachtungen halten.« Die Schüler einigen sich auf die Formulierung »Schaumentwicklung durch Gas«. Ein kleines Tafelbild hält die Ergebnisse »Teigkloß mit und ohne Hefe« fest. Die Deutung bringt Lennart: »Mit Hefe entwikkeln sich im Mehlteig Gase, sie blähen den Teigkloß auf.«

Zur Untersuchung der Backhefe werden Mikroskope bereitgestellt. Der Lehrer gibt eine Verhaltensregel an die Schüler aus: »Faßt die Objektive selbst nie an, sondern dreht immer nur am Revolverring, weil schon ein leichtes Verbiegen der Objektive im Gewinde dem Mikroskop schadet!«

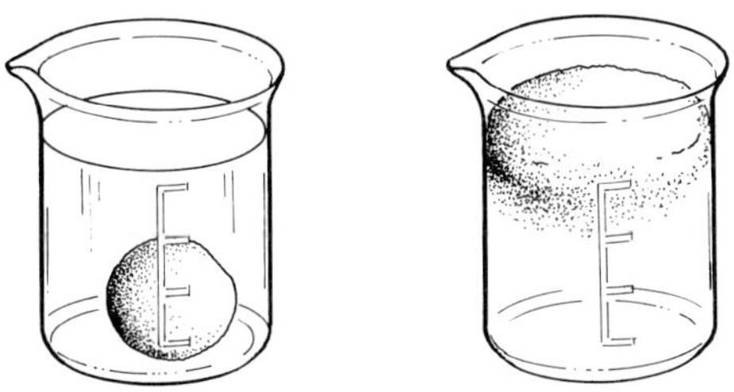

Abb. 133.1: Teigklöße ohne (links) und mit Hefe (rechts) im Wasserglas

Geräte (für 10 Gruppen)

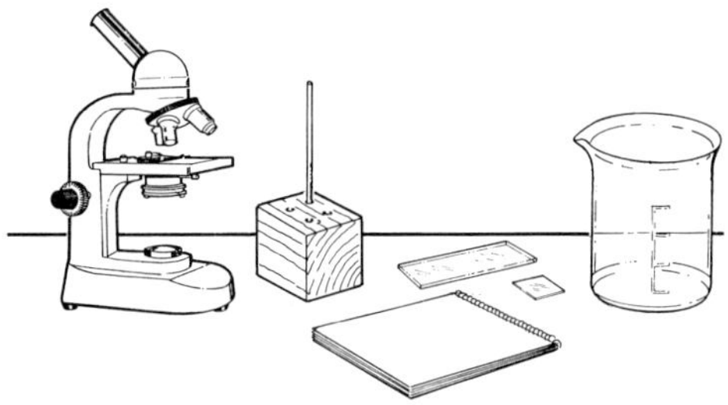

10 Bechergläser (je 100 ml)
1 Glasstab im Holzblock
10 Schülermikroskope

Verbrauchsmaterial, Chemikalien, Lebewesen (für 10 Gruppen)

10 Deckgläser
10 Objektträger
Zeichenpapier

Zeitbedarf

1 Schulstunde

Durchführung

1. Die Schüler schwemmen etwas Backhefe in Wasser auf, bringen mit dem Glasstab 1 Tropfen davon auf den Objektträger und decken ihn mit einem Deckglas ab.
2. Die Hefesuspension wird mikroskopiert, die Hefezellen werden gezeichnet.

Erläuterungen und Hinweise

Zu 1.:
Eine geeignete Verdünnung zum Mikroskopieren erhält man, wenn etwa 1 cm^3 Backhefe in 1 l Wasser aufgeschwemmt werden.

Zu 2.:
Beim Mikroskopieren erkennen alle Schüler die runden Objekte. Nur: Niemand ist in der Lage, von sich aus die Dreidimensionalität zu begreifen. »Ich sehe lauter ovale Kreise.« Einige entdekken die Vakuolen und bezeichnen sie als »Ringe«. Der Lehrer muß erklären, wie man durch Scharfstellen unterschiedliche Ebenen erreichen kann. Allmählich setzt sich die Erkenntnis durch, daß die Gebilde »Kugeln« sind.

Die Organismen werden in der sichtbaren Vergrößerung zu Papier gebracht, sie erscheinen zwischen 3 und 5 mm groß. Anschließend sollen die Schüler die Größe der Einzelhefen durch Division mit der Gesamtvergrößerung ausrechnen. Gemeinsam mit dem Lehrer kommen die Schüler zu folgendem Ergebnis: »Zwischen sechs und zehn tausendstel mm ist eine Hefezelle groß.« Zur Veranschaulichung gibt der Lehrer den Hinweis, daß 100 Schulbuchseiten zusammen etwa 10 mm dick sind, eine Seite also ein zehntel mm. Schnell ist ausgerechnet, daß quer zur Kante einer Seite zwischen 10 und 16 Einzelhefen »im Gänsemarsch« hintereinander passen. Das erstaunt viele Schüler; einige visieren auf die Kante einer Schulbuchseite.

Vorschlag für ein Arbeitsblatt:

Hefe wächst
Hefezellen können sich sehr schnell vermehren. Die einzelne Zelle vergrößert sich, ihr Zellkern teilt sich, und schließlich schnürt sich eine neue Zelle von der ursprünglichen Zelle ab. Nun wachsen und teilen sich diese beiden Hefezellen.

Die Abbildung (unten) kann als Kopie auf ein Arbeitsblatt geklebt werden. Die darauf abgebildeten Teilungs- und Vermehrungsstadien sind von den Schülern aus dem Arbeitsblatt auszuschneiden und in einer sinnvollen Reihenfolge

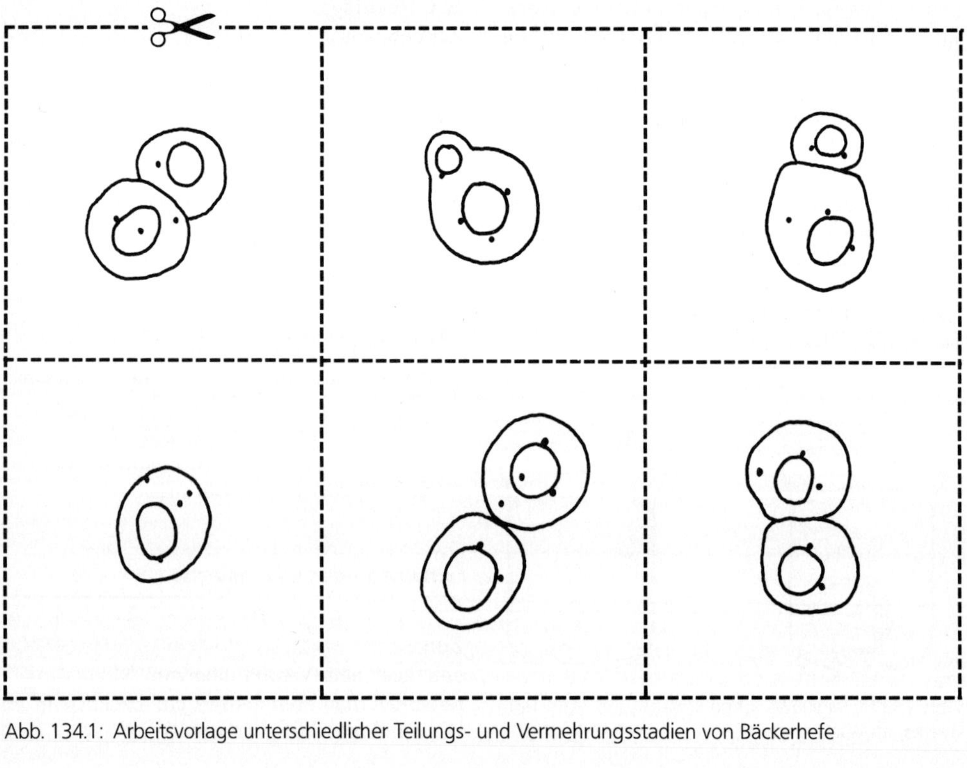

Abb. 134.1: Arbeitsvorlage unterschiedlicher Teilungs- und Vermehrungsstadien von Bäckerhefe

in die Arbeitshefte einzukleben. Die Schüler sollen jedes Stadium mit einem passenden Ausdruck benennen!

2.2.3 Herstellung eines »Nährpuddings« für Hefe

Der Lehrer läßt zu Beginn der Stunde die bisherigen Ergebnisse wiederholen und legt dabei Wert auf die Feststellung, daß »Hefe lebt«. »Wir wollen heute Hefe mal ohne Mehlteig wachsen lassen und dazu einen Pudding kochen, in dem Zucker und Nährstoffe enthalten sind.« Der Lehrer erklärt die Notwendigkeit des sterilen Arbeitens und den Einsatz eines Schnellkochtopfes, »damit sich später nicht Keime aus der Luft vermehren.«

Geräte (für 10 Gruppen)

1 Schnellkochtopf
10×8 Einwegpetrischalen (∅ 9 cm) (LHU mit Nocken)
10 Erlenmeyerkolben (je 300 ml), mit Stopfen und Hefe-Malzagar für 200 ml H_2O
10 Gasbrenner
10 Paar Isolierhandschuhe (Arbeitshandschuhe)
10 Kolbenhalter
2 Meßzylinder (500 ml)
2 Spritzflaschen, gefüllt mit 70%igem Alkohol

Verbrauchsmaterial, Chemikalien, Lebewesen (je Gruppe)

3 g Agar (*Merck* 1615)
2 l Aqua dest.
0,6 g Casein (*Merck* 1242)
6 g Malzextrakt-Bouillon (*Merck* 5397)

Hefesuspension

Zeitbedarf

1 Schulstunde

Durchführung

1. Die Schüler füllen die einzelnen Substanzen in den Erlenmeyerkolben, geben 200 ml destilliertes Wasser hinzu und schwenken gut um.
2. Die Gefäße werden im Schnellkochtopf gesammelt und 30 min autoklaviert.
3. Nach dem Autoklavieren werden die (heißen) Kolben mit Hilfe von Isolierhandschuhen entnommen. Sie werden unter fließendem Wasser abgekühlt, bis der Inhalt eine Temperatur von etwa 50°C angenommen hat.
4. Die Petrischalen werden nach dem »Stapelgußverfahren« gefüllt: Ein Schüler hebt mit zwei Händen den Deckel zusammen mit den darauf liegenden Schalen an, der zweite gießt Nährboden in die Schale.

Erläuterungen und Hinweise

Zu 2.:
Beim Autoklavieren im Dampfdrucktopf ist eine knatternde oder zischende Geräuschentwicklung nicht immer zu umgehen. Gegebenenfalls sollte daher im Nebenraum autoklaviert werden, wenn die Sterilisierzeit für ein Unterrichtsgespräch genutzt werden soll.

Zu 4:
Während des Autoklavierens erläutert der Lehrer die Arbeitsschritte für das Plattengießen, so auch das »Stapelgußverfahren«, bei dem die Petrischalen als Stapel zu vier Platten aufeinandergestellt werden. Beim anschließenden Abkühlen erwärmen die Böden einer Petrischale den jeweils darunter liegenden Deckel, so daß Kondenswasserbildung an den Petrischalendeckeln vermieden wird.

Die Schüler sind noch nicht in der Lage, den Stapel (9 cm) mit einer Hand sicher zu fassen. Deshalb wird die unter 3.3.4 angegebene Methode des Plattengießens empfohlen.

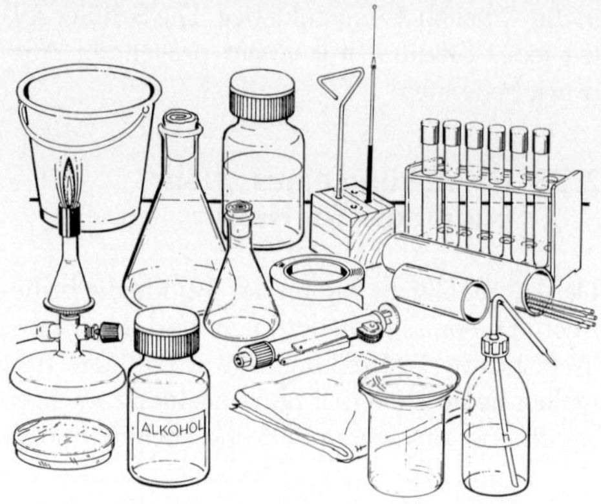

2.2.4 Wir lassen Hefe wachsen

Ein Würfel Backhefe mit einem handelsüblichen Volumen von ca. 40 cm^3 enthält ungefähr 10^{10} bis 10^{11} Hefezellen. Wird ein Zehntel Würfel in einem Liter Wasser aufgeschwemmt, erhält man eine Konzentration von ca. 10^6 Zellen pro ml (10^9 Zellen/l). Eine Suspension eignet sich für die Erstellung einer Verdünnungsreihe zur Lebendzellzahlbestimmung.

Die Schüler wischen die Tische mit 70%igem Alkohol feucht ab. Der Lehrer macht sie darauf aufmerksam, daß zunächst in das erste bis sechste Reagenzglas jeweils 9 ml steriles Leitungswasser gegeben werden müssen: »Nehmt dazu eine sterile 10 ml-Pipette mit Kolbenpipettierhilfe!« Der Lehrer demonstriert vor Beginn die einzelnen Arbeitsschritte. Besonders die sterile Entnahme der Pipetten, das Pipettieren mit Pipettierhilfen, das Halten der Reagenzglaskappen und das Abflammen von Glasrand und Kappe werden genau vorgeführt.

Geräte (für 10 Gruppen)

10 Bechergläser
10 Brenner
Entsorgungsbeutel (z. B. *Greiner*)
10 Erlenmeyerkolben (je 100 ml), mit Stopfen
1 Erlenmeyerkolben (2.000 ml), steril, mit Stopfen
10 Filzschreiber, wasserfest
10 Impfösen und Drigalski-Spatel, in Impfblökken
10×2 Kolbenpipettierhilfen
1 Küchenmesser
10 Pipetten (1 ml), steril
10 Pipetten (10 ml), steril
10×6 Reagenzgläser, steril, mit Alukappen
10 Reagenzglasständer
1 Schraubflasche (1.000 ml)
2 Spritzflaschen
10 Spüleimer (5 l Haushaltseimer)
10 Uhrgläser

Verbrauchsmaterial, Chemikalien, Lebewesen

Nährbodenplatten aus 2.2.3
Tesaband

Alkohol (70%) (s. *Anhang*, 1.5)
Leitungswasser, steril

1 Würfel Backhefe

Zeitbedarf

Verdünnungsreihe:	1 Schulstunde
Ausplattieren:	1 Schulstunde

Vorbereitung

Die Aufschwemmung wird vorbereitet. Es wird ein Zehntel eines Hefewürfels mit einem in der Flamme entkeimtem Messer eingekerbt und abgeschnitten. Diese Portion wird im 2.000 ml-Erlenmeyerkolben unter sterilen Bedingungen gelöst. Zuerst werden nur etwa 100 ml steriles Wasser zugefügt. Dann wird umgeschwenkt, bis sich die Hefe gleichmäßig verteilt hat; anschließend wird auf 1 l aufgefüllt. Dieser Ansatz wird (steril!) auf 10 Erlenmeyerkolben verteilt (Ausgangs-Aufschwemmung für die Schüler).

Durchführung

1. Anhand einer Schemazeichnung (s. *Mikrobiologische Grundlage,* 3.6.1., Abb. 89.1) wird vom Lehrer erläutert, wie eine Verdünnungsreihe in Zehnerschritten erstellt wird. Der Zweck und das Ziel des Verfahrens werden besprochen.
2. Der Lehrer demonstriert die Entnahme der Pipetten, das Aufsetzen der Kolbenpipettierhilfen und das Pipettieren unter sterilen Bedingungen, desgleichen das Abflammen von Glasrand und Kappe. Bevor die eigentliche Arbeit beginnt, läßt er alle Schüler üben. Die Schüler müssen auf die Verletzungsgefahr beim Umgang mit Glasgeräten hingewiesen werden.
3. Nach dem Schema (Abb. 89.1) erstellen die Schüler eine Verdünnungsreihe. Zunächst wischen sie die Tische mit 70%igem Alkohol ab. Dann legen sie steriles Wasser vor und pipettieren schließlich die Aufschwemmungen entsprechend der Vorschrift der Reihe nach unter sterilen Bedingungen über (6 Verdünnungsstufen).
4. Die verdünnten Aufschwemmungen werden im Anschluß an diese Stunde auf die vorbereiteten Nährbodenplatten aufgetragen.
5. Zunächst beschriften die Schüler je 7 Platten mit wasserfestem Filzstift auf den Schalenunterseiten: (1) Impföse, (2) 10^{-1}, (3) 10^{-2}, (4) 10^{-3}, (5) 10^{-4}, (6) 10^{-5}, (7) 10^{-6}. Außerdem schreiben sie ihre Gruppennummer dazu. Anschließend glühen sie die Impföse aus, tauchen sie in das Reagenzglas mit der Ausgangslösung und führen auf der Platte (1) einen senkrechten Strich aus. Die Impföse wird erneut ausgeglüht, am Rand des unbeimpften Nährbodens abgekühlt und anschließend durch den senkrechten Strich hindurch einmal zickzackförmig über die Nährbodenoberfläche geführt. Die Technik demonstriert der Lehrer kurz vorher (s. *Mikrobiologische Grundlagen,* 3.3.4., Abb. 65.2).
6. Anschließend tragen die Schüler mit Hilfe einer Pipette aus jedem Reagenzglas einen Tropfen aufgeschüttelte Hefesuspension auf die entsprechend beschriftete Nährbodenplatte auf. Diesen verteilen sie auf der Agaroberfläche gleichmäßig mit einem sterilisierten Drigalski-Spatel. Der Spatel wird zu diesem Zweck zunächst in Alkohol getaucht, dann abgeflammt und schließlich im Innern der Petrischale am Nährbodenrand abgekühlt (s. Abb. 88.1).

Abb. 137.1: Schüler beim Ausplattieren der Hefe auf Nährbodenplatten

Erläuterungen und Hinweise

Zu Vorbereitung:
Der Hefewürfel sollte frisch sein (Verfalldatum vom Kaufdatum an gerechnet mindestens zwei Wochen).

Zu 5/6:
Die Impföse und der Drigalski-Spatel müssen, bevor sie benutzt werden, jedesmal an der Flamme hitzesterilisiert werden. Dieser Arbeitsschritt darf beim mikrobiologischen Arbeiten genauso wenig ausgelassen werden wie beispielsweise das Abflammen der Reagenzglasränder.

Vorsicht: Auf Gefahren hinweisen! Becherglas mit Uhrglas abdecken, falls der Alkohol darin brennt.

Der fraktionierte Ausstrich mit der Impföse dient der Kontrolle, ob der Hefewürfel selbst oder die Ausgangsaufschwemmnung annähernd frei von Fremdkeimen sind (identische Kolonien).

Die Pipette muß nur gewechselt werden, wenn sie kontaminiert wurde. Der Fehler durch die in der Pipette verbleibende Restmenge ist zu vernachlässigen.

2.2.5 Hefekolonien zählen und ausmessen

Zeitbedarf

1 Schulstunde

Durchführung

1. Die bewachsenen Nährbodenplatten werden nach drei Tagen in einer Schülerübung betrachtet. Die Einzelkolonien werden gezählt und die Werte über die gesamte Klasse gemittelt. Im Durchschnitt wachsen auf den Platten der Verdünnungsstufe 10^{-4} in aller Regel 50 bis 100 Kolonien.

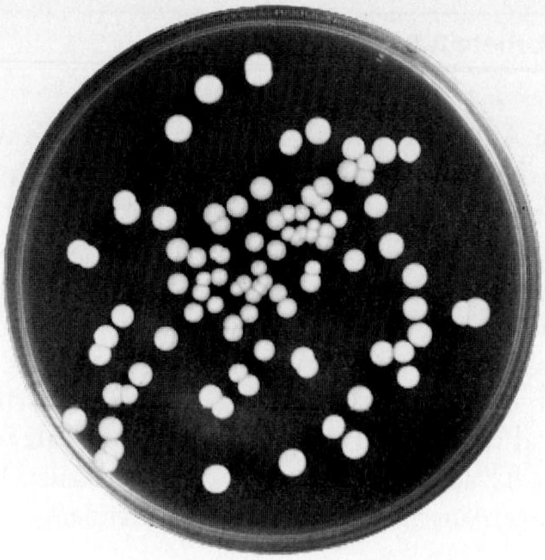

Abb. 138.1: Hefekolonien der Verdünnungsstufe 10^{-4}

2. Die Keimzahl pro ml Suspension wird berechnet (s. *Mikrobiologische Grundlagen*, 3.6.1) und daraus die Anzahl lebensfähiger Keime in einem Würfel Hefe berechnet.

Erläuterungen und Hinweise

Zu 1.:
Käufliche Backhefe ist keine Reinkultur; sie enthält zu einem sehr geringen Anteil auch harmlose Bakterien, vorwiegend Milchsäurebakterien. Diese können allerdings bei den angegebenen Bedingungen auf dem Nährboden nicht anwachsen. Wenn auf einer Nährbodenplatte uneinheitliche Kolonienformen und -farben auffallen, handelt es sich in aller Regel um Kontaminationen. Diese Platten müssen fachgerecht entsorgt werden, sie unterscheiden sich regelmäßig in der Größe der Kolonien. Je mehr Kolonien auf einer Platte herangewachsen sind, desto geringer bleibt deren Durchmesser (Konkurrenzeffekt).

Zu 2.:
Im vorgegebenen Beispiel beträgt bei 100 gezählten Kolonien die Keimzahl pro ml Suspension: $100 \cdot 10^4$ 0,1 = 10.000.000, pro l (entsprechend einem Zehntel Hefewürfel) :

10.000.000.000, im ganzen Würfel also 10^{11} Zellen.

Erfahrungsbericht aus dem Unterricht

Am Ende des Unterrichts wurden die Schüler gebeten, ihre Erfahrungen im Umgang mit Bäkkerhefe zu beurteilen. Sie sollten jeweils das, was ihnen am besten, und das, was ihnen am schlechtesten gefallen hatte, angeben. Hier einige ihrer Antworten:

Teigklöße

Am besten hat mir gefallen ...
- das Aufquellen der Klöße,
- wie der Kloß an die Oberfläche kam,
- das Kneten und Mischen der Zutaten.
- Ich hab das so noch nie gesehen und fand es gut, es durch einen Versuch zu sehen.

Am schlechtesten hat mir gefallen ...
- das Saubermachen der Gefäße,
- der Geruch von Hefe,
- die Schmiererei bei der Herstellung.

Mikroskopieren

Am besten hat mir gefallen ...
- daß wir selber die Vergrößerungen wählen durften,
- daß ich nun endlich weiß, wie Hefezellen aussehen,
- daß wir überhaupt mikroskopieren durften. Es war überwältigend, als sich die Hefezellen bewegten.

Am schlechtesten hat mir gefallen ...
- daß wir sie zeichnen mußten,
- wenn man die nächste Vergrößerung nicht reingekriegt hat,
- daß man alles selber auf den Objektträger kippen muß.

Gießen von Nährbodenplatten

Am besten hat mir gefallen ...
- die Herstellung des Nährpuddings,
- das Gießen,
- das Einfüllen in die Petrischalen.

Am schlechtesten hat mir gefallen ...
- der Geruch,
- das Warten,
- das Aufschreiben.

2.3 Milchsäurebildung im Sauerteig – Ein Modell der Sukzession in mikrobiellen Mischkulturen

Die natürliche Säuerung von Brotteig ist seit 3.500 Jahren bekannt und wurde von den Ägyptern entdeckt. Sie beobachteten, daß ein Teig aus Roggenmehl unter bestimmten Bedingungen zu gären beginnt und daß sich dieser säuerlich schmeckende Teig zu einem lockeren, würzigen Brot ausbacken läßt. Ihnen war auch bekannt, daß man mit einer geringen Menge *Sauerteig* große Mengen neuen Sauerteiges herstellen kann, weshalb immer ein Teigrest sorgfältig aufbewahrt wurde (vgl. »Anstellgut« in Abb. 118.1).

Die Säuerung des Roggenmehles kommt dadurch zustande, daß nacheinander zwei Mikroorganismengruppen den Teigansatz fermentieren: Hefen und Milchsäurebakterien (s. 1.3) Hefen der Gattungen *Saccharomyces* und *Kluyveromyces* sowie Milchsäurebakterien der Gattungen *Lactobacillus* und *Lactococcus* kleben bereits am Korn und gelangen so in das Mehl.

Sauerteig entsteht nach dem Verrühren von Roggenmehl mit Wasser. Die Organismen entfalten ihre Aktivität und reichern sich in ihrem Substrat »Teig« an. Durch wiederholtes Überimpfen dieser Kultur in frischen Teig werden zunächst die Hefen im Wachstum begünstigt, später setzen sich hauptsächlich die Milchsäurebakterien durch. Während des Hefewachstums nimmt das Teigvolumen stark zu, und der Ansatz riecht alkoholisch. Nach dem dritten Überimpfen läßt sich die Säuerung des Teiges nachweisen (pH 4,5). Der Sauerteig enthält am Ende also überwiegend Milchsäurebakterien.

Der hier beschriebene Versuch wurde nach einer Anregung von Pütz/ Back (1981) für die Schule ausgearbeitet.

Geräte

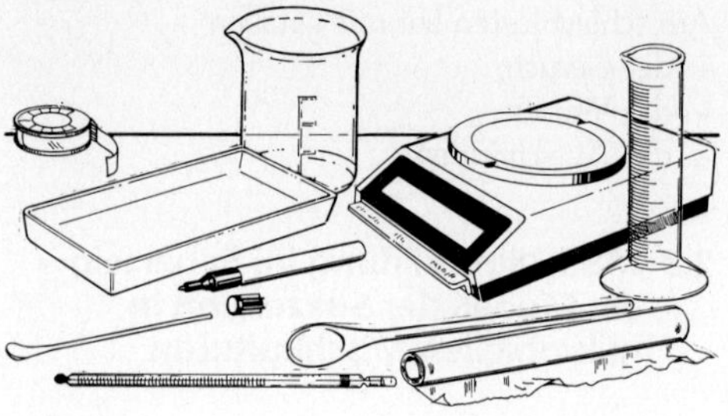

Alufolie
6 Bechergläser (je 400 ml), niedrig
1 Eßlöffel zum Abwiegen
1 Filzstift, wasserfest
1 Holzlöffel zur Teigzubereitung
1 Kunststoffschale, etwa 15 bis 30 cm, flach
1 Meßzylinder (100 ml)
1 Schere
1 Thermometer bis 50°C (z.B. für die Badewanne)
1 Waage

Verbrauchsmaterial, Chemikalien, Lebewesen

Leitungswasser, warm (40°C)
pH-Papier, Bereich: 3,5 bis 5,5
Roggenmehl (500 g), Type 1250

Zeitbedarf

Verrühren der Teigansätze:	je 5 min
Wartezeit:	3 mal 24 h
Beobachten der Versuchsansätze:	15 min

Durchführung

1. Am ersten Tag wird in der Kunststoffschale ein Teig mit 100 g Roggenmehl und 100 ml Wasser (40°C) mit dem Holzlöffel angerührt und in das erste Becherglas gefüllt (Teigansatz 1). Das Becherglas wird mit Alufolie abgedeckt und bei Raumtemperatur an einen ruhigen Ort gestellt (Abb. 143.2, oben).
2. Am nächsten Tag wird nochmals Teig angerührt wie unter Punkt 1 beschrieben und in ein Becherglas gefüllt (Teigansatz 2). Weiterhin wird ein Viertel des Teigansatzes 1 vom vorigen Tag in der Kunststoffschale mit 75 g Roggenmehl und 75 ml warmen Leitungswasser (40°C) vermengt. Die Mischung wird in ein zweites Becherglas gefüllt (Teigansatz 3). Beide Bechergläser werden mit Alufolie abgedeckt und an einen ruhigen Ort gestellt (Abb. 143.2, Mitte). Der Rest von Teigansatz 1 wird nicht mehr benötigt und kann auf den Komposthaufen gebracht werden.
3. Am dritten Tag werden drei Bechergläser benötigt. In das erste kommt erneut frischer Teig, der wie unter Punkt 1 beschrieben angerührt wird (Teigansatz 4). Dann wird in der Kunststoffschale eine Mischung aus 75 g Roggenmehl und 75 ml Wasser (40°C) sowie zusätzlich 50 g aus dem Teigansatz 2 angerührt. Die Mischung wird in das zweite Becherglas gefüllt (Teigansatz 5). Außerdem wird in der wieder ausgespülten Kunststoffschale eine Mischung aus 75 g Roggenmehl und 75 ml Wasser (40°C) sowie zusätzlich 50 g von Teigansatz 3 angerührt. Die Mischung wird in das dritte Becherglas gefüllt (Teigansatz 6). Die Bechergläser werden mit Alufolie abgedeckt und an einen ruhigen Ort gestellt (Abb. 143.2, unten). Die Teigansätze 2 und 3 werden nicht mehr benötigt und können auf den Komposthaufen gebracht werden.
4. Nach 24 h wird das Volumen der Teigansätze 4, 5 und 6 gemessen, der Geruch beurteilt und mit pH-Papier der pH-Wert gemessen.

Erläuterungen und Hinweise

Zu 1.:
Voraussetzung für das spontane Wachstum der im Mehl enthaltenen Keime ist ein ausreichender Zusatz an temperiertem Wasser (40°C) und ruhiges Stehenlassen, so daß die Luftfeuchtigkeit gleich bleibt und die Temperatur nicht

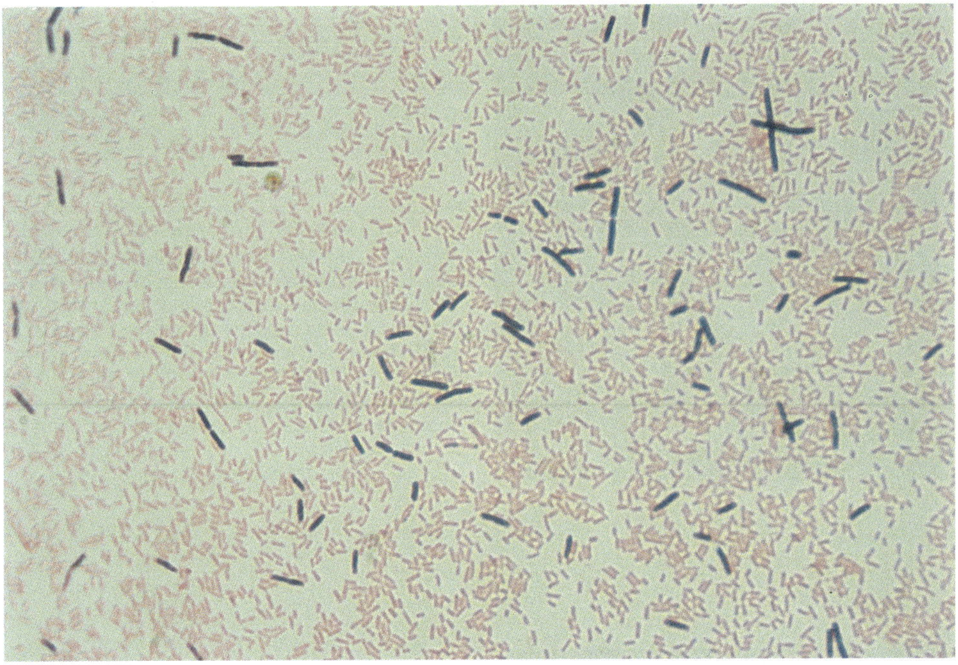

Abb. 141.1: Gram-Färbung einer Mischkultur von *Escherichia coli* K-12 (Gram-negativ, hellrot-rosa) und *Bacillus subtilis* (Gram-positiv, dunkelblau-violettschwarz). (s. S. 80 ff.)

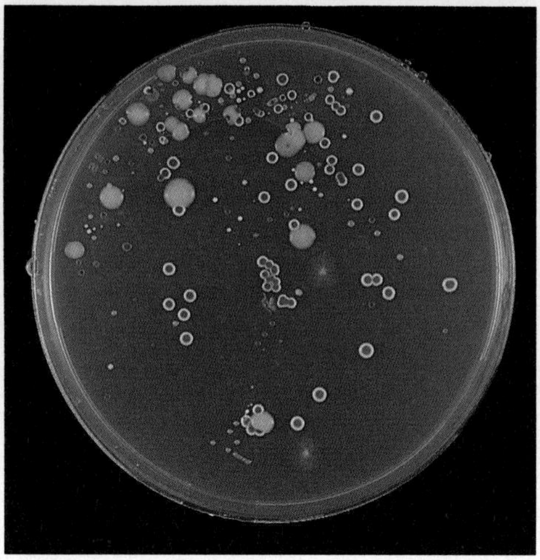

Abb. 142.1: Ergebnis der Keimzahlbestimmung in Rohmilch. Die (kleinen) Kolonien der Milchsäurebakterien erscheinen in einem besonderen Blauton, der durch die Reaktion der gebildeten Milchsäure mit dem im Nährboden enthaltenen Indikator entsteht. Bei den weißlichen Kolonien handelt es sich z. B. um coliforme Bakterien, *Bacillus*- oder auch *Pseudomonas*arten. Auf einer entsprechenden Nährbodenplatte der pasteurisierten Vollmilchuntersuchung fehlen die blau gefärbten Kolonien der Milchsäurebakterien. (S. S. 92 ff.)

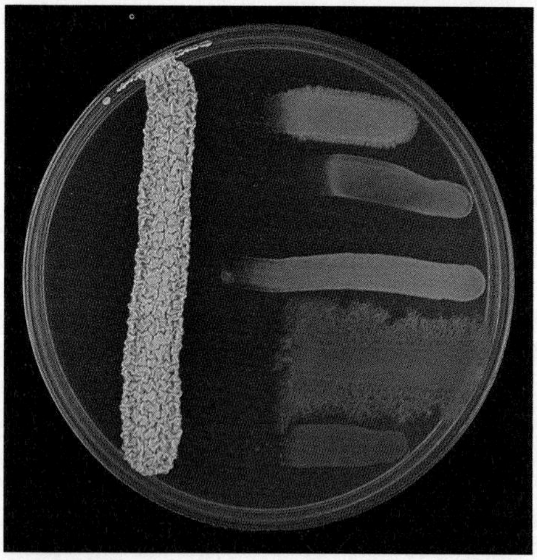

Abb. 142.2: Ergebnis eines Antibiotikum-Strichtests mit *Streptomyces griseus* als Antibiotikum-Produzent. Testorganismen (von oben): *Candida utilis, Micrococcus luteus, Pseudomonas fluorescens, Bacillus mycoides, Escherichia coli* K-12. (S. S. 104 ff.)

schwankt. Die Milchsäurebakterien können ihre Tätigkeit im Roggenmehl besonders gut entfalten, da Roggen im Gegensatz zu Weizen kaum Klebeeiweiß enthält. Weizenmehlteig »geht« nur dann, wenn ihm Backhefe zugesetzt wird.

Zu 2.:
Frischer Teig wird deshalb immer wieder angesetzt, weil am dritten Tag verschieden alte Sauerteige vorhanden sein sollen, die miteinander zu vergleichen sind.

Abb. 143.1: Ergebnisse der Teigvolumina für die Ansätze 4, 5 und 6 am vierten Tag (z. B. Donnerstag)

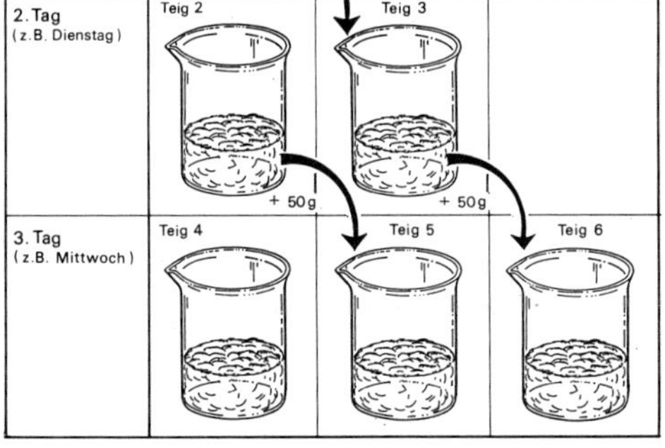

Abb. 143.2: Schema zum Ansetzen des Sauerteiges während der ersten drei Tage

Fragen und Schwierigkeiten

1. Warum muß temperiertes Wasser verwendet werden?
   →*Die Hefen und Milchsäurebakterien wachsen in diesem Temperaturbereich am besten.*
2. Warum ist das Teigvolumen bei Ansatz 5 größer als bei Ansatz 4 und Ansatz 6?
   →*Die im Mehl vorhandenen Hefezellen sorgen zunächst für die Gasbildung im Teig. Die Milchsäurebakterien sind für die Säuerung verantwortlich. Durch Absinken des pH-Wertes werden im Ansatz 6 die Hefezellen im Wachstum unterdrückt, so daß das Teigvolumen deutlich geringer erscheint.*

2.4 Aus Saft wird Wein, aus Wein wird Essig

Die biotechnischen Verfahren der Alkohol- und der Essigbereitung beherrscht der Mensch vermutlich seit mehr als 6.000 Jahren. Beiden liegen mikrobielle Stoffumsetzungen zugrunde, die auf der Aktivität sehr unterschiedlicher Mikroorganismen beruhen.

Die Schüler lernen mit der Weinherstellung ein klassisches Verfahren kennen, bei der der mikrobielle Umsetzungsprozeß zunächst durch den heftigen Gärprozeß und später durch den alkoholischen Geruch des Mostes »erlebbar« wird. Demgegenüber entspricht die Essigsäurefermentation, für die auch der selbst hergestellte Wein eingesetzt werden kann und bei dem der Bau eines kontinuierlichen Bioreaktors im Mittelpunkt steht, einem modernen biotechnischen Verfahren. Durch Kopplung beider Prozesse wird Glucose über Ethanol stufenweise zu Essigsäure umgesetzt.

Die Hefearten, die die alkoholische Gärung bewirken, gehören zur Gattung *Saccharomyces*. Hefen haften stets an reifem Obst. Heutzutage verwendet man zur Weinherstellung bestimmte Rassen der Art *Saccharomyces ellipsoideus*, die mit der Backhefe (Bierhefe) *S. cerevisiae* eng verwandt ist. Der Zucker der Früchte wird dabei zu Ethanol und Kohlenstoffdioxid umgesetzt. Bestimmte Bakterien, vor allem Arten der Gattungen *Acetobacter* und *Gluconobacter*, sind in der Lage, Ethanol über Zwischenstufen zu Essigsäure zu oxidieren (s. 1.6).

Bei dem folgenden Experiment wird ein einfacher Frings-Essiggenerator verwendet: Ein mit Buchenholzspänen gefülltes Gefäß wird von oben mit alkoholhaltiger Lösung beträufelt, während von unten her Luft im Gegenstrom über die Späne geleitet wird.

2.4.1 Herstellung eines Apfelcidres

Geräte

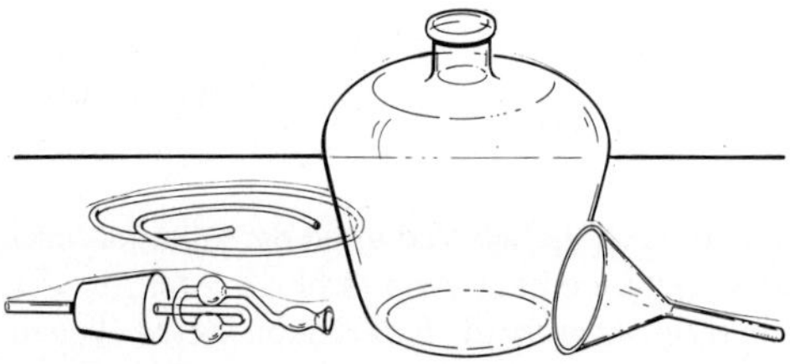

1 Gummischlauch, Innendurchmesser 5 mm
1 Gummistopfen mit Gäraufsatz
1 Haushaltstrichter
1 Weinballon, 2 l

Hinweis: Alle Geräte sind in Drogerien erhältlich.

Verbrauchsmaterial, Chemikalien, Lebewesen

2 Flaschen Apfelsaft (je 0,7 l), naturtrüb
250 g Haushaltszucker
1 Portion Weinhefe, z. B. Heferasse »*Hautes Sauternes*«, (Kitzinger)

Hinweis: Die Weinhefe ist in Drogerien erhältlich.

Zeitbedarf

Ansetzen und Beimpfen des Weines:	45 min
Gärzeit:	2 Monate
Klärzeit:	4 Monate

Durchführung

1. 250 g Haushaltszucker werden in den Weinballon gefüllt (trockener Trichter!) und eine Flasche Apfelsaft hinzugegeben. Der Zucker wird durch vorsichtiges Schwenken des Ballons aufgelöst.
2. Zusammen mit dem Inhalt der zweiten Flasche wird die Weinhefe hinzugefügt, und dann wird umgeschwenkt.
3. Der Weinballon wird mit Gummistopfen und wassergefülltem Gäraufsatz verschlossen.
4. Nach etwa sechs Monaten ist die Hefe auf den Boden gesunken, der Jungwein erscheint klar. Mit Hilfe eines Gummischlauches wird er vorsichtig von der Hefe abgezogen.

Erläuterungen und Hinweise

Zu 1.:
Der Alkoholgehalt bestimmt wesentlich die Haltbarkeit eines Weines. Tischweine mit 8 Vol.% Alkohol müssen in aller Regel durch Zusatz von schwefliger Säure oder von Kaliumpyrosulfit konserviert werden (z. B. gegen Essigbakterien) während Portweine mit 15 Vol.% Alkohol selbstkonservierend sind. Um eine hohe Alkoholbildung zu erreichen (Apfelcidre als Portwein), muß Zucker zugesetzt werden.

Zu 2.:
Ein wohlschmeckender Apfelcidre läßt sich besonders gut aus käuflichem Apfelsaft herstellen, da dieser kaum Pektin enthält, aber ausreichend Säure. Pektine können zur Gelierung des Weinansatzes führen oder auch das Absetzen von Trubstoffen im Ansatz verhindern. Säurearme Weine (z. B. aus Birnen) schmecken oft fade und erreichen nicht die für das Bouquet erforderliche Esterbildung (aus Akohol und Säure). Bei der Verwendung von Apfelsaft kann auf eine Entfernung pektingebundener Trubstoffe oder eine künstliche Ansäuerung des Ansatzes verzichtet werden. Selbst die Zugabe stickstoffhaltigen Hefenährsalzes entfällt, da Apfelmost in ausreichendem Maße über Stickstoffverbindungen verfügt.

Zu 3.:
Es wird beobachtet, daß nach ca. drei Tagen eine stürmische Entwicklung des Gärgases eintritt. Nach etwa zehn Tagen geht der lebhafte Gärvorgang allmählich zurück.

Fragen und Schwierigkeiten

1. Weshalb sollen bei der Weinbereitung Reinzuchthefen verwendet werden?
   →*Die Gärung wilder Weinhefen birgt die Gefahr unvorhersehbarer und unerwünschter Effekte, z. B. die der Bildung von widerlichen Geruchs- und Geschmacksstoffen. Der Weinansatz kann verderben.*
2. Warum müssen Portweine nicht geschwefelt werden?
   →*Der hohe Alkoholgehalt wirkt selbstkonservierend.*
3. Warum darf der Ballon nicht randvoll gefüllt werden?
   →*Bei der alkoholischen Gärung entsteht Kohlenstoffdioxid, das zusammen mit Hefezellen einige Liter Schaum bilden kann, die durch den Gäraufsatz aus dem Ballon gedrückt werden können. Der Ballon sollte sicherheitshalber niemals auf einer Unterlage stehen, die sauber bleiben muß.*
4. Wozu dient der Gäraufsatz?
   →*Während des Gärprozesses entsteht durch Kohlenstoffdioxidbildung ein Überdruck im Ballon, das Gas entweicht nach außen. Durch seine Wassersperre verhindert der Gäraufsatz das Eindringen von Sauerstoff, der das Wachstum der Essigbakterien begünstigen kann. Zu Beginn des Gärprozesses entsteht durch sauerstoffzehrende Prozesse ein Unterdruck im Ballon, der nicht länger als drei Tage anhalten darf. Andernfalls ist die Hefekultur nicht angewachsen; der Ansatz muß in diesem Fall neu beimpft werden.*

2.4.2 Kontinuierliche Essigproduktion

Geräte

1 Aquarienpumpe (300 ml)
1 Ein-Wege-Hahn, gebogen
1 Erlenmeyerkolben (300 ml)

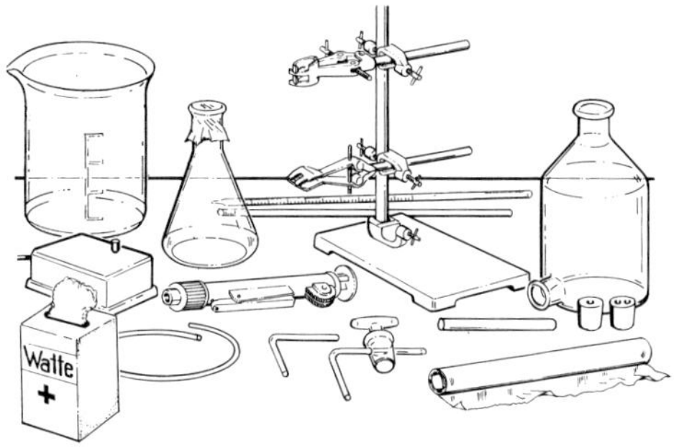

1 Gefäß (1,5 l)
2 Glasflaschen, mit Stopfenansatz am Boden
Glasrohrmaterial, Durchmesser 5 mm
Gummistopfen, durchbohrt, passend zu Flaschen
1 Reagenzglas, mit Stopfen oder Kappe
2 Pipetten (je 5 ml), steril
Kolbenpipettierhelfer, dazu passend
1 Schere
Schlauchmaterial
Stativmaterial

Verbrauchsmaterial, Chemikalien, Lebewesen

Alufolie
Aqua dest.
Aqua dest., steril, 750 ml
Buchenspäne (evtl. Buchenleisten vom Tischler raspeln lassen)
Watte
Wein (Apfelcidre (s. o.) oder
Portwein, ungeschwefelt), 250 ml

Acetobacter-Vorkultur-Medium (s. *Anhang*, 2.1)
1 n NaOH (s. *Anhang*, 1.10)

DSM-Kultur *Acetobacter aceti* (DSM 3508)

Zeitbedarf

Ansetzen und Autoklavieren der Lösungen: 60 min

Ansetzen der Vorkultur:	15 min
Wartezeit:	48 h
Aufbau des Fermenters und Ansetzen der Hauptkulturen:	45 min
Beobachten und Messen der Versuchsansätze (über mehrere Tage, je nach Stundenplan im Unterricht möglich):	jeweils 30 min

Vorbereitung

Die Kultur von *Acetobacter aceti* wird gemäß Herstellervorschrift resuspendiert und in einen 300 ml-Erlenmeyerkolben mit 100 ml Medium für Essigbakterien zur Anzucht überimpft (s. *Anhang,* 2.1). Zur ausreichenden Sauerstoffzufuhr wird der Ansatz 48 h auf dem Magnetrührer (Rührstäbchen im Nährmedium vorher mitautoklavieren) angezogen.

Durchführung

1. Eine 1,5 l Glasflasche, die am Boden einen Stopfenansatz besitzt, wird mit Hilfe des Stativmaterials in etwa 40 cm Höhe vom Tisch angebracht. Ein einfach durchbohrter Silikonstopfen mit einem gewinkelten Ein-Wege-Hahn verschließt den unteren Auslauf am Stopfenansatz.
2. Direkt unter dem Auslauf des Ein-Wege-Hahnes wird eine zweite Flasche dieser Art angebracht. Der Boden der Flasche wird bis auf Auslaufhöhe mit Watte ausgefüllt. Der Auslauf wird im Innern mit etwas Watte verstopft und der Innenraum der Flasche mit Buchenspänen gefüllt.
3. Von außen wird der Auslauf mit einem zweifach durchbohrten Silikonstopfen verschlossen, in dessen eine Öffnung ein Glasrohr als Anschlußstück für die Aquarienpumpe, in dessen andere ein rechtwinkliges Glasrohr als Produktablauf gesteckt werden.
4. Das gesamte Gefäß wird im Dampfdrucktopf autoklaviert (s. *Mikrobiologische Grundlagen,* 3.1.2b)

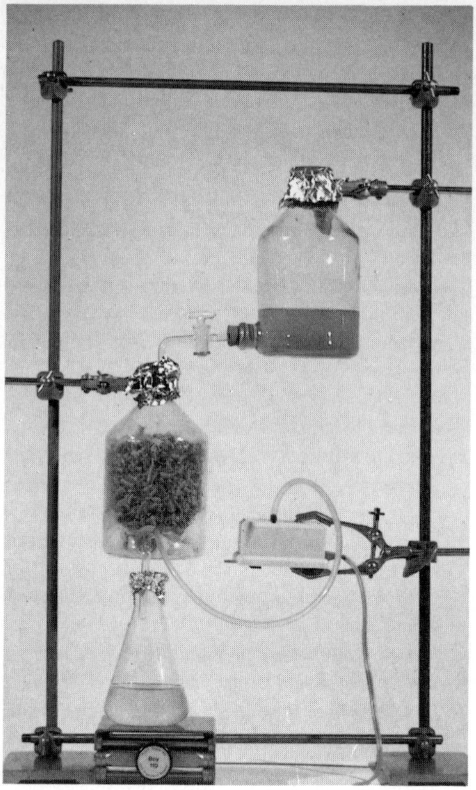

Abb. 146.1: Kontinuierliche Essigsäureproduktion mit einfachen Geräten

5. Durch den Stopfen wird mit Hilfe einer Aquarienpumpe ständig Luft, die durch ein Watte- oder Einwegfilter steril gehalten wird, ins Fermenterinnere eingeblasen.
6. Als Medium dient ein Gemisch aus ungeschwefeltem Portwein oder Apfelcidre und sterilem, destilliertem Wasser im Verhältnis 1:4. Der pH-Wert ist mit Hilfe von 1 n NaOH auf 7,0 einzustellen. 200 ml des Mediums werden im Fermentergefäß über die Buchenspäne gegossen. Sie sollen 48 h einwirken.
7. Danach werden die Buchenspäne außerdem mit der zwei Tage alten Vorkultur aus *Acetobacter aceti* übergossen.
8. In das obere Zulaufgefäß werden die rest-

lichen 800 ml Medium gegeben. Der Hahn wird auf ein Intervall von 1 Tropfen pro 5 min eingestellt.

9. Das Produkt wird fortlaufend in einem 500 ml Erlenmeyerkolben aufgefangen. Die *Produktprüfung* wird durchgeführt, indem die Proben mit Indikatorpapier auf Säurebildung hin untersucht werden.

Erläuterungen und Hinweise

Zu 1.:
Die Buchenspäne dienen als Trägermaterial, um Essigbakterien im Fermenter ansiedeln zu können. Die Watte soll gröbere Partikel zurückhalten, die sich von den Holzspänen lösen können.

Zu 2.:
Der Wein muß ungeschwefelt sein, damit die Essigbakterien nicht absterben. Dies ist bei selbsthergestellten Weinen der Fall und gilt in der Regel auch für Portweine.

Zu 3.:
Der pH-Wert des Mediums muß auf 7,0 eingestellt werden, damit das Absinken des pH-Wertes durch die Essigbildung verfolgt werden kann.

Zu 5.:
Die pH-Werte des Mediums und des Produktes werden einmal täglich mit Hilfe von Indikatorpapier bestimmt. Proben beider Flüssigkeiten können auch gaschromatographisch untersucht werden.

Fragen und Schwierigkeiten

1. Warum wird Luft in den Bioreaktor geblasen?
   →*Ohne Sauerstoff würden die Bakterien sehr schnell absterben.*
2. Warum muß die Luft steril gefiltert werden?
   →*In der Raumluft finden sich vor allem Pilzsporen, die im Fermenter auskeimen und auf den Buchenspänen Schimmelbildung verursachen können.*

2.5 Citronensäure produzieren

2.5.1 Produktion im Labormaßstab

Citronensäure wird in der Nahrungsmittelindustrie sowohl als Geschmacksstoff wie als Mittel zur Säuerung und Konservierung eingesetzt. Sie findet sich beispielsweise in Limonaden, Fruchtbonbons, Marmeladen, aber auch in Produkten der pharmazeutischen Industrie wie in Sirupen, Salben oder Tabletten. Dabei enthalten die meisten Lebensmittel diese Säure bereits natürlicherweise. Zitronensaft enthält zwischen 7 und 9% Citronensäure. (Rehm 1980, Rauscher/Engst/Freimuth 1986, Reiss 1989).

Currie beschrieb 1917 erstmals die Säureproduktion bei *Aspergillus niger* (zit. nach Rehm 1980). In der Industrie wird Citronensäure etwa vom Jahre 1925 an mit mikrobieller Hilfe gewonnen. Als Rohmaterial dienen im wesentlichen zuckerhaltige Nährlösungen. Heute wird mit Melasse aus der Zuckerindustrie und unter Verwendung von Hochleistungsstämmen von *A. niger* – gemessen am Zuckereinsatz – eine Ausbeute von bis zu 95% erreicht.

Im Unterricht dürfen Stämme von *Aspergillus niger* keine Verwendung finden, da das mögliche Einatmen der Sporen dieses Schimmelpilzes ein hohes Infektionsrisiko birgt (Staib et al. 1979). Das im folgenden beschriebene Verfahren zur Citronensäureproduktion stellt für den Unterricht eine sichere Alternative dar. Ein nicht pathogener Hefestamm der Art *Yarrowia lipolytica* kommt dabei zum Einsatz. Die Verwendung dieses Organismus wurde von der DSM vorgeschlagen und wird unter anderem bei Marchal/Chaudé/Metche (1977) beschrieben.

Geräte

3 Bechergläser (50 ml)
1 Bunsenbrenner
Einwegpetrischalen
3 Erlenmeyerkolben (100 ml), mit Stopfen aus Zellstoff
2 Erlenmeyerkolben (300 ml), einer davon mit Stopfen aus Zellstoff

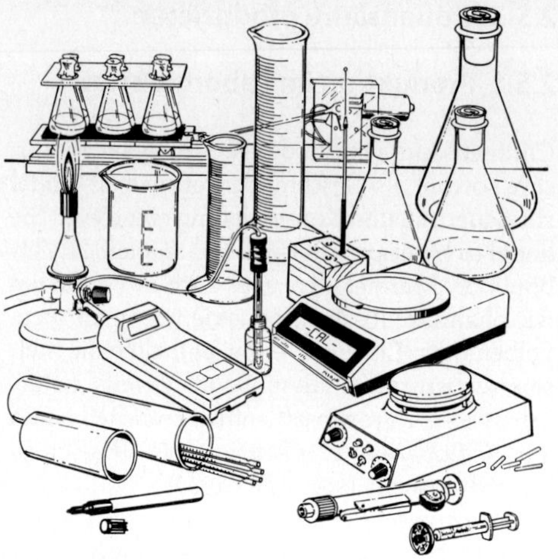

3 Erlenmeyerkolben (1000 ml), 2 davon mit Stopfen aus Zellstoff
1 Filzschreiber, wasserfest
Impföse im Impfblock
1 Kolbenpipettierhilfe
1 Magnetrührer (zum Selbstbau s. *Mikrobiologische Grundlagen,* 2.4.3)
1 Magnetrührstäbchen
1 Meßzylinder (100 ml)
1 Meßzylinder (1000 ml)
10 Pipetten (10 ml), steril
10 Pipetten (1 ml), steril
1 Schüttelgerät (zum Selbstbau s. *Mikrobiologische Grundlagen,* 2.4.4)
2 Sterilfilter, Einweg, mit Spritze
Waage

Verbrauchsmaterial, Chemikalien, Lebewesen

Diabur-Test 5000, Glucose-Teststäbchen (*Boehringer* 647659)
NaOH, 1n, steril (s. *Anhang,* 1.10)
Panpeha-Indikatorpapier, pH 0–14 (*Riedel-de-Haen* 37040)
Yarrowia-Vorkultur-Medium (s. *Anhang,* 2.10.1)
Yarrowia-Produktionsmedium (s. *Anhang,* 2.10.2)
Kultur von *Yarrowia lipolytica* (DSM 3286)

Zeitbedarf

Ansetzen und Autoklavieren der Medien:	1 h
Vorkulturzeit:	2 Tage
Produktionszeit: (nach 6 Tagen ist die Citronensäure nachweisbar)	12 bis 14 Tage
Durchführung der pH-Messungen:	10 min

Vorbereitung

1. Die DSM-Kultur *Yarrowia lipolytica* wird bestellt.
2. Die Flüssigmedien werden gemäß *Anhang,* 2.10 angesetzt (100 ml *Yarrowia*-Vorkultur-Medium und zweimal je 100 ml *Yarrowia*-Produktionsmedium).
3. Mittels Impföse wird das Vorkulturmedium mit der Reinkultur *aus Yarrowia lipolytica* beimpft und zwei Tage auf dem Magnetrührer bei mittlerer Rührgeschwindigkeit und Raumtemperatur inkubiert.

Durchführung

1. Mit Hilfe einer sterilen Pipette wird jeder Ansatz des Produktionsmediums mit 1 ml der angewachsenen Vorkultur beimpft.
2. Die Erlenmeyerkolben werden auf dem Schüttler mit 100 Schüttelbewegungen pro min und bei Raumtemperatur inkubiert.
3. Der pH-Wert wird alle zwei Tage mit Hilfe von steriler 1 n-NaOH auf einen Wert zwischen 4,0 und 4,5 eingestellt. Zur pH-Messung werden etwa 0,2 ml Kolbeninhalt steril entnommen. Die Probe wird auf Indikatorpapier getropft, das in eine leere Petrischale gelegt wurde. Der pH-Wert wird notiert. Dann wird sterile NaOH zugegeben. Der pH-Wert wird erneut in der beschriebenen Weise gemessen. Gleichzeitig wird durch Betropfen ei-

nes Glucoseteststäbchens der Restzuckergehalt bestimmt.

4. Etwa am sechsten Tag nach dem Animpfen wird der erste Kolben entnommen und für die spätere Untersuchung des Produktes (Bestimmung des Trockengewichtes, chromatographische Auftrennung, enzymatische Analyse, s. 2.5.2) im Kühlschrank aufbewahrt.
5. Sobald der Glucosegehalt der Lösung auf 0,1 % gefallen ist (12 bis 14 Tage nach Animpfen), wird der zweite Kolben entnommen, mit dem wie unter Punkt 4 beschrieben verfahren wird.

Erläuterungen und Hinweise

Vorbereitung:
Zu 2.:
Die Komponenten A und B müssen getrennt autoklaviert werden, da Zucker bei hohen Temperaturen mit dem Magnesiumsalz reagiert (vgl. *Anhang*, 2.10).

Die Komponente C muß sterilfiltriert werden, da sonst die Eisen- und Mangansalze beim Autoklavieren ausflocken würden (vgl. *Anhang*, 2.10). Die Komponente D (Thiamin = Vitamin B_1.) ist ebenfalls nicht hitzebeständig.

Durchführung:
Zu 1.:
Steriles Arbeiten (kurzzeitiges Öffnen der Gefäße, Abflammen der Stopfen) ist eine wesentliche Voraussetzung zur Vermeidung von Kontaminationen.

Zu 3.:
Gegebenenfalls wird dieser Vorgang wiederholt, bis der richtige Wert erreicht ist. Die Volumenänderungen werden notiert. Der Restzucker darf nicht vollständig aufgebraucht sein, da anderenfalls Citronensäure wieder abgebaut wird.

Indikatorpapier und Glucoseteststäbchen werden samt Petrischale wie kontaminiertes Material entsorgt.

Als typisches Ergebnis des NaOH-Verbrauches ist zu erwarten:

Tage	2	4	6	8	10	12
ml NaOH	2,0	2,0	1,8	1,3	1,5	0,5

Nach etwa sieben Tagen nimmt die tägliche Citronensäureproduktion ab. Die Zugabe von NaOH ist erforderlich, damit der pH-Wert nicht zu stark fällt und die Kultur nicht inaktiv wird. Nur dadurch ist eine kontinuierliche Citronensäure-Produktion möglich.

Fragen und Schwierigkeiten

1. Warum werden 1000 ml Erlenmeyerkolben für nur 100 ml Kulturmedium benötigt?
   → *Die Citronensäureproduktion durch Yarrowia lipolytica ist stark Sauerstoff-abhängig. Die Wahl eines zehnfach größeren Erlenmeyerkolbens bewirkt ein günstiges Oberflächen/Volumen-Verhältnis und so eine gute Sauerstoff-Sättigung des Mediums.*
2. Wie läßt sich überprüfen, ob die Kultur mit fremden Mikroorganismen kontaminiert wurde, also unbrauchbar geworden ist?
   → *Yarrowia lipolytica ist als Hefe ein recht großer Mikroorganismus. Sie bildet verzweigte Hyphenfäden, sowie längliche oder kugelige Einzelzellen. In den Zellen sind deutlich Strukturen zu erkennen. Kontaminationen, meistens durch bakterielle Verunreinigungen hervorgerufen, sind im mikroskopischen Bild der Kulturflüssigkeit als winzige Gebilde sichtbar, die sich nicht selten bewegen. Bei der Untersuchung sind Objektträger zu verwenden, die mit 70 %igem Alkohol abgewischt wurden, um daran haftende Mikroorganismen zu entfernen.*

2.5.2 Produktprüfung der gebildeten Citronensäure

Im folgenden wird beschrieben, wie die verschiedenen Stadien der Kultur (s. 2.5.1) weiter bearbeitet werden können. Zunächst werden die gebildete Citronensäure ausgefällt und das Trockengewicht des Rohproduktes bestimmt. Das Verfahren wurde auf der Grundlage von Just/Hradetzky (1978) entwickelt. Anschließend wird die Citronensäure qualitativ dünnschichtchromatographisch nach Myers/Kun-Yen Huang (1969) untersucht. Abschließend kann noch eine quantitative enzymatische Bestimmung der Citronensäure mit dem Testsatz der Fa. *Boehringer* (nach Berg-Meyer 1970) erfolgen.

Geräte

Bestimmung des Trockengewichts:
1 Becherglas (200 ml)
1 Büchnertrichter
1 Bunsenbrenner
1 Erlenmeyerkolben (200 ml)
1 Pipette (10 ml)
1 Saugflasche, passend für Büchnertrichter, mit Sicherheitsflasche
Schutzbrille
Trockenschrank
Waage
1 Wasserstrahlpumpe

Dünnschichtchromatographie:
Bleistift, sehr weich (5 B)
1 Chromatographiekammer, passend zur Plattengröße
1 Fön, mit Kaltlufteinstellung
Lineal, mit Millimetereinteilung
Kapillaren (10 l)
1 Meßzylinder (100 ml)
1 Pappkarton, mind. 30×30×30 cm, mit Fließpapier ausgelegt
1 Pipette (1 ml)
1 Pipette (10 ml)
Kolbenpipettierhilfen
Schutzhandschuhe (Einweghandschuhe)
Schutzbrille
Zentrifuge (5000 bis 6000 U/min)
Zentrifugenröhrchen
Zerstäuber

Enzymatischer Test:
Kapillaren (20 l)
Küvetten, 1 cm Schichtdicke
10 Pipetten (1 ml)

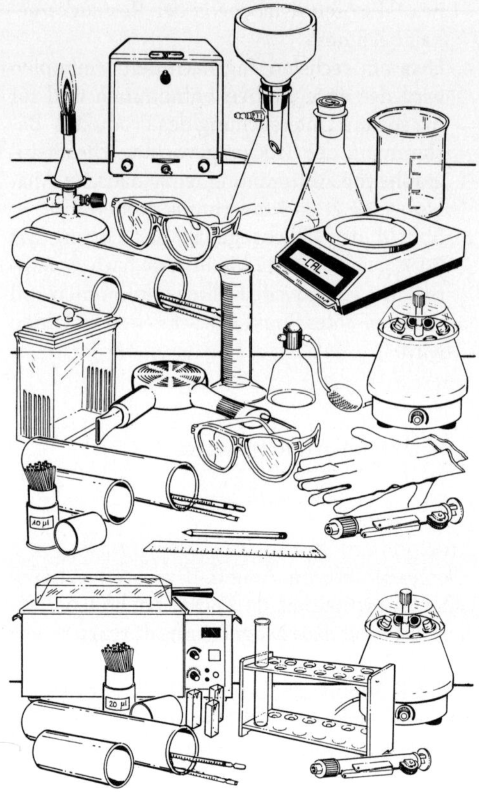

1 Pipette (10 ml)
Kolbenpipettierhilfen
1 Reagenzglas
Spektralphotometer (340 nm oder Hg 365 nm oder Hg 334 nm)
Wasserbad
Zentrifuge (5000 bis 6000 U/min)
Zentrifugenröhrchen

Verbrauchsmaterial, Chemikalien, Lebewesen

Bestimmung des Trockengewichts:
Ammoniaklösung, konzentriert (*Merck* 5422)
$CaCl_2$ (*Merck* 2386)
Panpeha-Indikatorpapier, pH 0-14 (*Riedel de Haën* 7040)

Kulturen aus Versuch 2.5.1
Rundfilter, für Büchnertrichter

Dünnschichtchromatographie:
Ameisensäure (90%ig) (*Anhang*, 1.1)
Aqua dest.
Bromphenolblau-Lösung, mit NaOH leicht basisch eingestellt (*Anhang*, 1.2)
DC-Plastikfolien, Cellulose (20×20 cm), (*Merck* 5577)
Diethylether (*Merck* 923)
Kulturen aus Versuch 2.5.1
Citronensäure-Standardlösung (10 mM), (*Anhang*, 1.3)

Enzymatischer Test:
Aqua dest. oder bidest.,
Kulturen aus Versuch 2.5.1
Citronensäure-Testsatz (*Boehringer* 139 076)

Zeitbedarf

Bestimmung des Trockengewichts:

Ausfällen:	30 min
Trocknen:	1 Tag
Auswiegen:	10 min

Dünnschichtchromatographie:

Auftragen der Proben:	30 min
Lauf und Trocknen:	1 Tag
Färben, Auswerten:	20 min

Enzymatischer Test:	45 min

Durchführung

Bestimmung des Trockengewichts:

1. 100 ml der jeweiligen Kultur werden mit dem Büchnertrichter (Saugflasche, Sicherheitsflasche, Wasserstrahlpumpe) filtriert.
2. Das klare Filtrat in der Saugflasche wird mit konzentrierter Ammoniaklösung versetzt, bis es basisch reagiert (Indikatorpapier!).
3. Zum basischen Filtrat werden etwa 5 g festes Calciumchlorid ($CaCl_2$) zugegeben und gelöst.
4. Die Lösung wird erhitzt, bis ein Niederschlag ausfällt (erfolgt bei Siedetemperatur).
5. In der Zwischenzeit wird ein frischer Rundfilter gewogen und in den Büchnertrichter eingelegt. Der Niederschlag wird aus der siedenden Lösung wie unter Punkt 1 beschrieben abfiltriert. Das Filtrat wird erneut auf den Rundfilter gegeben, bis der gesamte Niederschlag gewonnen ist.
6. Der Niederschlag wird samt Rundfilter im Trockenschrank bei 125°C wenigstens 45 min lang getrocknet. Das Trockengewicht des Rohproduktes wird bestimmt.

Dünnschichtchromatographie:

1. Bei etwa 5000 U/min wird 1 ml der Kultur 5 min lang zentrifugiert.
2. In der Zwischenzeit wird auf einer DC-(Dünnschicht-Chromatographie)-Plastikfolie 2,5 cm vom unteren Rand entfernt mit weichem Bleistift eine Linie gezeichnet, auf der drei Auftragspunkte markiert werden, zwei für die Proben, einer für die Standardlösung.
3. In eine Kapillare werden 10 l des Überstandes aus dem Zentrifugenröhrchen aufgenommen und in sehr kleinen Portionen – zwischendurch wird jeweils mit der Kaltluft eines Föns getrocknet – auf die markierten Punkte der DC-Plastikfolie aufgetragen. Unter gleichen Bedingungen werden 10 l Citronensäure-Standard aufgetragen.
4. Die Chromatographiekammer wird mit folgenden Komponenten als Laufmittel im Abzug beschickt:

Diethylether	70 ml
Ameisensäure	20 ml
Aqua dest.	10 ml

5. Mit den Auftragspunkten nach unten wird die DC-Plastikfolie in die Chromatographiekammer gestellt. Wenn die Laufmittelfront eine Höhe von 15 cm von der Auftragslinie erreicht hat, wird die DC-Plastikfolie entnommen und über Nacht im Abzug getrocknet.
6. Der Pappkarton wird mit der Öffnung zur Seite aufgestellt, die DC-Plastikfolie hinein-

gestellt und mittels Zerstäuber gleichmäßig mit Bromphenolblau-Lösung eingesprüht.

7. Die R_F-Werte der Substanzflecken (Länge der Strecke von der Auftragslinie bis zum Flekkenschwerpunkt, dividiert durch Länge der Strecke von der Auftragslinie bis zur Laufmittelfront) werden bestimmt.

Enzymatischer Test:
Das Verfahren richtet sich nach der zum Testsatz mitgelieferten Gebrauchsanleitung der Fa. *Boehringer.*

Erläuterungen und Hinweise

Bestimmung des Trockengewichts:

Zu 1.:
Die Saugflasche darf nicht direkt an die Wasserstrahlpumpe angeschlossen werden, da sonst nach dem Filtrieren beim Zudrehen des Wasserhahnes Leitungswasser aus der Pumpe in die Saugflasche schießt (Unterdruck!), so daß das Filtrat unbrauchbar wird. Daher muß immer eine Sicherheitsflasche, im einfachsten Fall eine Waschflasche, zur vorherigen Belüftung des Systems zwischengeschaltet werden.

Zu 2.:
Vorsicht: Konzentrierte Ammoniaklösung ist giftig und ätzend. Im Abzug und mit Schutzbrille arbeiten!

Zu 5.:
Beim ersten Filtrieren passiert noch ein sichtbarer Anteil des Niederschlages die Filterporen, die sich erst beim wiederholten Filtrieren zusetzen.

Zu 6.:
Bei 100 ml Kultur ist am Ende des Versuches mit etwa einem Gramm rohen Calciumcitrat zu rechnen.

Dünnschichtchromatographie:

Zu 2.:
Die Oberfläche der DC-Platte darf hierbei nicht beschädigt werden.

Zu 3.:
Heißluft darf auf keinen Fall verwendet werden, weil andernfalls die aufgetragene Probe zerstört wird.

Zu 4.:
Ameisensäure und Diethylether als Laufmittelkomponenten sind ätzend oder giftig. Beim Umgang mit diesen Stoffen muß daher mit Schutzhandschuhen sowie Schutzbrille im Abzug gearbeitet werden. Diethylether ist zudem brennbar und explosiv. Offene Flammen müssen vor dem Arbeiten mit Diethylether gelöscht werden. Das Laufmittel muß im Anschluß an den Versuch in einer Resteflasche gesammelt werden.

Zu 6.:
Der Pappkarton dient als leicht beschaffbare Auffangvorrichtung des überschüssigen Bromphenolblau-Nebels.

Zu 7.:
Da die Wanderungsstrecke der Substanz bei gegebenem Laufmittel und konstantem Trägermaterial von der Laufzeit abhängt, wird zur Berechnung der Wanderungsstrecke der Probensubstanz der R_F-Wert (Retentionsfaktor) angegeben. Er ist das Verhältnis der Wanderungsstrecke der Probe zur ebenfalls zeitabhängigen Wanderungsstrecke der Laufmittelfront und besitzt keine Einheit.

Der R_F-Werte der Citronensäureproben betragen etwa 0,26. Die Citronensäureflecken der Kultur erscheinen gelb. Etwas kleinere R_F-Werte besitzen Glutamat bzw. Aspartat (blau). Diese Salze reagieren basisch. Der Citronensäure-Standard erscheint ebenfalls gelb. Die R_F-Werte von Standard und Probe sind identisch (s. Abb. 159.1).

Enzymatischer Test:
Die 20 μl-Kapillaren dienen zur Dosierung der Enzymlösung 2 des Tests. In den Proben kann eine Menge von mehr als 4 g/l reine Citronensäure erwartet werden. Die Probe muß dann im Verhältnis 1 : 100 verdünnt werden, um im Meßbereich zu bleiben.

Fragen und Schwierigkeiten

1. Warum müssen die Proben bei der Dünnschichtchromatographie portionsweise aufgetragen werden?
   →*Durch den portionsweisen Auftrag werden die Stoffe, die in der Probe gelöst sind, am Auftragspunkt konzentriert. Sind die Portionen zu groß, reichern sich die Stoffe im Randbereich des Flecks an. Es entstehen dann ringförmige Flecken in der Auftrennung, sogenannte »doughnuts« (engl. Krafen), die die Bestimmung der R_f-Werte erschweren.*

2.6 Herstellung eines Biopolymers

Viele Bakterien scheiden beim Wachstum in glukosehaltigen Medien Polysaccharide aus. Diese umgeben die Bakterienzelle entweder als eine Art Schutzmantel oder werden im Kulturmedium verteilt. Eine hohe Polysaccharidbildung führt zur Gelierung des Mediums (Rehm 1980).

Polysaccharide werden als Verdickungsmittel in Puddingen, Cremes, Soßen, Duschgelen oder auch Farben eingesetzt. Beim Puddingkochen hat gewöhnliche Stärke vor allem den Nachteil, beim Einrühren zu klumpen und Aromastoffe zu binden. *Xanthan Gum*, ein mikrobiell gebildetes Polysaccharid mit einer 1,4-β-glykosidisch gebundenen Glucosegrundkette sowie Seitenketten, die aus Mannose-, Glukuronsäure- und Pyruvatbausteinen aufgebaut sind, besitzt diese Eigenschaften nicht (Voelskow 1983).

Der folgende Versuch zeigt modellhaft die Produktion dieses Biopolymers in einer Bakterienkultur von *Xanthomonas campestris* im 100 ml-Maßstab, die Gewinnung des Produktes sowie ein viskosimetrisches Verfahren zur Produktprüfung.

Geräte

3 Erlenmeyerkolben (je 300 ml)
1 Impföse im Impfblock

1 Kolbenpipettierhilfe
Magnetrührer
Magnetrührstäbchen
4 Petrischalen
1 Pipette (10 ml), steril
2 Reagenzgläser
Schüttler (zum Selbstbau s. *Mikrobiologische Grundlagen*, 2.4.4)

Verbrauchsmaterial, Chemikalien, Lebewesen

Aqua dest.
Isopropanol (*Merck* 9634)
Xanthomonas-Vorkultur-Medium, flüssig (s. *Anhang*, 2.11.1)
Xanthomonas-Produktions-Medium, flüssig (s. *Anhang*, 2.11.2)
Xanthomonas-Nährboden (entspricht Produktionsmedium und 15 g/l Agar)
DSM-Kultur *Xanthomonas campestris* (DSM 1706)

Zeitbedarf

Ansetzen und Autoklavieren der Lösungen:	60 min
Ansetzen der Vorkultur:	15 min
Wartezeit:	48 h
Ansetzen der Hauptkulturen:	30 min
Beobachten und Messen der Versuchsansätze (über mehrere Tage) je nach Stundenplan im Unterricht möglich:	jeweils 30 min

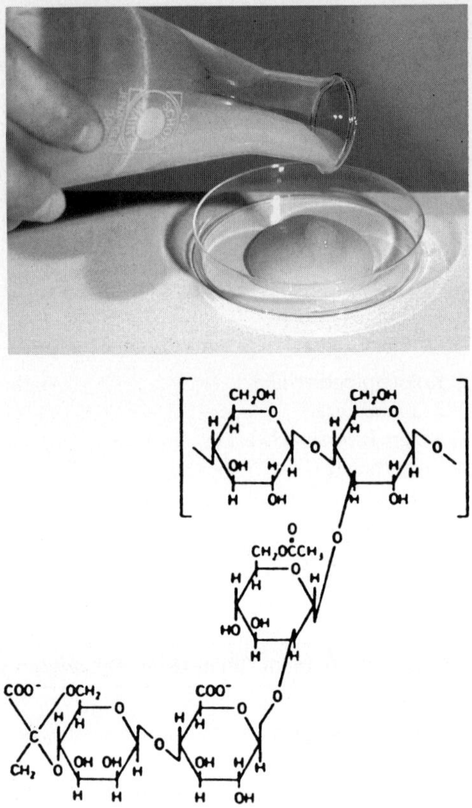

Abb. 154.1: Xanthan Gum als Rohprodukt (oben) und seine Strukturformel (unten)

Vorbereitung

1. Die Nährmedien werden angesetzt bzw. autoklaviert. Der Nährboden wird in 4 Petrischalen gegossen.
2. Die Kultur von *Xanthomonas campestris* wird nach Vorschrift der DSM mit 1 ml sterilem Vorkultur-Medium (s. *Anhang,* 2.11.1) resuspendiert und in ein Reagenzglas mit 5 ml Vorkultur-Medium überpipettiert.
3. Der Ansatz wird über Nacht 24 h auf dem Selbstbauschüttler (100 U/min) angezogen. Anschließend wird mit einer ausgeglühten Impföse Kulturflüssigkeit entnommen und als fraktionierter Ausstrich auf die *Xanthomonas*-Nährbodenplatten (s. *Anhang,* 2.11.2) überimpft. Die Platten werden im Brutschrank vier bis fünf Tage lang bei 30° C inkubiert.

Durchführung

1. Ein 300 ml Erlenmeyerkolben wird mit 50 ml Vorkultur-Medium gefüllt. *Xanthomonas*-Kolonien mit satt-gelber Farbe werden mit der Impföse in das Medium überimpft.
2. Die Kultur wird 2 Tage bei Raumtemperatur auf dem Schüttler bewegt oder gerührt (untergestellter Magnetrührer; das Magnetrührstäbchen muß dem Vorkultur-Medium vor dem Autoklavieren beigegeben werden).
3. 3 ml dieser Vorkultur werden in den 300 ml-Erlenmeyerkolben mit 100 ml Produktionsmedium überpipettiert.
4. Diese Hauptkultur wird 1 Woche bei Raumtemperatur im Wasserbad bebrütet.
5. Der Kolben wird vorsichtig geschwenkt, um zu prüfen, ob sich das Medium durch die Aktivität der Bakterien verfestigt hat.

Mögliche Weiterführung (Gewinnung und Produktprüfung):

6. Der Inhalt des Kulturkolbens wird mit 100 ml Isopropanol übergossen. Das ausfallende Polymer wird durch Filtrieren und anschließende Trocknung im Trockenschrank bei 70° C gewonnen.
7. Die Produktmenge wird ausgewogen (Trokkengewicht). Eine 0,2%ige Lösung des Polymers in Wasser wird im Auslaufverfahren (25 ml-Pipette) viskosimetrisch (s. Band 2, *Nutzung von Enzymen in der Biotechnik,* 2.3.3) mit Wasser (Blindprobe) verglichen.

Erläuterungen und Hinweise

Zu 1.:
Es dürfen keine blassen oder durchsichtigen Kolonien verwendet werden, sowie Kolonien, die

das $CaCO_3$ im Nährboden durch Säurebildung auflösen. Letztere weisen im sonst trübe erscheinenden Nährboden einen durchsichtigen Hof um den Kolonierand auf.

Blasse Kolonien bestehen aus Variationen, die weniger gut zur Polymerbildung befähigt sind. Gelbe Kolonien sind, weil sie dazu in der Lage sind, meist auch deutlich erhaben. Der Abbau von $CaC0_3$ zeigt unerwünschte Säurebildung an. Möglicherweise handelt es sich bei derartigen Kolonien sogar um Kontaminationen.

Zu 5.:
Unter Umständen kann das Medium so stark gelieren, daß die Kultur vorsichtig auf den Kopf gedreht werden kann, ohne daß das Gel herunterfällt.

Zu 6.:
Bei diesem Verfahren wird das bakterielle Protein mit ausgefällt. Es macht aber nur 3% des Gesamtniederschlages aus.

2.7 Proteinanalyse der Kuhmilch und Vergleich der Proteine von Kuhmilch und Muttermilch

Kuhmilch und Muttermilch unterscheiden sich grundlegend in ihrem Gehalt an Eiweißstoffen.

So hat Kuhmilch einen Gesamtproteinanteil von 3,4%. Den Hauptteil, etwa 81% des Milcheiweißes, bilden Caseine. Kuhmilch wird daher auch als Caseinmilch bezeichnet. Bei den restlichen 19% Eiweißketten handelt es sich um Molkenproteine. Sie tragen diese Bezeichnung, weil sie bei der Fällung der Caseine durch Säure oder auch Labferment (vgl. Käseherstellung) in der Molke gelöst bleiben. Zu ihnen gehören Serumalbumin, β-Lactoglobulin, α-Lactalbumin sowie Globulin. Die Proteinzusammensetzung kann schwanken, und zwar in Abhängigkeit vom Laktationsstadium, von der Jahreszeit, vom Gesundheitszustand der Kuh oder auch von der Rinderrasse (Renner 1977).

Muttermilch hat einen Gesamtproteingehalt zwischen 0,8 und 1,6%. Den Hauptteil bilden die Molkenproteine, die je nach Laktationsstadium zwischen 58 und 90% ausmachen (Kunz/Lönnerdal 1990). Zu ihnen gehören Lactoferrin, Serumalbumin, Globulin sowie -Lactalbumin, das den größten Anteil stellt. Muttermilch wird daher auch als Albuminmilch bezeichnet (Renner 1977). Die Caseine sind mit 10 bis 42% geringer vertreten als in Kuhmilch.

Rohmilchproben handelsüblicher Kuhmilch werden im folgenden praktisch untersucht. Die Ergebnisse werden mit Resultaten der Proteinanalyse von Muttermilch verglichen. Gelelektrophorese und Densitometrie werden mit einfachen Geräten durchgeführt, die im Eigenbau hergestellt werden können und deren Funktion leicht durchschaubar ist. Der Vergleich der Ergebnisse macht verständlich, warum Kuhmilch nicht ohne weiteres zum Stillen menschlicher Säuglinge verwendet werden kann.

2.7.1 Gelelektrophorese

Geräte

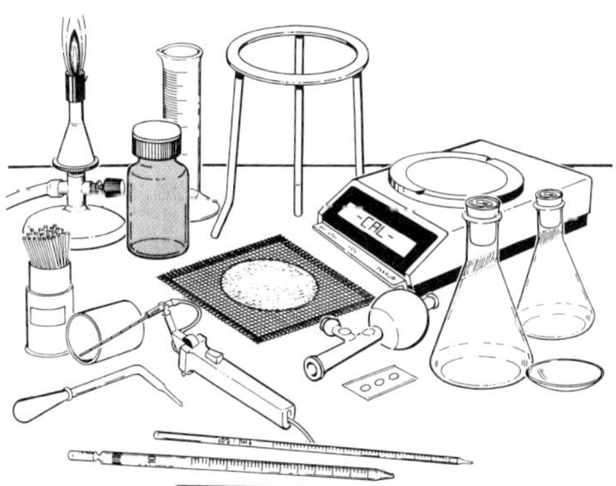

1 Bunsenbrenner
1 Chemikalienflasche (10 ml), dunkel
1 Dreifuß mit Keramikplatte
1 Elektrophoreseapparatur (s. *Mikrobiologische Grundlagen*, 2.4.7)
4 Erlenmeyerkolben (50 ml), mit Stopfen
1 Erlenmeyerkolben (100 ml), mit Stopfen
Kapillaren (5, 30, 50 μl)
1 Kolbenpipettierhilfe für Kapillaren

Kolbenpipettierhilfen für Pipetten
1 Laborwaage
1 Meßzylinder (100 ml)
1 Pasteurpipette, Spitze, rechtwinklig gebogen, mit Gummihütchen
1 Peleusball
1 Pipette (1 ml)
2 Pipetten (je 5 ml)
1 Pipette (10 ml)
4 Uhrgläser
1 Rasierklinge

Verbrauchsmaterialien, Chemikalien, Lebewesen

Aqua dest.
1 Folienschreiber
Kuhmilch (pasteurisiert oder roh)
Albumin-Bovin-Standard (*Sigma* A 2153)
Bromphenolblau (*Sigma* B 5525)
Gelpuffer (s. *Anhang*, 1.4.3)
Globulin-Bovin-Standard (*Sigma* G 5009)
Glycerin (*Merck* 4092)
β-Mercaptoethanol (*Sigma* 11–7154)
1 Molekulargewichtsstandard (*Sigma* SDS-7 oder SDS-6)
SDS (Natriumdodecylsulfat) (*Sigma* L 4509)

Vorbereitung

Lösungen:
(nach Meisel 1989)

1. **Gelpuffer:** Er besteht aus einer 0,2%-igen SDS-Lösung und ist ein Phosphatpuffer (s. *Anhang*, 1.4.3).
2. **Probenlösungsmittel**: Zur Gelelektrophorese müssen die Milchproben in ein Probenlösungsmittel gegeben werden, das aus folgenden Komponenten hergestellt wird:
   5 ml Gelpuffer
   2 ml Mercaptoethanol
   2,0 g SDS
   93 ml Aqua dest.
3. **Probenlösung der Milch:** Es wird in einem 50 ml-Erlenmeyerkolben zu 10 ml Probenlösungsmittel 1 ml Milch gegeben. Dann wird umgeschwenkt. Die Probenlösung wird im 50 ml-Erlenmeyerkolben verschlossen aufbewahrt.
4. **Glycerinlösung (50%ig):** 50 ml Glycerin und 50 ml Wasser werden zusammengegeben. Dann wird kräftig geschüttelt.
5. **Probenlösung der Standards:** Je 10 mg Standard (Molekulargewichtsstandard, Albumin-Bovin-Standard, Globulin-Bovin-Standard) werden in je 10 ml Probenlösungsmittel gelöst.
6. **Markerlösung:** 5 mg Bromphenolblau werden in 10 ml dest. Wasser gelöst. Die Lösung wird in einer dunklen Chemikalienflasche aufbewahrt.
7. **Testlösung:** Die Testlösung der Milch wird auf je einem Uhrglas hergestellt. Dabei werden
   0,010 ml 50%iges Glycerin,
   0,005 ml Probenlösung der Milch,
   0,030 ml Probenlösungsmittel,
   0,005 ml Markerlösung
   mit Hilfe je einer Kapillare auf das Uhrglas pipettiert. Danach wird kurz gerührt.
   Um die drei Testlösungen der Standards herzustellen, werden anstelle der Probenlösung der Milch 0,005 ml Probenlösunng der einzelnen Standards zugegeben.
8. **Elektrophoresepuffer:** Lösung I aus a) wird mit destilliertem Wasser im Verhältnis 1 : 1 verdünnt.

Durchführung

1. Zur Elektrophorese werden die durchbohrten Stopfen mit dem Folienschreiber von 1 bis 4 beschriftet (vgl. 2.4.7). In die Bohrungen werden dann die Glasröhrchen, in denen sich die Gele befinden, gesteckt. Dabei soll das jeweilige Ende des Gels, über dem das Wasser steht, eben im Stopfen verschwinden. Das Wasser wird durch kurzes Abschleudern entfernt.

2. Die Stopfen werden dann in das obere Pufferreservoir der Elektrophoreseapparatur gesteckt.
3. Elektrophoresepuffer wird bis zum Rand in das untere Reservoir gefüllt.
4. Die Glasröhrchen mit den Gelen werden soweit abgesenkt, daß sie gut 1 bis 2 cm in das untere Pufferbad eintauchen. Eventuell vorhandene Luftblasen unter den Gelen müssen entfernt werden. Um sie abzusaugen, bedient man sich der rechtwinklig gebogenen Pasteurpipette. Danach wird auch das obere Reservoir mit Puffer gefüllt.
5. Die vier Testlösungen werden mit einer Kapillare auf je ein Gel pipettiert. Pro Gel bringt man 0,03 ml Testlösung auf.
6. Die Elektroden werden in die Pufferlösungen getaucht, die Kathode ins obere, die Anode ins untere Reservoir.
7. Um den Einzug der Testlösung zu bewirken, arbeitet man 20 min bei 3,5 mA pro Gel, d. h. mit insgesamt 14 mA Stromstärke. Ihr entsprechen bei unserer Versuchsanordnung etwa 25 V Gesamtspannung. Danach wird 120 min bei der doppelten Stromstärke, also bei 28 mA und ca. 50 V Spannung, gearbeitet.
8. Die Elektrophorese ist beendet, wenn der Marker im Gelröhrchen etwa 5 cm vom Auftragspunkt Richtung Anode (Pluspol) gewandert ist. Das ist nach ca. 2 h 20 min der Fall. Die Stromquelle wird dann abgeschaltet.
9. Das obere Pufferreservoir wird entleert, und die Stopfen mit den Glasröhrchen werden entnommen. Die Glasröhrchen werden aus den Stopfen herausgezogen.
10. Um die Gele aus den Glasröhrchen herauszulösen, wird zwischen Glaswandung und Gel mit der Kanüle der Einwegspritze destilliertem Wasser gespritzt. Dabei fährt man vorsichtig mit der Kanüle am Glasrand um das Gel herum.
11. Die Gele werden dann mit Hilfe eines Peleusballes aus den Glasröhrchen gedrückt. Mit der Rasierklinge wird das Gel an dem Ende, an dem der Startpunkt liegt (Kathodenseite) schräg angeschnitten.

Erläuterungen und Hinweise

Vorbereitung:

Zu 5.:

Die beiden Molekulargewichtsstandards, von denen einer eingesetzt wird, bestehen aus vielen Proteinen, die größtenteils nicht aus Milch stammen. Mit ihrer Hilfe lassen sich die Banden der Pherogramme jedoch in erster Näherung bestimmten Milchproteinen zuordnen. Dies ist möglich, weil das Molekulargewicht der Milchproteine bekannt ist; denn Eiweißstoffe, die das gleiche Molekulargewicht besitzen, wandern während der Elektrophorese gleich schnell (vgl. hierzu Tab. 162.1).

Eine Voraussetzung dafür ist allerdings, daß die Ladung der unterschiedlichen Proteinmoleküle pro Masseneinheit ungefähr konstant ist. Dies wird durch Zugabe des Detergens SDS im Probenlösungsmittel erreicht. Dadurch erhalten alle Proteinmoleküle eine etwa gleiche Konfiguration (Auflösung der Tertiärstruktur). Gleichzeitig werden sie durch Bindung an die SDS-Moleküle äquivalent beladen (WAGNER/BLASIUS 1989). Es kann jedoch vorkommen, daß ein Proteinmolekül trotz geringerer Molmasse eine kleinere Wanderungsstrecke zurücklegt als ein anderes mit größerer Molmasse, wie dies z. B. bei α- und β-Casein der Fall ist. Eine endgültige Zuordnung erfolgt schließlich mit Hilfe von Standardproteinen der Milch, z. B. des Albumin-Bovin-Standards.

Zu 7.:

Um das spezifische Gewicht der Testlösungen zu erhöhen, wird ihnen eine 50%ige Glycerinlösung zugefügt. Es muß höher sein, als das spezifische Gewicht der Pufferlösung in der Gefrierdose, damit die Testlösungen nicht aufschwimmen.

Die Testlösungen werden mit einem Marker versetzt, der die von den Proteinen während der Elektrophorese zurückgelegte Strecke anzeigt und damit das Ende der Auftrennung angibt. Als Marker wird der Farbstoff Bromphenolblau verwendet. Die Proteine sind während des Versuchs unsichtbar.

Durchführung:

Zu 11.:

Durch das Anschrägen der Kathodenseite weiß man auch im nachhinein, wo die Testlösung aufgetragen worden war, denn der Marker wird beim Färben und anschließenden Entfärben herausgelöst.

2.7.2 Färben und Entfärben der Gele nach der Elektrophorese

Geräte

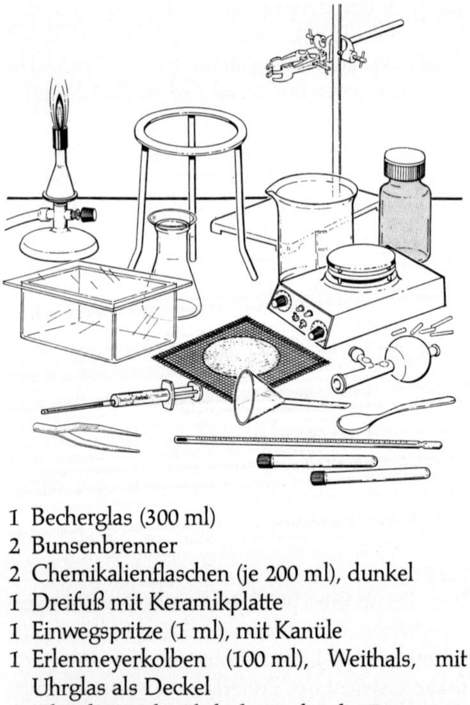

1 Becherglas (300 ml)
2 Bunsenbrenner
2 Chemikalienflaschen (je 200 ml), dunkel
1 Dreifuß mit Keramikplatte
1 Einwegspritze (1 ml), mit Kanüle
1 Erlenmeyerkolben (100 ml), Weithals, mit Uhrglas als Deckel
1 Glasplatte (als Abdeckung für die Pneumatische Wanne)
1 kleiner Glastrichter
4 Glaskulturröhrchen (ca. 10 cm lang), mit Schraubdeckel aus der Mikrobiologie
4 Kunststoffkulturröhrchen (ca. 10 cm lang), mit Schraubdeckel aus der Mikrobiologie
1 Magnetrührer mit Rührstäbchen
1 Peleusball
1 Pinzette
1 Pneumatische Wanne (2 l)
1 Teelöffel
1 Thermometer (Meßbereich 0 bis 100°C)
1 Stativ mit Muffe und Klemme

Verbrauchsmaterialien, Chemikalien, Lebewesen

Aqua dest.
1 Teefilter
Aktivkohle, gekörnt, nicht staubförmig (*Sigma* C 2764)
Bindfaden
Coomassie-Blau (*Sigma* B 0149)
Eisessig (*Merck* 818755)
Essigsäure (7,5%)
Ethanol (*Merck* 971)
Methanol (*Merck* 6009)
Sulfosalicylsäure (*Sigma* S 2130)
Trichloressigsäure (*Sigma* T 4885)

Vorbereitung

Entfärbeapparatur:

Zur Entfärbung benötigt man für jedes der vier Gele ein Kunststoffkulturröhrchen (Cooper 1981). Die Röhrchen werden im Abzug mit der in der Bunsenbrennerflamme erhitzten Präpariernadel mehrfach von allen Seiten durchstochen (s. Abb. 161.1, links). Der Teefilter wird mit 2 bis 3 Teelöffeln Aktivkohle gefüllt, in den Teefilterhalter eingeklemmt und in die pneumatische Wanne gehängt. Diese steht auf dem Magnetrührer und enthält das Rührstäbchen. Sie ist mit der Glasplatte abgedeckt (s. Abb. 161.1, rechts).

Lösungen:

1. Zur Herstellung der Färbelösung werden im Erlenmeyerkolben 0,1 g Coomassie-Blau in 32,5 ml Methanol vollständig gelöst. Diese Lösung wird zu 65 ml destilliertem Wasser zugegeben, dann wird geschüttelt. Unter

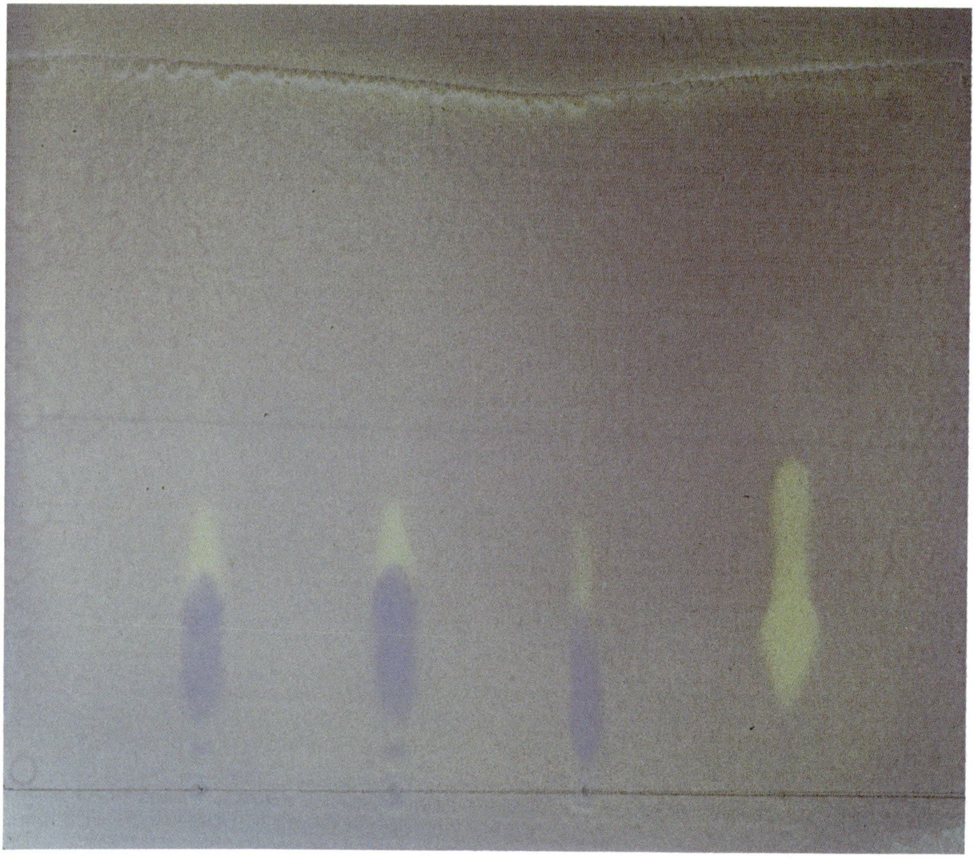

Abb. 159.1: Dünnschichtchromatogramm verschiedener Kulturproben sowie des Citronensäurestandards (rechts). (s. S. 151 ff.)

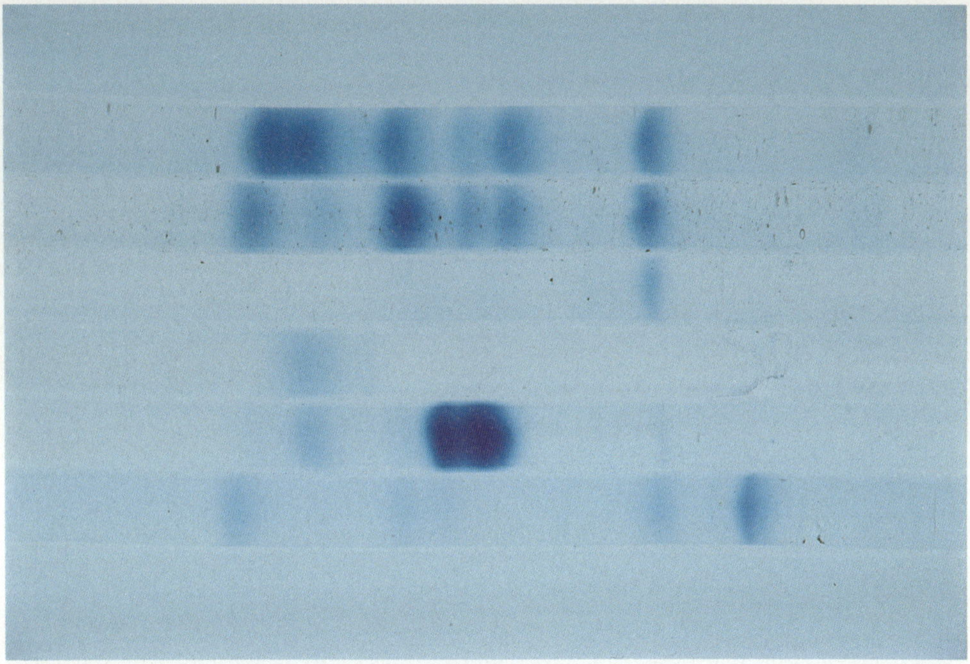

Abb. 160.1: Pherogramme verschiedener Standards, der Kuhmilch und der Muttermilch. Von oben nach unten: Molekulargewichtstandard, Albumin-Bovin-Standard, Globulin-Bovin-Standard, Kuhmilch, Muttermilch. (s. S. 162)

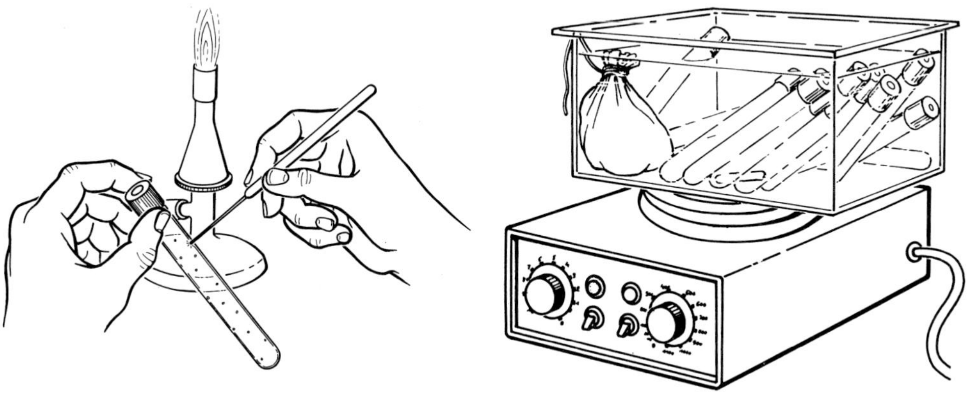

Abb. 161.1: Aufbau der Entfärbeapparatur (rechts) und mehrfach durchstochenes Kulturröhrchen (links)

Rühren gibt man weiterhin 3,3 g Sulfosalicylsäure und schließlich 11 g Trichloressigsäure zu.

2. Als Entfärbelösung dient eine Mischung aus 800 ml destilliertem mit 300 ml Ethanol und 100 ml Eisessig.

Durchführung

Färbung der Rundgele:

1. Ein 60°C warmes Wasserbad wird bereitgestellt (300 ml-Becherglas, Dreifuß mit Keramikplatte und Bunsenbrenner). Am Stativ wird der 100 ml Weithalserlenmeyerkolben befestigt, er wird in das Wasserbad abgesenkt, so daß er ca. 3 cm eintaucht. Jetzt wird soviel Färbelösung in den Kolben gegeben, daß Wasserstand und Färbelösungsspiegel im Kolben gleich sind.
2. Nach dem Erreichen der Temperatur werden die angeschnittenen Gele für 30 min in die Färbelösung gegeben.
3. Nach der Färbung wird die Färbelösung abgegossen. Sie wird verschlossen im Kühlschrank aufbewahrt. Die Gele werden kurz mit wenig destilliertem Wasser abgespült und mit einer Pinzette in je ein mit Löchern versehenes Kunststoffkulturröhrchen gegeben, das dann mit dem Schraubdeckel verschlossen wird.

Entfärbung der Rundgele:

1. Die pneumatische Wanne wird mit 1 l Entfärbelösung gefüllt. Ein Teefilterbeutel wird mit gekörnter Aktivkohle gefüllt. Der gefüllte Beutel wird mit dem Bindfaden zugebunden und in die Wanne gehängt. Die Kulturröhrchen werden hineingegeben, der Rührmotor wird in Gang gesetzt (mittlere Geschwindigkeit) und die Wanne mit der Glasplatte abgedeckt. Die Entfärbung dauert ca. einen Tag.
2. Die entfärbten, wurmähnlichen Gele mit ringförmigem Bandenmuster (»Regenwurm-Gele«) werden in Glaskulturröhrchen in 7,5%iger Essigsäure aufbewahrt. Die Röhrchen werden mit Schraubdeckeln verschlossen und stehen für die Auswertung sowie für die Densitometrie zur Verfügung.

Erläuterungen und Hinweise

Durchführung:

Färbung der Rundgele:

Zu 1.:

Die Erwärmung der Färbelösung im Kolben auf

60°C dauert ca. 10 min, sie sollte deshalb schon während der Elektrophorese durchgeführt werden.

Zu 2.:
Der Erlenmeyerkolben mit der Färbelösung wird während des Versuchs mit dem Uhrglas abgedeckt, um eine Verdunstung des Methanols zu vermeiden.

Entfärbung:
Zu 1.:
Der ausgewaschene Farbstoff wird von der Aktivkohle im Teefilter adsorbiert. Staubförmige Aktivkohle darf nicht verwendet werden, denn Aktivkohlepartikel, die durch den Teefilter in die Entfärbelösung gelangen, haften fest an den Gelen und erschweren die spätere Auswertung erheblich, wenn nicht vollständig.

Zu 2.:
Pherogramme von Kuhmilch sowie verschiedener Standardproteine sind in Abb. 160.1 dargestellt. Zum Vergleich ist ein Pherogramm von Muttermilch hinzugefügt.

Im Pherogramm der Kuhmilch treten von oben nach unten als Proteinbanden Serumalbumin, α-Casein, β-Casein (das κ-Casein ist in der β-Caseinbande enthalten), β-Laktoglobulin sowie α-Laktalbumin auf, in dem der Muttermilch Laktoferrin, Serumalbumin, zwei Caseinbanden sowie α-Lactalbumin.

Die Pherogramme von Kuhmilch und Humanmilch decken sich in aller Regel mit Literaturergebnissen (vgl. MEISEL 1989, KUNZ/LÖNNERDAL 1990). Muttermilch als Albuminmilch zeigt, wie zu erwarten, im Pherogramm deutliche Unterschiede zur Caseinmilch der Kuh (s. Abb. 160.1). Die im Pherogramm der Kuhmilch stark hervortretenden Caseinbanden sind bei der Muttermilch nur schwach gefärbt, was auf die geringere Konzentration der Caseine in der Muttermilch zurückzuführen ist.

Neben der ausgeprägten Albuminbande am unteren Ende des Pherogrammes der Muttermilch fällt die oberste Bande auf, die deutlich stärker gefärbt ist als die übrigen. Es handelt sich um Laktoferrin. Die starke Färbung spricht für eine hohe Konzentration dieses Eiweißstoffes. Damit ist auch zu rechnen, da die Milch von Müttern stammt, die erst vor zwei bis drei Tagen entbunden hatten. In dieser Laktationsphase wird in den Milchdrüsen Kolostralmilch gebildet. Diese enthält besonders viel (eisenhaltiges)

Molekulargewicht-Standard I (SDS-6) Protein	Molekulargewicht-Standard II (SDS-7) Protein	Kuhmilch Protein	Molekulargewicht
Rinderserumalbumin	Rinderserumalbumin	Rinderserumalbumin	66.000[1,2]
Ei-Albumin	Ei-Albumin		45.000[1]
	Glycerinaldehyd-Dehydrogenase		36.000[1]
Pepsin			34.700[1]
	Carbon-Anhydrase		29.000[1]
Trypsinogen	Trypsinogen	β-Casein	24.000[1,2]
		α-Casein	23.600[2]
		γ-Casein	21.000[2]
	Trypsininhibitor		20.100[1]
		κ-Casein	19.000[2]
β-Laktoglobulin		β-Laktoglobulin	18.400[1,2]
Lysozym			14.300[1]
	α-Laktalbumin	αLaktalbumin	14.200[1,2]
([1] nach SIGMA 1991; [2] nach Jakubke/Jeschkeit 1975)			

Tab. 162.1: Molekulargewichte der Proteine von Molekulargewichtsstandards und der Proteine der Kuhmilch (s. Abb. 160.1)

Laktoferrin (JAKUBKE/JESCHKEIT 1975, RENNER 1977). Diesem Lactoferrin wird eine hemmende Wirkung auf das Wachstum von Bakterien im Verdauungstrakt der Säuglinge zugeschrieben (RENNER 1977).

Im Vergleich zum Trenngel der Kuhmilch fehlt in dem der Muttermilch die Bande des β-Lactoglobulins. Dieses Protein ist nach KUNZ/LÖNNERDAL (1990) in der Muttermilch auch nicht vertreten. Es kommt dagegen in der Milch der Wiederkäuer und Paarhufer vor (JAKUBKE/JESCHKEIT 1975, RENNER 1977).

Eines der wichtigsten Einsatzgebiete für Molkenproteine ist die Herstellung adaptierter Milch für Säuglinge. Mit der Adaptierung wird eine Angleichung in der Zusammensetzung der Säuglingsnahrung auf Kuhmilchbasis an die Verhältnisse in der Humanmilch angestrebt. Die Caseine bilden im Magen des Menschen ein Gel, während die Molkenproteine in löslicher Form verbleiben. Ein zu hoher Caseinanteil unverdünnter Kuhmilch in der Säuglingsnahrung kann dazu führen, daß große, schwer verdauliche Koagulate im Magen gebildet werden. Daher dürfen Säuglinge nicht mit reiner Kuhmilch ernährt werden (LORENZEN 1986).

2.7.3 Densitometrische Auswertung

Die Leistungsfähigkeit des Scanners (s. *Mikrobiologische Grundlagen,* 2.4.8) soll am Beispiel der Analyse der Pherogramme der Kuhmilch und der Muttermilch von Abb. 160.1 (s. 2.7.2.) deutlich gemacht werden, wobei eine genauere quantitative Auswertung bisher allerdings nur im Falle der Kuhmilch möglich ist (s. u.). An ihnen ist bereits mit bloßem Auge erkennbar, daß in der Kuhmilch mehr Caseine und weniger α-Laktalbumin enthalten sind als in der Milch des Menschen. Die Methode der Densitometrie liefert genauere quantitative Ergebnisse (Abb. 166.1, Tab. 165.1 und Tab. 166.1), die sich an den in der wissenschaftlichen Speziallliteratur veröffentlichten Resultaten durchaus messen können (vgl. RENNER 1977, MEISEL/CARSTENS 1989).

Durchführung

1. Das Elektropherogramm wird der Länge nach zwischen die Kunststoffstreifen des

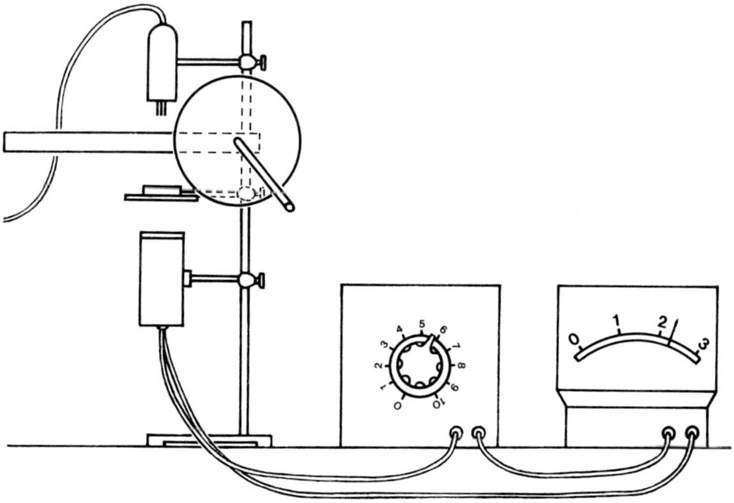

Abb. 163.1: Aufbau der Photometer-/Scannereinheit

Scanner-Schlittens gelegt. Die Kurbel wird sektorweise weitergedreht. Für jeden Sektor wird der entsprende Stromwert in mA auf dem Amperemeter abgelesen und notiert.
2. Die Werte werden in ein Koordinatensystem eingetragen.
3. Die Flächen der dabei entstehenden Peaks werden bestimmt.
4. Anhand der Flächenwerte wird der Anteil der Proteine in Prozent berechnet.

Erläuterungen und Hinweise

Zu 1.:
Sobald eine gefärbte Proteinbande über das Bohrloch in der Scannerplatte bewegt wird, fällt die Stromstärke im Photowiderstand, und der Ausschlag auf dem Amperemeter geht zurück. Die entsprechenden Werte werden notiert (Anzahl der Intervalle/mA) und in ein Koordinatensystem eingetragen.

Zu 3.:
Die Summe der Peakflächen eines Elektropherogrammes der Kuhmilch ist ein Maß für den Gesamtproteingehalt der Probe (ca. 29 bis 35 g/l; nach McKenzie 1970). Die einzelnen elektrophoretisch aufgetrennten Proteinfraktionen haben ein unterschiedliches Farbbindungsvermögen, so daß die Fläche eines Peaks nicht direkt dem Anteil des jeweiligen Proteins entspricht. Das Verhältnis des Gesamt-Molkenproteins zum Gesamt-Casein wird folgendermaßen bestimmt (Meisel/Carstens 1989): Man berechnet die Fläche des β-Laktoglobulin-Peaks $P_{F(\beta L)}$und die Summe der Flächen des α- und des β-Casein-Peaks $P_{F(Cas)}$. Die Forschungspraxis hat ergeben, daß das Verhältnis der beiden Flächenwerte zufälligerweise mit dem Verhältnis des Gesamtmolkenproteins und des Gesamtcaseins übereinstimmt. Der Molkenproteinanteil (MPA), angegeben in Prozent des Gesamtproteingehaltes der Probe, wird nach folgender Gleichung berechnet:

$$MPA = \frac{P_{F(\beta L)} \times 100}{(P_{F(Cas)} + P_{F(\beta L)})} \%$$

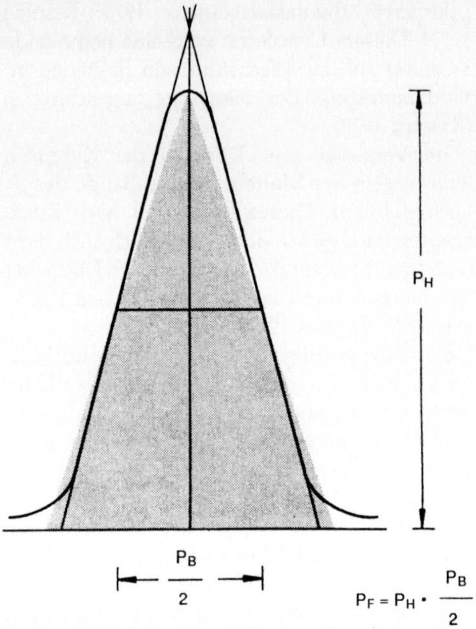

Abb. 164.1: Quantitative Auswertung eines Densitogrammpeaks nach der Dreiecksmethode (nach *Wiederholt/Engler* 1978)

Die Integration der Peakflächen einzelner Komponenten läßt sich nach verschiedenen Näherungsmethoden durchführen (Wiederholt/EnglerR 1978). Ein Ausschneiden und Wiegen einzelner Peaks ist dann sinnvoll, wenn sie sich nicht oder nur geringfügig überlappen. Eine relativ einfache und ziemlich genaue Methode besteht in der Bestimmung der Peakhöhe und der Halbwertsbreite (Abb. 164.1). Das Produkt beider Größen gibt den Flächenanteil des Dreiecks an, das in erster Näherung mit der Fläche des Peaks übereinstimmt (Dreiecksmethode).

Zu 4.:
Nach dieser Methode beträgt die Fläche des β-Laktoglobulin-Peaks im abgebildeten Densitogramm der Kuhmilch (Abb. 165.1) $P_{F(\beta L)}$= 3,96 cm^2, die des α-/β-Casein-Peaks $P_{F(Cas)}$= 16,72 cm^2. Die Molkenproteine haben somit nach der oben angegebenen Formel einen Anteil

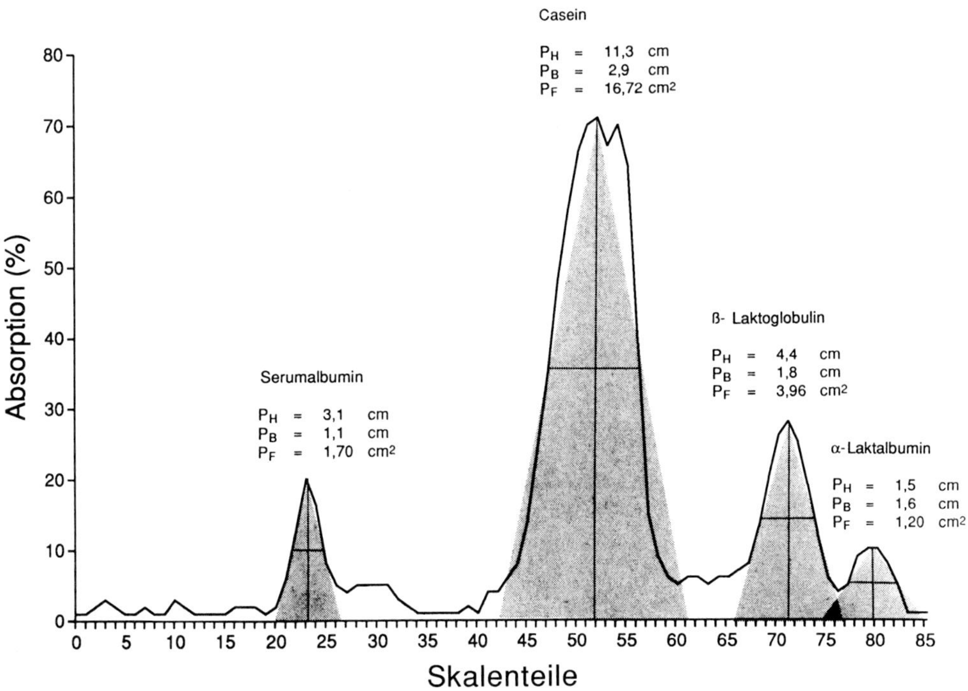

Abb. 165.1: Auswertung eines densitographisch analysierten Elektropherogramms der Kuhmilch; Peakhöhen und Peakbreiten einzelner Proteinfraktionen sind eingetragen

Proteinfraktion	P_b	P_h	P_F	errechn. Anteil (%)	Proteinanteil lt. Lit (Mittelwert)
α-/β-Casein	2,9	11,3	16,72	80,9% Gesamtcasein	81%
β-Laktoglobulin	1,8	4,4	3,96	19,1% Molkenprotein	19%
		Σ : 20,68	Σ : 100,0%	Σ : 100%	

Tab. 165.1: Bestimmung des Molkenprotein-/Caseinverhältnisses der Kuhmilch nach *Meisel/Carstens* (1989) und Vergleich mit Literaturwerten (aus *McKenzie* 1970, *Renner* 1977). Pb = Peakbreite, Ph = Peakhöhe, PF = Peakfläche. Im Gesamtcasein ist außer dem α- und β-Casein noch $\varkappa$- und γ-Casein enthalten. Letztere Fraktionen machen allerdings nur einen kleinen Teil (ca. 2%) aller Caseine aus.

von MPA = 19,1%. Der Caseinanteil errechnet sich entsprechend zu CA = 80,9%. Dieses Verhältnis stimmt sehr gut mit den Literaturwerten überein (Tab. 165.1; s. McKenzie 1970, Renner 1977).

Im folgenden sollen die Peaks der drei Molkenproteine der Kuhmilch quantitativ analysiert werden, die im Densitogramm besonders hervorstechen, nämlich von Serumalbumin, β-Laktoglobulin und α-Laktalbumin. Zur Bestimmung der einzelnen Molkenproteinfraktionen müssen die unterschiedlichen Farbbindungsaktivitäten der entsprechenden Proteine berücksichtigt werden. Bei gleichen Proteinmengen verhalten sich die Farbbindungsfaktoren von Serumalbumin, β-Laktoglobulin und α-Laktalbu-

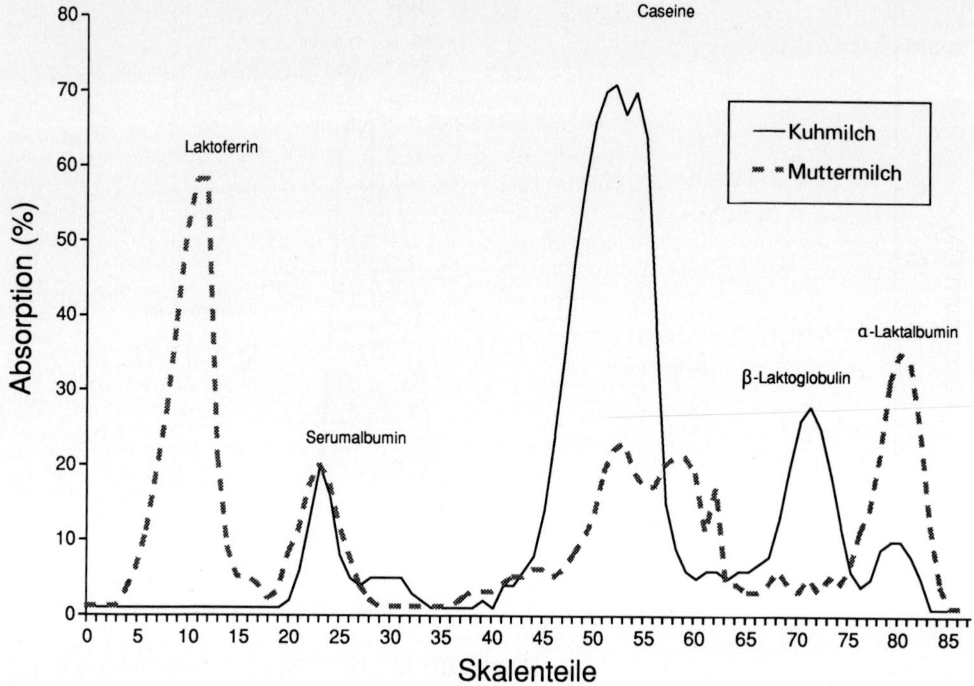

Abb. 166.1: Vergleich eines densitographisch analysierten Elektropherogramms der Kuhmilch (durchgehende Linie) mit einem der Muttermilch (unterbrochene Linie)

Proteinfraktion	P_b	P_h	P_F	Faktor	PF(korr.)	errech. Anteil	Schwankgsbr. lt. Literatur
Serumalbumin	1,1	3,1	1,70	3,0	0,57	1,9%	0,7% – 1,9%
β-Laktoglobulin	1,8	4,4	3,96	1,7	2,33	8,2%	7,0% – 12,0%
α-Laktalbumin	1,6	1,5	1,20	1,0	1,20	4,2%	2,0% – 5,0%
		Σ:	6,86	Σ:	4,10		

Tab. 166.1: Bestimmung einzelner Molkenproteinanteile der Kuhmilch unter Berücksichtigung des Farbbindungsvermögens (*Hillier* 1976) und Vergleich mit Literaturwerten (aus *McKenzie* 1970, *Renner* 1977). Abkürzungen s. Tab. 165.1.

min wie 3,0 : 1,7 : 1,0 (HILLIER 1975), beispielsweise bindet also eine Masseneinheit Serumalbumin den Farbstoff dreimal stärker als α-Laktalbumin. Die Farbbindungsfaktoren gelten generell für die Auswertung jedes Densitogramms mit Proteinfraktionen der Kuhmilch.

Im abgebildeten Densitogramm (Fig. 10) ergibt der nach der Dreiecksmethode berechnete Peak für Serumalbumin eine Fläche von $P_{F(SA)}$= 1,70 cm², für β-Laktoglobulin von $P_{F(\beta L)}$= 3,96 cm² und für α-Laktalbumin von $P_{F(L)}$= 1,20 cm² (Tab. 3). Zur Korrektur werden diese Flächen durch die jeweiligen Farbbindungsfaktoren dividiert. Die korrigierten Peakflächen betragen im vorliegenden Fall für Serumalbumin $P_{F(SA)}$(korr.) = 0,57 cm², für β-Laktoglobulin von

$P_{F(\beta L)}$(korr.) = 2,33 cm² und für α-Laktalbumin von $P_{F(L)}$(korr.) = 1,20 cm² (Tab. 166.1).

Der prozentuale Anteil dieser drei Molkenproteine am Gesamtprotein der Milch wird in der Literatur im Mittel mit 14,3% angegeben (RENNER 1977). Diesem Anteil entspricht die Summe der drei korrigierten Peakflächen mit $P_{F(ges)}$(korr.) = 4,10 cm². Die Einzelanteile lassen sich entsprechend bestimmen, und zwar für Serumalbumin mit 1,9%, für β-Laktoglobulin mit 8,2% und für α-Laktalbumin mit 4,2% (Tab. 166.1). Diese Ergebnisse liegen im Rahmen der in der Literatur angegebenen Werte (vgl. MCKENZIE 1970, RENNER 1977).

Ein Vergleich der Densitogramme von Kuhmilch mit Muttermilch zeigt, daß in letzterer bedeutend weniger, etwa nur zwischen 20 und 30%, Caseine enthalten sind (Abb. 166.1). Eine prozentuale Auswertung von Densitogrammen einzelner Proteinfraktionen der Muttermilch ist derzeit allerdings nicht möglich, da das Farbbindungsvermögen der Proteinfraktionen von Muttermilch bisher noch nicht untersucht wurde (KUNZ 1991).

ANHANG

1 LÖSUNGEN

1.1 Ameisensäure 90%ig

Biotechnik der Nahrungs- und Genußmittelproduktion, 2.5.2
benötigte Menge: 20 ml

Ameisensäure (98–100%)	(*Merck* 264)	18 ml
Aqua dest.		2 ml

1.2 Bromphenolblaulösung

Biotechnik der Nahrungs- und Genußmittelproduktion, 2.5.2
benötigte Menge: 50 ml

Bromphenolblau	(*Merck* 8122)	0,1 g
Aqua dest.	100 ml	

Die Lösung wird mit 1n NaOH leicht basisch eingestellt.

1.3 Citronensäurestandard

Biotechnik der Nahrungs- und Genußmittelproduktion, 2.5.2
benötigte Menge: 50 ml

Citronensäure reinst	(*Merck* 247)	0,1 g
Aqua dest.		50 ml

1.4 Elektrophorese-Lösungen

1.4.1 Entfärbelösung

Biotechnik der Nahrungs- und Genußmittelproduktion, 2.7.2
benötigte Menge: 300 ml

Eisessig	(*Merck* 818755)	25 ml
Ethanol	(*Merck* 971)	75 ml
Aqua dest.		200 ml

1.4.2 Färbelösung

Biotechnik der Nahrungs- und Genußmittelproduktion, 2.7.2
benötigte Menge: 50 ml

Coomassie-Blau	(*Sigma B 0149*)	0,1 g
Methanol	(*Merck* 6009)	32,5 ml
vollständig lösen, anschließend hinzufügen:		
Aqua dest.		65,0 ml
unter Rühren (Rührstäbchen) hinzufügen:		
Sulfosalicylsäure	(*Sigma* S 2130)	3,3 g
Trichloressigsäure	(*Sigma* T 4885)	11,0 g

1.4.3 Lösung I (Gelpuffer) für ein Polyacrylamid-Gel

Biotechnik der Nahrungs- und Genußmittelproduktion, 2.7.1
Mikrobiologische Grundlagen, 2.4.7
benötigte Menge: 1 l

$NaH_2PO_4 \cdot H_2O$	(*Merck* 6346)	7,8 g
Na_2HPO_4	(*Merck* 6589)	18,6 g
SDS (Natriumdodecylsulfat)	(*Sigma* L 4509)	2,0 g
Aqua dest.	auffüllen auf	1.000 ml
pH 7,2		

1.4.4 Lösung II (Stammlösung) für ein Polyacrylamid-Gel

Mikrobiologische Grundlagen, 2.4.7
benötigte Menge: 100 ml

Acrylamid	(*Sigma* A 8887)	22,2 g
N, N'-Methylendiacrylamid	(*Sigma* M 7256)	0,6 g
Aqua dest.	auffüllen auf	100 ml

Die Lösung ist im Kühlschrank ca. 4 Wochen haltbar.

1.4.5 Lösung III (Starter) für ein Polyacrylamid-Gel

Mikrobiologische Grundlagen, 2.4.7
benötigte Menge: 10 ml

Ammoniumperoxodisulfat	(*Sigma A 6761*)	0,07 g
Aqua dest.	auffüllen auf	10 ml

Lösung darf längstens 5 min vor der Gelherstellung bereitet werden.

1.5 Ethanol (70%ig)

Allgemein zum Desinfizieren
auch: *Mikrobiologische Grundlagen*, 3.6.1, 3.6.2
benötigte Menge: je 50–100 ml

Ethanol	(*Merck* 971)	70 ml
Aqua dest.		30 ml

1.6 1n HCl (Salzsäure)

Allgemein zum Einstellen des pH-Wertes von Medien
auch: *Mikrobiologische Grundlagen*, 2.2.10
benötigte Menge: 50 ml

Salzsäure 25%	(*Merck* 316)	6 ml
Aqua dest.		44 ml

1.7 Iod-Kaliumiodid-Lösung (*Lugol*sche Lösung)

Mikrobiologische Grundlagen, 3.5.4
benötigte Menge: 60 ml

*Lugol*sche Lösung	(*Merck* 9261)	Fertiglösung
oder: Iod	(*Merck* 4760)	0,2 g
Kaliumiodid	(*Merck* 5043)	0,4 g
Aqua dest.		60 ml

1.8 KOH (3%ig)

Mikrobiologische Grundlagen, 3.5.5
benötigte Menge: 10 ml

Kaliumhydroxid	(*Merck* 5033)	0,3 g
Aqua dest.	auffüllen auf	10 ml

1.9 Methylenblaulösung (0,2 – 1%ig)

Mikrobiologische Grundlagen, 3.5.3
benötigte Menge: 50 ml

Methylenblau	(*Merck* 6040)	0,2 – 1,0 g
Aqua dest.		100 ml

1.10 1n NaOH (Natronlauge)

Allgemein zum Einstellen des pH-Wertes von Medien
auch: *Biotechnik der Nahrungs- und Genußmittelproduktion*, 2.4.2, 2.5.1
benötigte Menge: 50 ml

Natriumhydroxid Plätzchen	(*Merck* 6469)	2,0 g
Aqua dest.		50 ml

1.11 Ringerlösung

Allgemein zur Vorlage für Verdünnungsreihen
auch: *Mikrobiologische Grundlagen*, 3.5.4
benötigte Menge: 500 ml

Ringertablette	(*Merck* 15525)	1 Tabl.
Aqua dest.		500 ml

Autoklavieren

2 NÄHRMEDIEN

2.1 Acetobacter-Vorkultur-Medium

Biotechnik der Nahrungs- und Genußmittelproduktion, 2.4.2
benötigte Menge: 100 ml

Hefeextrakt	(*Merck* 3753)	0,5 g
D(-)-Mannit	(*Merck* 5982)	2,5 g
Pepton aus Fleisch	(*Merck* 7214)	0,5 g
Aqua dest.		100 ml

Autoklavieren

2.2 Chinablau-Lactose-Agar

Biotechnik der Nahrungs- und Genußmittelproduktion, 3.6.2
benötigte Menge: 500 ml

Chinablau-Lactose-Agar	(*Merck* 2348)	17,8 g
Aqua dest.		500 ml

Autoklavieren

2.3 Hirn-Herz-Bouillon für Vibrio natriegens

Mikrobiologische Grundlagen, 3.7.1, 3.7.2
benötigte Menge: 300 ml

Hirn-Herz-Bouillon	(*Merck* 10493)	11,1 g
Natriumchlorid	(*Merck* 6404)	6,0 g
Aqua dest.		300 ml

Einstellen des pH 7,5
Autoklavieren

2.4 Komplettagar

Mikrobiologische Grundlagen, 3.4.1, 3.4.3, 3.8.2, 3.8.3
benötigte Menge: verschieden, Angabe für 1 l Medium

D(+)-Glucose	(*Merck* 8337)	10,0 g
(oder: D(+)-Glucosemonohydrat	(*Merck* 4074)	11,0 g)
Fleischextrakt	(*Merck* 3979)	4,0 g
Pepton aus Casein	(*Merck* 7213)	4,0 g
Hefeextrakt	(*Merck* 3753)	0,5 g
(entbehrlich: Leberpulver	(*Merck* 5347)	0,5 g)
Natriumchlorid	(*Merck* 6404)	2,5 g
Agar Agar	(*Merck* 1614)	15,0 g
(Weichagar: Agarzusatz 12,0 g)		
Aqua dest.		1.000 ml

Einstellen des pH 7,2
Autoklavieren

2.5 Komplettbouillon

Mikrobiologische Grundlagen, 3.4.1, 3.8.3
benötigte Menge: verschieden, Angabe für 1 l Medium

Zusammensetzung wie Komplettagar, aber ohne Agarzusatz

Einstellen des pH 7,2
Autoklavieren

2.6 Malzagar

Mikrobiologische Grundlagen, 3.3.2, 3.3.3, 3.3.4, 3.4.2, 3.5.5, 3.8.1
benötigte Menge: verschieden, Angabe für 1 l Medium

Malzextrakt	(*Merck* 5391)	30 g
Pepton aus Casein	(*Merck* 7213)	3 g
Agar Agar	(*Merck* 1614)	15 g
Aqua dest.		1.000 ml

Einstellen des pH 5,6
Autoklavieren

2.7 Malzbouillon

Mikrobiologische Grundlagen, 3.3.1, 3.7.1
benötigte Menge: verschieden, Angabe für 1 l Medium

Zusammensetzung wie Malzagar, aber ohne Agarzusatz

Einstellen des pH 5,6
Autoklavieren

2.8 Nähragar

Mikrobiologische Grundlagen, 3.3.2, 3.3.3, 3.3.4, 3.4.2, 3.4.4., 3.5.5, 3.8.1
benötigte Menge: verschieden, Angabe für 1 l Medium

Nährbouillon	(*Merck* 5443)	10 g
Natriumchlorid	(*Merck* 6404)	5 g
Agar Agar	(*Merck* 1614)	15 g
Aqua dest.		1.000 ml

Autoklavieren

2.9 Nährbouillon

Mikrobiologische Grundlagen, 3.3.1, 3.7.1
benötigte Menge: verschieden, Angabe für 1 l Medium

Zusammensetzung wie Nähragar, aber ohne Agarzusatz
Autoklavieren

2.10 Yarrowia-Medien

Biotechnik der Nahrungs- und Genußmittelproduktion, 2.5.1
benötigte Menge: je 100 ml (evtl. 2×100 ml Produktionsmedium)

Für das Vorkultur- und das Produktionsmedium wird zunächst die Komponente (C) vorbereitet, da deren Zusammensetzung für beide Medien identisch ist:

Komponente (C):		
$FeSO_4 \cdot 7H_2O$	(*Merck* 3965)	1,0 g
$MnSO_4 \cdot H_2O$	(*Merck* 5963)	0,52 g
Aqua dest.		100 ml

2.10.1 Yarrowia-Vorkultur-Medium

Komponente (A) (in 300 ml-Erlenmeyerkolben mit Rührstäbchen füllen):		
D(+)-Glucose	(*Merck* 8337)	2,0 g
(oder: D(+)-Glucosemonohydrat	(*Merck* 4074)	2,2 g)
Hefeextrakt	(*Merck* 3753)	1,0 g
Calciumcarbonat	(*Merck* 2066)	1,0 g
Aqua dest.		50 ml
Komponente (B) (in 100 ml-Erlenmeyerkolben füllen):		
NH_4NO_3	(*Merck* 1188)	0,5 g
$MgSO_4 \cdot 7H_2O$	(*Merck* 5886)	0,2 g
KH_2PO_4	(*Merck* 4873)	0,4 g
Aqua dest.		49 ml

2.10.2 Yarrowia-Produktionsmedium

Komponente (A) (in 1000 ml-Erlenmeyerkolben ohne Rührstäbchen füllen):		
D(+)-Glucose	(*Merck* 8337)	10,0 g
(oder: D(+)-Glucosemonohydrat	(*Merck* 4074)	11,1 g)
Aqua dest.		49 ml
Komponente (B) (in 100 ml-Erlenmeyerkolben füllen):		
NH_4NO_3	(*Merck* 1188)	0,25 g
$MgSO_4 \cdot 7H_2O$	(*Merck* 5886)	0,2 g
KH_2PO_4	(*Merck* 4873)	0,4 g
Aqua dest.		49 ml
Komponente (D) (in 1000 ml-Meßkolben füllen):		
Thiaminchloridhydrochlorid	(*Merck* 8181)	0,05 g
Aqua dest.		1.000 ml

Die Komponenten (A) und (B) des Vorkultur- und des Produktionsmediums werden autoklaviert. Nach dem Abkühlen werden die Komponenten des Vorkulturmediums im 300 ml-Erlenmeyerkolben, die des Produktionsmediums im 1000 ml-Erlenmeyerkolben vereinigt. Zu diesen Ansätzen des Vorkultur- und des Produktionsmediums werden jeweils 1 ml der Stammlösung (C) steril hinzugefiltert. Zum Ansatz des Produktionsmediums wird zusätzlich 1 ml der Thiaminlösung (D) steril hinzugefiltert

2.11 Xanthomonas-Medien

2.11.1 Xanthomonas-Vorkultur-Medium

Biotechnik der Nahrungs- und Genußmittelproduktion, 2.6
benötigte Menge: 200 ml

Komponente (A):

D(+)-Glucose	(*Merck* 8337)	1,2 g
(oder: D(+)-Glucosemonohydrat	(*Merck* 4074)	1,3 g)
Hefeextrakt	(*Merck* 3753)	0,3 g
NH_4NO_3	(*Merck* 1188)	0,2 g
$MgSO_4 \cdot 7H_2O$	(*Merck* 5886)	0,1 g
Aqua dest.		100 ml

Einstellen des pH 8,0
Autoklavieren

Komponente (B):

KH_2PO_4	(*Merck* 4873)	0,1 g
Na_2HPO_4	(*Merck* 6589)	0,1 g
Aqua dest.		200 ml

Einstellen des pH 7,5
Autoklavieren
Nach dem getrennten Autoklavieren werden beide abgekühlten Komponenten zusammengefügt

2.11.2 Xanthomonas-Produktionsmedium

Biotechnik der Nahrungs- und Genußmittelproduktion, 2.6
benötigte Menge: 200 ml

D(+)-Glucose	(*Merck* 8337)	10,0 g
(oder: D(+)-Glucosemonohydrat	(*Merck* 4074)	11,1 g)
Hefeextrakt	(*Merck* 3753)	0,1 g
$NaNO_3$	(*Merck* 6537)	0,1 g
$MgSO_4 \cdot 7H_2O$	(*Merck* 5886)	0,1 g
KH_2PO_4	(*Merck* 4873)	0,2 g
$(NH_4)_2HPO_4$	(*Merck* 1207)	0,2 g
$CaCO_3$	(*Merck* 2066)	1,0 g
Aqua dest.		200 ml

Einstellen des pH 7,5
Autoklavieren

3 ANSCHRIFTENVERZEICHNIS

3.1 AEG

AEG Aktiengesellschaft
Geschäftsbereich Hausgeräte
Moggenhofer Str. 135
W-8500 Nürnberg
Tel.: 0911 - 323- 0

3.2 American Can Company

c/o RUDOLF BRAND GmbH & Co.
Otto-Schott-Str. 25
W-6980 Wertheim
Tel.: 09342 - 808- 0

3.3 AMS-Arbeitskreis für Mikrobiologie in der Schule

Arbeitskreis für Mikrobiologie in der Schule
IPN - Inst. für die Päd. der Naturwiss.
Olshausenstr. 62
W-2300 Kiel 1
Tel.: 0431- 880- 3137

3.4 BAGUV - Bundesverband der Unfallversicherungsträger

BAGUV - Bundesverband der Unfallversicherungsträger der öffentlichen Hand e.V.
Marsstr. 46 / Postfach 20 01 24
W-8000 München
Tel.: 089 - 55 140- 0

3.5 Bauknecht

Bauknecht Hausgeräte GmbH
Gottlob-Bauknecht-Str. 1- 11
W-7060 Schorndorf
Tel.: 07181 - 20283

3.6 Beiersdorf

Beiersdorf AG
Unnastr. 48
W-2000 Hamburg 20
Tel.: 040 - 5690

3.7 Bender & Hobein

Fa. Bender & Hobein
Lindwurmstr. 71
W-8000 München 2
Tel.: 089 - 51494- 0

3.8 Bode

Bode Chemie GmbH & Co. KG
Melanchthonstr. 27
W-2000 Hamburg 54
Tel.: 040 - 5406- 0

3.9 Boehringer

Boehringer Mannheim GmbH
Biochemica
Sandhofer Str. 116 / Postfach 31 01 20
W-6800 Mannheim 31
Tel.: 0130 - 2226 oder 0621 - 759 - 8545

3.10 Bosch

Robert Bosch Hausgeräte GmbH
Guerickestr. 6
W-6000 Frankfurt/Main 90
Tel.: 069 - 7606- 00

3.11. Certo Clav

Certo Clav Sterilizer GmbH
c/o H. Jürgens & Co.
Langenstr. 76- 78
W-2800 Bremen 1
Tel.: 0421 - 149 67

3.12 Colora

Colora Meßtechnik GmbH & Co.
Barbarossastr. 3 / Postfach 12 40
W-7073 Lorch/Württemberg
Tel.: 07172 - 1830

3.13 Desaga

DESAGA GmbH
Sarstedt-Gruppe
Maaßstr. 26–28 / Postfach 10 19 69
W-6900 Heidelberg
Tel.: 06221 – 810–13

3.14 DSM – Deutsche Sammlung von Mikroorganismen und Zellkulturen

DSM – Deutsche Sammlung von
Mikroorganismen und Zellkulturen GmbH
Mascheroder Weg 1B
W-3300 Braunschweig
Tel.: 0531 – 6187–0

3.15 Ehret

Dipl.-Ing. W. EHRET GmbH
Fabrikstr. 2 / Postfach 12 30
W-7830 Emmendingen 14
Tel.: 07641 – 1066

3.16 Eppendorf

Eppendorf Gerätebau GmbH
Barkhausenweg 1 / Postfach 650670
W-2000 Hamburg 65
Tel.: 040 – 53 80 10

3.17 Fissler

Fissler GmbH
Im Wörth / Postfach 12 23 20
W-6580 Idar-Oberstein
Tel.: 06781 – 40 33 15

3.18 Flow-Laboratories GmbH

Flow-Laboratories GmbH
Mühlgrabenstr. 10
W-5309 Meckenheim
Tel.: 02225–8805–0

3.19 GFL

Gesellschaft für Labortechnik mbH
Schulze-Delitzsch-Str. 4 / Postfach 11 52
W-3006 Burgwedel
Tel.: 05139 – 3076

3.20 Glasfirn

Glasfirn GmbH
Kiesweg 25
W-6300 Gießen-Wieseck
Tel.: 0641 – 5832

3.21 Graupner

Joh. Graupner
Flug- und Schiffsmodellbau
Henriettenstr. 94–96
W-7312 Kirchheim-Teck
Tel.: 07021 – 722–0

3.22 Greiner

C.A. Greiner und Söhne GmbH & Co. KG
Kunststoffwerke
Galgenbergstr. / Postfach 13 20
W-7440 Nürtingen
Tel.: 07022 – 501–0

3.23 H + P

H + P Labortechnik GmbH
Ingenieurbüro
Triebstr. 9
W-8000 München 50
Tel.: 089 – 14 60 62–3

3.24 Heidolph

Heidolph-Elektro GmbH & Co.KG
Starenstr. 23 / Postfach 1240
W-8420 Kelheim
Tel.: 09441 – 707–0

3.25 Heraeus

W.C. Heraeus GmbH
Heraeusstr. 12–14 / Postfach 15 53
W-6450 Hanau am Main
Tel.: 06181 – 35–1

Heraeus-Christ GMBH
Gipsmühlenweg 62 / Postfach 12 20
W-3360 Osterode/Harz
Tel.: 05522 – 316–0

3.26 Hettich

HETTICH Zentrifugen- und Apparatebau
Gartenstr. 100 / Postfach 260
W-7200 Tuttlingen
Tel.: 07461- 705- 0

3.27 Hoffmann La Roche

Hoffmann La Roche AG
Diagnostica
Emil-Barell-Str. 1
W-7889 Grenzach-Wyhlen
Tel.: 07624 - 14355

3.28 IPN – Institut für die Pädagogik der Naturwissenschaften

IPN – Institut für die
Pädagogik der Naturwissenschaften
Olshausenstr. 62
W-2300 Kiel 1
Tel.: 0431- 880- 3129

3.29 Janke & Kunkel

Janke & Kunkel GmbH & Co. KG
IKA-Labortechnik
Neumagenstr. 27 / Postfach 12 63
W-7813 Staufen
Tel.: 07633 - 831- 0

3.30 Julabo

JULABO Labortechnik GmbH
Eisenbahnstr. 45 / Postfach 20
W-7633 Seelbach
Tel.: 07823 - 2001

3.31 Kleinfeld

Kleinfeld GmbH & Co. KG
Labortechnik
Leisewitzstr. 47
W-3000 Hannover 1
Tel.: 0511 - 85 20 41

3.32 Köttermann

Köttermann GmbH & Co
Labortechnik
Industriestr 2– 10
W-3162 Uetze-Hänigsen
Tel.: 05147 - 760

3.33 Leitz

Ernst Leitz Wetzlar GmbH
Ernst-Leitz-Str. / Postfach 2020
W-6330 Wetzlar 1
Tel.: 06441 - 29- 0

3.34 LHU

Labor-Handels-Union
Am Hambuch 1
W-5309 Meckenheim
Tel.: 02225 - 4024, 4026

3.35 Melag

Melag Apparate GmbH
Ockerweg 3
W-6300 Gießen
Tel.: 0641 - 50 71 11

3.36 Memmert

Memmert GmbH & Co. KG
Äußere Rittersbacher Str. 38 / Postfach 15 20
W-8540 Schwabach
Tel.: 09122 - 4031

3.37 Merck

E. Merck
Frankfurter Str. 25 / Postfach 41 19
W-6100 Darmstadt 1
Tel.: 06151 - 72- 0

3.38 Mettler

Mettler Instrumente GmbH
Ockerweg 3 / Postfach 11 08 40
W-6300 Gießen
Tel.: 0641 - 507- 0

3.39 Millipore

Millipore GmbH
Hauptstr. 71–79
W-6236 Eschborn
Tel.: 06196 – 494–0

3.40 Milton

MILTON ROY (Deutschland) GmbH
Jahnstr. 22–24
W-6467 Hasselroth
Tel.: 06055 – 3366, 2031

3.41 Olympus

Olympus Optical Co.(Europa) GmbH
Wendenstr. 14–16 / Postfach 10 49 08
W-2000 Hamburg 1
Tel.: 040 – 237 73–0

3.42 Riedel-de Haën

Riedel-de Haën
Aktiengesellschaft
Wunstorfer Str. 40 / Postfach
W-3016 Seelze 1
Tel.: 05137 – 919 79, 707–123

3.43 Röhm Pharma

Röhm Pharma GmbH
Dr.-Otto-Röhm-Str. 2–4
W-6108 Weiterstadt
Tel.: 06151 – 8771

3.44 Sartorius

Sartorius GmbH
Weender Landstr. 94–108
W-3400 Göttingen
Tel.: 0551 – 308–1

3.45 Schleicher & Schuell

Schleicher & Schuell GmbH
Hahnestr. 3 / Postfach 4
W-3354 Dassel
Tel.: 05561 – 791–0

3.46 Schott

SCHOTT-GERÄTE GmbH
Im Langgewann 5 / Postfach 1130
W-6238 Hofheim
Tel.: 06192 – 2091–0
SCHOTT-GLASWERKE
Hattenbergstr. 10 / Postfach 24 80
W-6500 Mainz
Tel.: 06131 – 66–0

3.47 Seral

SERAL Reinstwassersysteme
Erich Alhäuser GmbH
Industriegebiet Struth
W-5412 Ransbach-Baumbach
Tel.: 02623 – 891–0

3.48 Serva

SERVA Feinbiochemica GmbH & Co.
Carl-Benz-Str. 7
W-6900 Heidelberg
Tel.: 06221 – 502–122, 123, 124

3.49 Siemens

Siemens-Electrogeräte GmbH
Domagkstr. 10
W-8000 München 40
Tel.: 089 – 3862–09

3.50 Sigma

SIGMA Chemie GmbH
Grünwalder Weg 30
W-8024 Deisenhofen
Tel.: 0130 – 5155 oder 089 – 61301–155, 156

3.51 Sillit

Sillit Werke GmbH & Co. KG
Neufraer Str. 6 / Postfach 1257
W-7940 Riedlingen
Tel.: 07371 – 1890

3.52 Webeco

WEBECO GmbH
Mühlenstr. 38
W-2407 Bad Schwartau
Tel.: 0451 – 280 720

3.53 WTW

Wissenschaftlich-Technische
Werkstätten GmbH
Trifthofstr. 57 a
W-8120 Weilheim
Tel.: 0881 – 1830

3.54 Zeiss

ZEISSWERK OBERKOCHEN
Carl-Zeiss-Str. / Postfach 1369
W-7082 Oberkochen
Tel.: 07364 – 20– 0

4 LITERATUR

AEBI, H.: Einführung in die praktische Biochemie. Frankfurt/M.: Akademische Verlagsgesellschaft 1965.

ARAUNER, P./VOIT, M.: Kitzinger Weinbuch. Ausgabe 1982/83. Kitzingen: Paul Arauner KG 1969.

BAGUV – Bundesverb. d. Unfallversicherungsträger d. öffentl. Hand e.V. (Hrsg.): Richtlinien für die Verwendung von Flüssiggas GUV 19.9. München: BAGUV 1979.

BAYRHUBER, H.: Practical work for Biotechnology. Teaching and associated problems. Paris: UNESCO 1989.

BAYRHUBER, H.: Biotechnik im Biologieunterricht. Unterricht Biologie 14 (151) 4–13 (1990).

BAYRHUBER, H.: Ethische Analyse der Gentherapie von Keimbahnzellen im Unterricht. Friedrich Jahresheft X. Seelze 1992.

BAYRHUBER, H./BROTT, A./LUCIUS, E.R.: Analysing Proteins by Elektrophoresis and Densitometry Using Cow-Cost Equipment: Comparision of Cow's Milk and Human Milk. Part I. BIOtechnology Education 2 (3), 101–107 (1991).

BAYRHUBER, H./KULL, U. (Hrsg.): Linder-Biologie. Stuttgart: Metzler 1989[20].

BAYRHUBER, H./FRIES, M./HEINEN, TH.: Wie entstehen Joghurt und Sauerkraut? Erfahrungsbericht über Biotechnik im Sachunterricht (4. Schülerjahrgang). In: Unterricht Biologie 14 (151), 14–17 (1990).

BAYRHUBER, H./LUCIUS, E.R.: Einfache und kostengünstige Geräte für biotechnische Experimente. PdN-Biologie 36 (6), 33–36 (1987).

BAYRHUBER, H./LUCIUS, E.R.: Biotechnik im Biologieunterricht. In: RIQUARTS, K./DIERKS, W./DUIT, R./EULEFELD, G./HAFT, H./STORK, H. (Hrsg.): Naturwissenschaftliche Bildung in der Bundesrepublik Deutschland. Band IV. Aktuelle Entwicklungen und fachdidaktische Fragestellungen in der naturwissenschaftlichen Bildung. Kiel: IPN 1992.

BAYRHUBER, H./MAYER, J.: Biologieunterricht in den westdeutschen Bundesländern (Teil 2) Biol. Schule 39 (12), 467–476 (1990).

BERCK, K.-H./GRAF, D. (Hrsg.): Rahmenplan des Verbandes Deutscher Biologen für das Schulfach Biologie. Nr. 7. Bremen: VDBiol 1987.

BERGMEYER, H.U. (Hrsg.): Methoden der enzymatischen Analyse. Weinheim/Bergstraße: Verlag Chemie 1970.

BIRKENBEIL, H.: Einführung in die praktische Mikrobiologie. Frankfurt/Aarau: Diesterweg, Salle/Sauerländer 1983.

BLAICH, R.: Analytische Elektrophoreseverfahren. Stuttgart: Georg Thieme 1978.

BMJ – Der Bundesminister für Justiz(Hrsg.): Verordnung über gefährliche Stoffe (Gefahrstoffverordnung – GefStoffV) vom 26. August 1986. Bundesgesetzblatt I Nr. 47/1986, S. 1470ff. Bonn: Bundesanzeiger 1986.

BÖHLMANN, D.: Wirtschaftsbiologische Aspekte im Biologieunterricht. Stuttgart: Metzler 1985.

BOLAY, E./BOLAY, I.: Wir backen Brot. In: Unterricht Biologie 5 (63), 16–21 (1981).

BROCK, T.D./MADIGAN, M.T.: Biology of Microorganisms. London: Prentice-Hall International 1991[6].

BUKATSCH, F.: Experimentelle Schulchemie. Organische Chemie. Elektrophorese, 276–289. Köln: Aulis Verlag 1976.

BULL, A.T./HOLT, G./LILLY, M.D.: Biotechnology. International Trends and Perspectives. Paris 1982.

BÜNDER, W.: persönliche Mitteilung (1989).

CARTER, J.: The Teaching of Plant Tissue Culture. The Australian Science Teachers Journal, F32F/1, 1986.

Congress Of The United States, Office Of Technology Assessment:Mapping our genes. Genome projects: How big? How fast? Baltimore, London: The John Hopkins University Press 1988.

CONZELMANN, C.: Die neue Genesis. Biotechnologie verändert die Welt. Ullstein Sachbuch Nr. 34579. Frankfurt, Berlin: Ullstein 1986.

COOPER, T.G.: Biochemische Arbeitsmethoden. Berlin, New York: Walter de Gruyter 1981.

DAWID, W.: Experimentelle Mikrobiologie. Heidelberg: Quelle & Meyer 1981[4].

DEMAIN, A.L./SOLOMON, N.A.: Industrielle Mikrobiologie. In: GRUSS P.: Industrielle Mikrobiologie. Heidelberg: Spektrum der Wissenschaft Verlagsgesellschaft 1984.

DÖRFFEL, K./GEYER, R.: Analytikum. Methoden der analytischen Chemie und ihre Grundlagen. Leipzig: VEB Deutscher Verlag für Grundstoffindustrie 1984.

DREWS, G.: Mikrobiologisches Praktikum. Berlin/Heidelberg/New York/Tokyo: Springer, 1983[4].

DRIESEL, A.J. (Hrsg.): Sicherheit in der Biotechnologie, Stufe I: Biologische Grundlagen. Frankfurt: DECHEMA 1989.

DSM-Deutsche Sammlung von Mikroorganismen und Zellkulturen GmbH (Hrsg.): Catalogue of Strains 1989. Braunschweig: DSM 1989.

EBERBACH, W./FERDINAND, F.J. (Hrsg.): GenTR. Gentechnikrecht. Gentechnikgesetz, Verordnungen, EG-Richtlinien, Formulare mit amtlichen Begründungen und Erläuterungen. Heidelberg: C.F. Müller Juristischer Verlag 1991.

FREYTAG, K.: Schulversuche zur Bakteriologie. Praxis Schriftenreihe, Abteilung Biologie, Band 3. Köln: Aulis Verlag Deubner, 1973.

GALLIEN, R.: Mikrobiologische Diagnostik in der ärztlichen Praxis. Stuttgart/New York: Gustav Fischer 1988.

GOTTHELF, J.: Die Käserei in der Vehfreude. Diogenes Taschenbuch 20568. Zürich: Diogenes 1978.

GOTTSCHALK, G.: Bacterial metabolism. New York: Springer 1986[2].

GOTTSCHALK, G.: Biotechnologie im Aufbruch – Prognosen, Perspektiven. In: GOTTSCHALK, G. et al.: Biotechnologie: das ZDF-Studienprogramm als Buch. Köln: vgs 1986.

HARDIN, G.: The tragedy of the commons. Science 162, 1243–1248 (1989).

HAUPTVERBAND DER GEWERBLICHEN BERUFSGENOSSENSCHAFTEN(Hrsg.): Sammlung der Einzel-Unfallverhütungsvorschriften. Zentrifugen (VBG 7z), Fassung vom 1. April 1981. Köln: Carl Heymanns Verlag 1982.

HILLIER, R.M.: The quantitative measurement of whey proteins using polyacrylamide-gel electrophoresis. Journal of Dairy Research 43, 259–265 (1976).

HIRSCH, P.: Kleines Mikrobiologisches Praktikum. Kiel: CAU 1990.

HOERSTER, N.: Utilitaristische Ethik und Verallgemeinerung. Freiburg, München: Alber 1977[2].

HÖFFE, O.: Einführung in die utilitarische Ethik. Klassische und zeitgenössische Texte. München: Beck 1975.

HÖFFE, O./FORSCHNER, M./SCHÖPF, A./VOSSENKUHL, W.: Lexikon der Ethik. München: C.H. Beck 1986.

HOLZAPFEL, W.H./HAMMES, W.P.: Die Bedeutung moderner biotechnischer Methoden für die Lebensmittelherstellung. Zeitschrift für Agrarpolitik und Landwirtschaft. Sonderheft 201: Biotechnologie in der Agrar- und Ernährungswissenschaft, 47–65 (1989).

ICASE (International Council of Associations for Science Education): Pasteur and Microbes. A Teacher Resource Book Commemorating the 100th Year of the Pasteur Institute 1888–1988. Hongkong 1988.

JAGNOW, D./DAWID, W.: Biotechnologie. Eine Einführung mit Modellversuchen. dtv. Wissenschaft 4432. Stuttgart: Ferdinand Enke 1985.

JAKUBKE, H.D./JESCHKEIT, H. (Hrsg.): Brockhaus ABC Biochemie. Leipzig: VEB F.A. Brockhaus-Verlag 1975.

JUST, M./HRADETZKY, A.: Chemische Schulexperimente. Band 4. Organische Chemie. Frankfurt/M.: Harri Thun 1978.

KELLY, P.: Social Implications of Biotechnology. In MCINERNEY, J.D.: Teaching Biotechnology in Schools. In Science and Technology Education. Document Series No. 35, Paris: Unesco 1990.

KUNZ, C.: Persönliche Mitteilung. Dortmund: Forschungsinstitut für Kinderernährung 1991.

KUNZ, C./LÖNNERDAL, B.: Caseine in Frauenmilch während der ersten Monate der Laktation. Ernährungs-Umschau. 37 (1), 3–7 (1990).

LANGE, B./VEJDÉLEK, Z.J.: Photometrische Analyse. Weinheim, Deerfield Beach, Basel: Verlag Chemie 1980.

LINDER: s. BAYRHUBER/KULL 1989[20].

LORENZEN, P.CH.: Ultrafiltrierte Molkenproteinkonzentrate. Einsatzmöglichkeiten und Anwendungstechnologie in der Lebensmittelindustrie. Lebensmitteltechnik 7–8, 381–384 (1986).

LUCIUS, E.R.: Mikroorganismen und Biologieunterricht in der Schule. Kurzbericht der Arbeitsgruppe »Sicherheit in der Schulmikrobiologie« des 15.IPN-Symposiums »Biotechnik und Schule«. Mitteilungen des VDBiol. 341, 1548–1549 (1987).

LUCIUS, E.R.: Ein Densitometer für die Analyse von Eiweißgemischen. PdN-Biologie 37 (6), 37–40 (1988).

LUCIUS, E.R.: Mikroorganismen im Biologieunterricht. Bericht über eine Expertenrunde am IPN zum Thema »Sicherheit bakteriengenetischer Schulversuche«. Mitteilungen des VDBiol. 363, 1695–1698 (1989).

LUCIUS, E.R.: Biotechnische Geräte – selbst gebaut. Unterricht Biologie 14(151), 40–43 (1990).

LUCIUS, E.R., BAYRHUBER, H./BROTT, A.: Analysing Proteins by Elektrophoresis and Densitometry Using Cow-Cost Equipment: Comparision of Cow's Milk and Human Milk. Part II. BIOtechnology Education 2 (4), 144–149 (1991).

LUCIUS, E.R.: DNA gel electrophoresis with low cost equipment. BIOtechnology education. 3, in preparation (1992).

LÜCKE, F.-K./GEISEN, R./LEISTNE,R L.: Arbeitsfelder und Methoden bei mikrobiellen und enzymatischen Verfahren der Herstellung von Fleischerzeugnissen. Berichte über Landwirtschaft. In: Zeitschrift für Agrarpolitik und Landwirtschaft. 201. Sonderheft, S. 205–213. Hamburg, Berlin: Paul Parey 1989.

MARCHAL, R./CHAUDÉ, O./METCHE, M.: Production of Citric Acid from n-Paraffins by *Saccharomycopsis lipolytica*: Kinetics and Balance of the Fermentation. Eur. J. Appl. Microbiol. 4, 111–123 (1977).

MARKL, H.: Natur als Kulturaufgabe: Über die Beziehung des Menschen zur lebendigen Natur. Stuttgart: Deutsche-Verlags-Anstalt 1986.

MCKENZIE, M.A.: Milk Proteins. Chemistry and Molecular Biology. New York, London: Academic Press (1970).

MEISEL, H./CARSTENS, J.: Vergleichende Untersuchungen zur Bestimmung des Molkenprotein- und Caseinanteils in Milchprodukten mittels Casein-Phosphor-Methode, SDS-Elektrophorese und Polarographie. Milchwissenschaften 44 (5), 271–277 (1989).

Ministerium für Ernährung, Landwirtschaft und Forsten des Landes NRW(Hrsg.): Statistisches Jahrbuch über Ernährung, Landwirtschaft und Forsten. Münster-Hiltrup: Landwirtschaftsverlag 1988.

MULLENGER, L./GILL, N.R.: *Vibrio natriegens: a rapidly growing micro-organism ideally suited for class experiments. Journal of Biological Education. 7 (5), 33–39 (1973).*

MÜLLER, G.: Mikrobiologie pflanzlicher Lebensmittel. Darmstadt: Dietrich Steinkopf 1974.

MÜLLER, J./MELCHINGER, H.: Methoden der Mikrobiologie. Stuttgart: Kosmos 1964.

MYERS, W.F./KUN-YEN HUANG: Thin Layer Chromatography of Citric Acid Cycle Compounds. In: LOWENSTEIN, J.M. (Ed.): Methods in Enzymology. Vol. 13. London, New York: Academic Press 1969.

NELLEN, U.: Schüler-Experimente mit pflanzlichen Gewebe-Kulturen auf Fertigmedien mit Hilfe eines selbst gebauten »Steril-Tunnels«. PdN-Biologie 37 (6), 33–37 (1988).

NELLEN, U.: Wurzelhalsgallen-Bakterien erzeugen Pflanzentumore durch perfekte Gen-Manipulation: Ein Modell für die Gentechnik. PdN-Biologie 38 (1), 43–46 (1989).

NEVERS, P./STOBBE, M./NICKEL, E./AHRENS, H./EICKHORST, A./ROTHE, D./VOIGT-NIEHUS, R./BACKHAUS, E.: Biotechnik im Sekundarbereich I. Unterrichtsmaterialien für Realschulen und Gesamtschulen. nli-Berichte 47. Bd. 2: Milchverarbeitung als Beispiel traditioneller Biotechnik. Kiel, Hildesheim: IPN/nli 1991.

NOEL, C./DESCHAMPS, A.M./LEBEAULT, J.M.: Sauerkraut-Fermentation: New fermentation vat. Biotechnol. Letters 1, 321–326 (1979).

PAWSEY, R.K.: Techniques with Bacteria. A Guidebook for Teachers. London: Hutchinsons Educational Ltd. 1974.

PHAFF, H.J.: Industriell nutzbare Mikroorganismen. In: GRUSS, P.: Industrielle Mikrobiologie: ausgewählte Verfahren und Perspektiven für die Zukunft. Heidelberg: Spektrum-der-Wissenschaft-Verlagsgesellschaft 1984.

PRÄVE, P./FAUST, U./SITTIG, W./SUKATSCH, D.A. (Hrsg.): Handbuch der Biotechnologie. München: Oldenbourg 1987[3].

PSZCZOLA, D.E.: Rennet Containing 100% Chymosin Increases Cheese Quality and Yield (Staff article written by D.E., PSZCZOLA). In: Food Technology 43 (6), 84–89 (1989).

PÜHLER, A./REHM, H.J./SCHAAL, K.P.: Sicherheit in der Biotechnologie. Biologische Grundlagen. In: DRIESEL, A.J. (Hrsg.): Praxis der Biotechnologie. Heidelberg: Hüthig Buch Verlag 1991.

PÜTZ, J./BACK, W.: Das Hobbythek-Buch 2. Herford: Industrie und Werbedruck 1981[4].

RADLER, F.: Mikrobiologische Versuche an der Backhefe. Stuttgart: Ernst Klett Verlag 1984.

RAUSCHER, K./ENGST, R./FREIMUTH, U.: Untersuchungen von Lebensmitteln. Leipzig: VEB Fachbuchverlag 1986[2].

RAYBURN, S.R.: The Foundations of Laboratory Safety. New York, Berlin, Heidelberg, London, Paris, Tokio, Hong Kong: Springer Verlag 1990.

REHM, H.J.: Industrielle Mikrobiologie. Berlin, Heidelberg, New York: Springer 1980[2].

REISS, J.: Herstellung von Lebensmitteln durch den Einsatz von Schimmelpilzen. Biologie in unserer Zeit 17 (2), 55–63 (1987).

REISS, J.: Biotechnologie im Unterricht. Köln: Aulis Verlag Deubner 1989.

RENNER, E.: Milch und Milchprodukte in der Ernährung des Menschen. München: Volkswirtschaftlicher Verlag (1977).

SCHLEGEL, H.G.:Allgemeine Mikrobiologie. Stuttgart, New York: Georg Thieme Verlag 1985.

SCHREMPF, H.: Biologie der Streptomyceten. Praktikumsversuche. München: Universität 1985.

SCHÜNEMANN, C./TREU, G.: Technologie der Backwarenherstellung. Fachkundliches Lehrbuch für Bäcker. Alfeld (Leine): Neuer Gildefachverlag 1984.

Sekretariat der Ständigen Konferenz der Kultusminister der Länder in der Bundesrepublik Deutschland (Hrsg): Empfehlung für Richtlinien zur Sicherheit im naturwissenschaftlichen Unterricht. Beschluß der Kultusministerkonferenz vom 30. Dezember 1985. München: BAGUV 1986.

Sigma Chemie GmbH (Hrsg.): Biochemikalien, organische Verbindungen für die Forschung und Diagnostika. Deisenhofen: Sigma Chemie 1991.

SPICHER, G.: Brot- und andere Backwaren. Ullmanns Encyclopädie der Technischen Chemie, Bd. 8, S. 702–730. Weinheim: Verlag Chemie 1974.

STAIB, F./STEFFEN, J./KRAMHAAR, D./KAPETANAKIS, G./MINCK, C./GROSSE, G.: Lokalisierte Aspergillose und Oxalose der Lunge durch *Aspergillus niger.* Ein Beitrag zum Thema Topferde von Zimmerpflanzen als Aspergillen-Reservoir. Dtsch. Med. Wschr. 104 (33), 1176–1179 (1979).

UNESCO (Ed.): Low Cost Equipment for Science and Technology Education. A Resource Document of Low Cost Eqipment that You Can Make and Use. Paris: UNESCO 1986.

VOELSKOW, H.: Extrazelluläre mikrobielle Polysaccharide: Biopolymere mit interessanten Anwendungsmöglichkeiten. Forum Mikrobiologie 6, 273–282 (1983).

WAGNER, H./BLASIUS, E. (Hrsg.): Praxis der elektrophoretischen Trennmethoden. Berlin, Heidelberg, New York, London, Paris, Tokyo: Springer 1989.

WARTENBERG, A.: Einführung in die Biotechnologie, UTB-Taschenbücher 1520. Stuttgart: G. Fischer 1989.

WEBSTER, J.: Pilze. Eine Einführung. Berlin, Heidelberg, New York: Springer 1983.

WESTPHAL, R.: Microbiological Techniques in Schools. Science and Technology Education. Document Series No. 28. Paris: UNESCO 1988.

WIEDERHOLT, E./ENGLER, R.: Gas-Flüssig-Chromatographie im Chemieunterricht. Köln: Aulis Verlag Deubner & Co.KG 1978.

ZIMMERMANN-SPINNLER, M.: Bakteriologie. Liestal: MLC Medical Laboratory Consulting AG 1989.

5 REGISTER

Fette Seitenzahlen weisen auf ausführliche Behandlung im Text hin.